그대, 노래되어 오신 날

조한금 수필선집

그대, 노래되어 오신 날

문경출판사

| 조한금 수필세계 |

인간애와 예술의 향훈이 가득한 수필의 정원

이운경 *
(문학평론가)

> 나는 내 앞에 아무것도, 그 어떤 호화로운 휘장도 걸어놓지 않으련다.
> 나는 있는 그대로만 말하련다.
> ―휘트먼

1. 수필문학의 시작과 여정

조한금의 수필은 투명하고 유쾌하고 깔끔하다. 수필의 형상화나 문학성 따위의 이론을 가뿐하게 뛰어넘는다. 그녀의 수필 세계는 거침없이 나아가나 진중하고, 드높은 윤리성을 지향하나 자유롭다. 작품과 작가 사이에 거추장스러운 휘장이나 장식이 없다. 그래서 술술 읽히지만, 짙은 여운을 남긴다. 깊은 신앙심과 성장기 부친으로부터 받은 교육, 타고난 성정 등이 복합적

---

* 영남대학교 국문학과 박사과정 수료(현대문학 전공). 수필가, 문학평론가. 산문집 『그림자 놀이』 외, 평론집 『수필의 감각 체계』 외, 『경산곡곡 스토리텔링』 등 다수의 책을 펴냄. 『수필미학』 편집주간 역임.

으로 작동한 연유이리라. 조한금은 문학적 재현에는 별 관심이 없다. 비밀스러운 자신만의 방을 탐색하려는 의지도 없다. 일관되고 질서정연한 사유의 논리로 그의 수필은 당당하고 안정감이 있다. 문학성에 대한 과도한 욕망이나 감각의 과잉도 없다. 그럼에도 독자를 감동시키는 힘은 어디에서 발현되는 걸까. 타고난 언어에 대한 감각, 모성의 결핍과 근원적 상처, 부친으로부터 물려받은 풍류, 완도 바닷가에서 성장하면서 몸에 스며든 자연에 대한 감수성 등은 선천적 조건들이다. 흔들림이 없이 지켜온 신앙심, 부군인 최건 시인의 낭만주의적 성향, 가장의 실직으로 인한 직업인으로의 변신과 사회 활동, 은퇴 후 산촌에서의 생활 등은 후천적 환경으로 볼 수 있다. 여섯 살에 어머니를 여의고, 아버지에게 이웃에게 살림을 배운 결핍의 유년기도 그녀의 수필 안에서는 성숙의 발판이 된다. 고통스러운 기억이 아니라 삶의 단단한 뼈대로 재현된다. 인생의 상흔이었으되 파도가 지나가면 지워지는 모래사장의 글자처럼 그 상처에 머물지 않는다. 하여, 그의 수필은 5월의 연보랏빛 등꽃이나 오동꽃처럼 밝고 고아하다.

  이번에 발간하는 이 책은 조한금의 두 번째 선집이다. 80여 년 인생의 결산표이자 그의 글쓰기 인생을 정리하는 기념비 같은 책이다. 선집이나 책의 두께감도 만만치 않다. 솔직히 고백하자면 작가가 내게 평문을 부탁해 왔을 때 부담감과 동시에 운명과도 같은 소명 의식을 느꼈다. 감히 대선배의 삶과 글을 평

할 수 있겠는가, 라는 부담감과 몇 번의 만남에서 강렬하게 다가왔던 동질감이 동시에 떠올랐다. 근간에 심신이 지쳐 방황할 때 선생님은 수시로 내게 전화를 걸어와 안부를 묻고 위로 해주셨다. 선생님은 매사에 빈틈이 없다. 타고난 부지런함과 열정, '모든 걸 투리透理해서 하라'는 부친의 교육 등이 그의 평생을 지배하는 가치관으로 자리 잡는다. 그럼에도 봄날 나무의 수액처럼 인간애가 뚝뚝 흐른다.

조한금 수필가는 등단 이전에 이미 주부백일장(1970년)에 나가 실력을 인정받는다. 광주민주화운동 당시 쓴 일기장이 유네스코 세계기록유산으로 등재되는 영예도 안았다(2011년). 삼양사 창립 60주년 문예 작품공모 최우수상(1984년), 한국천주교 200주년 기념 가톨릭 문예 작품공모 신앙 수기 우수상(1984년) 등 수필 문단 밖에서 이미 글쓰기 실력은 정평이 난 인물이었다. 1993년 ≪창작수필≫로 등단한 이후 애오라지 수필의 길을 걸어왔으나 무슨 문학상이나 명예를 탐하지도 않았다.

그러다가 최근에야 그의 창작 인생의 노고와 실력을 인정받는 상을 여럿 받았다. 제11회 '창작수필 문학상'(2011년), 제5회 수필미학 문학상 선집부분 수상(2023년), 제1회 한국가톨릭 문인협회 작품상(2025년) 등의 수상이 50여 년 글쓰기 인생에 대한 인정으로 돌아온 셈이다. 이런 이력을 톺아보면 조한금에게 글쓰기는 예정된 생의 여정이었다.

이 책은 전체 7부로 엮어져 있다. 제1부는 부군의 해직으로 생활전선에 뛰어들어 한방화장품 판매서부터 시작해 법인을 만들고 회사대표와 여성경제인으로 우뚝 서기까지의 이야기다. 제2부는 음악과 시와 술을 사랑하는 로맨티스트인 남편과 실용주의자인 작가와 팽팽한 줄다리기와 스며들기라는 과정을 유머와 해학으로 풀어낸 이야기를 실었다. 제3부는 신앙 얘기로 홀아비로 남매를 올바르게 키운 작고한 아버지의 삶에 대한 회고와 사회생활의 애환과 보람을 담았다. 제4부와 5부는 남편과 세계 60여 개 나라를 여행한 이야기를 두 개의 목차로 대륙별로 묶었다. 제6부는 65세에 은퇴하여 장수로 귀촌한 후 자연과 더불어 이웃과 더불어 살아가는 이야기, 제7부는 구비구비 넘어온 삶과 사람 이야기를 엮었다. 요컨대 이 선집은 조한금이란 한 존재의 다채로운 삶의 풍경과 내면의 무늬를 담은 총체적 보고서라 할 수 있겠다.

2. 생태주의적 감수성과 자연에 대한 친화성

조한금 수필을 규정짓는 몇 가지 키워드가 있다. 인간과 자연 그리고 신앙과 여행 등이 전 생애를 가로지르는 명사이다. 그 가운데 두드러진 특질은 생태주의적 감수성이다. 자연은 한국의 수필에서 핵심 소재로 자주 호명된다. 농경시대의 전통적 정서를 이어받은 영향도 있지만, 자연은 자아를 투사하기 좋은 거울mirror 같은 역할을 수행하는 까닭이다. 그간 수필이 자연을 대하는 스타일은 관조와 예찬이었다. 인간도 자연의 일부라고 여긴 조선시대 선비들은 번잡한 세속을 떠나 자연 속에서 위안을 얻는 하나의 풍경으로 여겼다. 이때 풍경은 인간 삶과는 유리된 무균질의 대상으로 존재한다. 그들은 자연에 인간사를 빗대어 세상사의 순리를 발견하거나 동화하며 자연주의자로 살아가는 것을 최고의 열락悅樂으로 여겼다.

전통적 자연주의의 정서를 이어받은 현대수필도 자연은 나를 반영하는 성찰적 도구로, 삶에 지친 영혼을 위무 받는 위안의 대상으로 유효했다. 무엇보다 수필의 서정성을 드러낼 때 메타포나 알레고리의 기법으로 자연을 재현했다. 자연은 감각의 집적集積을 제공하고 지각과 감응이라는 메커니즘 안에서 수필의 문학성을 높이는 데 활용하였다. 이때 자연은 풍경과 정념으로 이루어지는 재현물이다. 이 재현물은 순수한 자연이 아니라 자아가 제작한 인공의 서정적 정원이다. 내면적 자아를 비추는 대상으로써, 이란성 쌍둥이처럼 자아와 동일체로 작동한다. 이런 경우 자연은 살아있는 자연이 아니라 박제된 자연에 가깝다.

지자요수知者樂水요, 인자요산仁者樂山이라 했다. 어린 날 아버지를 따라다니면서 해안가의 갯것들을 채취하는 즐거움을 맛본 지자동知者動으로 살았다면, 나이 든 지금은 인자정仁者靜으로 자연의 품에서 자란 것들을 채취하며 자연과 더불어 사는 재미도 괜찮다.

-「수피아의 손짓」에서

완도라는 섬에서 태어나 성장한 작가에게 자연은 태실과도 같은 존재의 터전으로 각인되었으리라. 조한금 수필에서도 자연은 삶의 터전이면서 문학적 정서와 태초의 원형을 간직한 산정호수 같은 역할을 수행한다. 완도 바닷가에서 파도 소리와 갯내음 속에서 성장한 작가에게 자연은 기저 정서의 바탕이 되었을 터이다. 자아를 은폐하는 도피처이거나 혹은 매혹의 대상으로 자연을 과대 포장하지 않는 점이 조한금 수필의 매력이다. 자연을 실용성이나 경제성으로만 취급하지도 않는다. 묘목의 성장을 방해하는 잡초를 뽑으면서도 애잔하게 여긴다든가, 자연을 훼손하는 인간과 자본에 대하여 분노하고 안타까워한다. 작가에게 자연은 날마다 대하는 삶의 현장이거나(<새집을 짓고>), 삶을 풍요롭게 장식해 주는 풍경화가 되기도 한다(<보리수와 금메달, 그리고>). 한편 자연은 장수로 귀촌한 부부의 삶에 생동감을 불어넣어 주고(<듀릿체리와 깎아논 밤>), 자아 성찰의 거울로, 생의 이치를 깨치는 교과서로 작동하는 등 삶의 안과 밖에서 중요한 배면으로 자리한다.

가슴 저 밑바닥에서 치솟는 괴성을 지르며 언덕 아래로 데굴데굴 구르기 시작했다. 그리고 거의 동물적인 충족감으로 마음껏 기꺼워한다. 내 어디에 아직 이토록 해맑은 순수가 남아 초로의 나이도 잊은 채 즐거워할 수 있는지 오히려 신기하다. 채색되지 않고 절제되지 않은 내 감정의 순수와 내가 만나는 순간이다. 때 묻지 않은 영혼의 순수가 원초적인 순백의 사막 한 자락을 깔고 뒹굴며 두 원초의 순수가 합치되는 순간, 천국은 죽어서 가는 곳이 아니라 바로 이럴 때의 마음이 천국임을 나는 깨닫는다.
　　　　　　　　　－「태초의 순수인가, 지상의 낙원인가」에서

　조한금 수필에서 자연은 목적 그 자체이거나 삶의 터전으로 작동한다. 때로는 자아를 반영하거나 신성성神聖性의 반사체로 바라보기도 한다. 주목하는 지점은 주체와 객체, 인간과 자연을 이분법으로 나누거나 서열화하지 않는다는 점이다. 자아와 자연이 합일의 경지에 다다르는 모습을 여러 번 보여준다. 조한금 작가가 자연을 대하는 태도는 자연을 도구나 부재한 것의 대체물로 여기지 않는다. 그래서인지 자연으로 뛰어드는 데 주저함이 없다. 여행지에서 마주한 '화이트샌즈'는 그에게 원초적 충동을 불러일으킨다. 나이도 체면도 망각한 채 순진무구한 아이처럼 모래사막에 뒹굴고 환호하고 괴성을 지르는 모습은 내면에 잠자고 있던 생태적 감수성이 폭발하는 현장이다. 몸이 감응하고 느끼는 만큼 정직하게 자연에 응대하고 감각하고 교감한다. 성장기에 체화된 생태적 감수성은 문학의 중요한 터전으로, 은퇴 후 산촌으로 귀촌하도록 이끈 요인이기도 하다.
　현대수필에서 자연은 문명화된 도시 공간에서 살아가는 이들의 이상향이거나 잃어버린 고향의 향수를 자극하는 매개물로 자주 동원된다. 조한금은 자연을 자아와 동등한 생명체로 바라본다. 무엇보다 생태주의라는 이념에 문학이 봉사해야 한다는 의무감이 엿보이지 않는다. 인간도 자연의 일부인 양 여겼던 전통적 자연관을 그대로 계승한 듯 보인다. 독자도 그의 손에 이끌리듯 공감의 영역으로 들어간다. 자본의 시선에서 소외되거나 제외된 자연물도 동일한 가치로 바라보고 애정한다. 가령 "별처럼 반짝이며 날아다니는 개똥벌레를 거실에서 보는 경이다(<반딧불이>)"라며 여름밤 반딧불이를 발견하고는 경탄한다. 또한 "심한 조갈로 죽어가는 모습을 보고도 부딪친 순간만 안타까워했을 뿐, 더 적극적이지 못했던 내 알량한 식물 사랑이 오래도록 양심을 아프게 했다(<교감>)" 등 작은 미물에서 화분의 화초까지 생명체에 대한 애착과 사랑은 극진하다. 이런 모습은 작가의 내면에 깊이 자리한 생태주의자의 면모를 증명하는 장면들이다. 이처럼 조한금의 생태 의식은 후천적 학습으로 쌓은 것이라기보다 태생적으로 타고난 자연 친화적 감수성인 듯싶다.

　수필에서 자연은 내면을 비추는 상징적 대상으로, 서정성을 극대화하기 위한 수단으로 동원한다. 기실 수필에서 자연은 숭고한 배경을 거느린 은유로서, 서정성의 마지막 보루인 양 여긴다. 다행스럽게도 조한금 수필에서는 서정성에 대한 집착이나 과장된 몸짓이 없다. 감각의 과잉으로 인한 잉여의 누수가 없는 자연에 대한 생태적 감성은 조한금 수필의 특질이자 자아의 표상이다. 조한금은 기존의 수필에서 관념화된 자연을 거부한다. 그에게 자연은 존재 그 자체이며, 공기를 호흡하듯이 교감하고 더불어 살아간다. 요컨대 조한금 수필에서 자연은 현실의 리얼한 재현이며, 삶을 풍요롭게 해주는 동반자로 자리매김한다. 이런 지점이 자연을 관조의 대상으로 바라보던 과거의 관습에서 벗어나 삶과 자연이 새롭게 만나는 지점이다. 조한금만의 시선으로 새롭게 자연을 발견하고 해석하는 수필의 진화로 평가할 수 있겠다. 아울러 현대수필이 나아갈 방향인 생태주의의 지향 혹은 서정성의 원리를 다른 차원으로 구현하는 올바른 태도가 아닐까.

3. 휴머니즘의 심상과 향기

생태주의와 더불어 휴머니즘은 여전히 한국수필의 주류이다. 문학이 인간과 삶에 관한 이야기라면 휴머니즘은 수필문학의 마지막 종착지이자 당위적 이념이다. 격동기의 시간을 살아낸 조한금에게 세계는 넘어야 할 산이요 파도였는지도 모른다. 여섯 살에 어머니를 여읜 어린 한금에게 인간의 세계는 지층 아래의 유적지처럼 아득한 미망의 세계로 다가갔으리라. 다행스럽게도 성장기 엄마의 부재는 조한금 문학의 비옥한 터전으로 작동한다. 아버지는 어린 한금을 혹독하게 단련시킨다. 한문과 주산을 가르치고, 음식 장만과 아버지의 한복 짓기, 엄마의 제사상 준비까지 살림살이의 기본을 익힌다. '투리透理'라는 특이한 명사로 상징되는 아버지의 가르침은 평생 삶의 지침이 된다. 더

하여 사람 노릇과 세상살이의 기본이 '인간에 대한 예의'라는 걸 일찍 깨친다. 유가적 가풍 속에 성장한 조한금이 휴머니스트가 된 것은 당연한 섭리이자 귀결이다. 모성에 대한 결핍이 그를 문학으로 이끈 마중물이었다면, 그 결핍을 따슨한 인간애로 승화시킨 동력은 아버지의 가르침이었던 셈이다.

조한금의 인간관을 엿볼 수 있는 장면은 두 가지이다. 하나는 사람 됨됨이, 다른 하나는 공공의 선을 위한 이타심이다. 모두 부친의 가르침을 실천하는 덕목이다. 주목할 지점은 그가 언제나 조건 없이 손을 내밀고 유쾌한 만남으로 이끈다는 점이다. 팔십 평생 말할 수 없는 인간에 대한 실망이 어찌 없었으랴. 웃지도 울지도 못할 상황, 우리 삶의 대부분이 희망과 절망 사이를 오간다. 조한금 수필에는 과도한 절망의 제스처도 가망 없는 희망의 전언도 없다. 오직 사실 그대로 느낀 그대로 진실만을 말한다. 그에게 사회적 지위나 경제력 따위는 고려의 대상이 아니다. 한 존재가 쌓아온 언술이나 태도에서 우러나는 인간의 품성을 최우선으로 볼 뿐이다.

"사람의 됨됨이나 인품이 고매하고 사람 냄새가 나면 남녀노소 불문하고 나는 그 매력에 푹 빠져든다 (<유혹>)"라며 인간미가 관계 맺기의 최우선임을 당당히 밝힌다. "영리하고 게으른 사람보다 성품이 바르고 무던한 사람이 더 성공하고, 심성이 곱고 착해야 그걸 보고 배운 후손이 복 받는다 (<내 강아지들아!>)" 라며 인본주의적 가치와 전통적 휴머니즘이 그의 내면에 얼마나 깊이 뿌리내리고 있는지 짐작할 수 있다. 또 다른 면모는 개인의 이익보다 공공의 선을 우선한다는 가치관이다. "영리한 머리로 잔꾀 부리지 말고, 혼자 잘난 맛으로도 살지 말며, 나만을 위한 이기가 아니라 공동의 이익을 위해 일하는 이타의 사람으로, 혼탁한 물을 갈앉히는 한줄기 맑은 원천으로 살아주기를 이 할미는 간절히 소망한다 (<내 강아지들아!>)"라면서 손자 손녀들이 공동체를 위해 살아가는 이타적 인간이 되길 소망한다. 이런 지점이 조한금 수필의 윤리성이며 지향점이며 문학관이다.

 추운 겨울날 사무실 문을 밀고 들어와 물건을 팔아달라는 장애우를 대하는 태도는 그가 얼마나 인간을 맹목적으로 신뢰하는 지를 잘 보여준다. "혹한을 무릅쓰고 나왔건만 장하고 대견하다고 인정해 주기는커녕 간 데마다 홀대하는 서러움도 포함된 것 같다. 성한 사람도 힘든 세상인데 장애인으로 살아내기 얼마나 힘들었을꼬. 애잔한 생각에 코끝이 찡해지며 눈물이 난다(<몰래 눈물을 훔쳤다>)." 사무실의 다른 직원들은 무심한데 혼자 청년의 물건을 팔아주고 눈물까지 훔치는 작가의 모습은 그가 얼마나 인간애가 깊은 사람인지 짐작할 수 있다. 사진 한 장 남아있지 않은 엄마가 보고 싶을 때는 "깎아놓은 밤 같았다는 울 엄마!"라며 사무치는 그리움을 토해낸다. 모성에 대한 그리움은 조한금의 수필에서 인간애로 승화한다.

 위의 작품 속에서 엿본 조한금의 인간관은 성장기 교육과 종교의 영향이 큰 것 같다. "받는 것보다 주는 것이 더 즐겁고, 이기는 것보다 지는 게 도리어 편하다"라는 작가의 고백은 그의 내면에 이타적 사랑이 깊게 뿌리내리고 있다는 것을 증명한다. 호의호식보다는 명예를 중시하셨던 부친의 교육은 바꿔 말하면 염치를 알고 인간을 존중하라는 말일 터이다. 아무리 아버지의 가르침이 옳다 하더라도 내면화되지 않으면 실천적 행위로 표출되기 어렵다. 조한금이 뒤늦게 생활전선에 뛰어들어 사업가로 성공한 원인도 이런 인간관이 바탕에 깔려있었기에 가능하지 않았을까. 그의 수필작품을 읽다 보면 시나브로 가슴이 따뜻해진다. 장작불이 타오르는 무쇠 난로처럼 독자의 마음을 데워주는 것도 작가의 인간적 면모가 곳곳에 스며있기 때문이다.

  그의 수필작품에는 식물과 인간에 대한 신뢰와 믿음이 넘쳐흐른다. 실제로 그는 작가들을 집으로 초대해 재워주고 밥 해먹이기를 좋아한다. 만난 지 얼마 되지 않았을 무렵 나도 지인을 둘이나 대동해서 그의 집에서 하룻밤 묵은 적이 있다. 그의 정원에는 부부가 가꾼 온갖 나무와 꽃들이 만발했다. 조한금이 식물을 애호하고 사람을 귀애하는 태도는 천성인 듯싶다. 사업가였다는 사실을 믿기 어려울 정도로 사람에 대한 호기심과 사랑은 맹목적이다. 그의 집을 다녀가는 사람들에게 손수 갈무리하고 덖은 꽃차나 말린 나물, 매실청 등을 한 보따리씩 들려 보낸다. 편부모 아래서 성장했다는 사실이 무색하게도 그의 사람 사랑은 무한히 솟아나는 샘물처럼 무량하다. 수필에서 휴머니즘은 필수 요건이다. 조한금의 수필 속 휴머니즘이 남다르게 다가오는 이유는 그의 인간애가 도구적이지 않고 심연深淵에서 우러나오는 행위라는 점이다. 그래서 그의 수필에는 늘 인간의 향기가 난다.

4. 유니크한 인문적 여행기

조한금 수필 선집에서 높은 비중을 차지하는 장르가 여행기이다. 이 책의 제4부에는 지중해 여행과 북미 여행기가, 제5부에는 유럽 여행과 남미 여행기가 실려 있다. 여행기는 자칫 겉핥기식의 관람기로 기울어질 위험성이 높은 장르이다. 그럼에도 조한금의 여행기는 지루하지 않고, 마치 작가와 동행하면서 여행하는 듯 착각을 불러일으킨다. 그 이유가 무얼까? 체험에서 비롯된 리얼한 설명과 묘사, 매의 눈처럼 남다른 시선으로 낯선 풍경을 낚아채는 작가만의 예리한 감각과 풍성한 해석, 부부의 낭만적인 태도와 현지 문화에의 적극적 동화 등에서 비롯된 듯싶다. 대부분의 여행기가 여행지를 순서대로 따라가거나, 이색적 풍광이나 여행지에서 겪은 사건을 중심으로 전개된다. 그런데 조한금의 여행수필은 유니크unique하다. 일정한 패턴에 갇혀 가이드를 따라가는 평면적인 작품이 아니다. 여행지마다 다른 문양과 빛깔로 독자를 현혹한다. 그 지역의 문화가 축적된 골목을 돌아다니면서 체험도 하고 호기심 가득한 시선으로 붙잡은 낯선 풍경과 풍성한 해석이 전개된다. 그래서 입체적 구성으로 독자에게 다양한 경험과 이야기를 풀어 놓는다.

  풍경의 발견은 근대의 산물이다. 인간과 자연이 분리되고, 인간이 주체라는 의식이 생성되면서 자연은 하나의 풍경으로 전환한다. 조한금의 여행수필에서의 풍경은 순수의 대명사이며 창조물 그 자체이다. 즉 풍경은 형용사가 아니라 동사이다. 작가의 눈에 포착된 풍경의 이미지는 어떤 역할을 하는가. 그 자체로 경배의 대상이 되기도 하고, 자아를 성찰하는 거울로, 혹은 순수의 상징으로 배치된다. 여행수필에서 풍경은 공간적 배경이며 해석의 대상이다. 대상으로서 풍경을 다룰 때 설명 혹은 해석에 앞서 선행되는 제시의 문제가 있다. 풍경이라는 대상을 해석할 때는 대상 속에 은닉된 역사의 시간과 지층을 보여주고, 묘사하고 제시해야 한다. 풍경의 해석자는 우선 대상의 내부에 표현된 문맥 혹은 토대의 풍경을 제시해야 한다(김홍중, 『마음의 사회학』, 170~172쪽).

  햇빛에 반사된 투명한 얼음들이 제각기 빛을 발하며 보석처럼 눈부시게 반짝거린다. 그 보석의 풍요 속에 1만 년의 세월이 도무지 가늠되지 않은 채 어쨌건 1만 년을 다 수용한 포용의 얼음물을 배가 부르도록 자꾸자꾸 퍼마셨다. 마치 젊어지는 샘물이라도 되는 양. 은혼 선물로 받은 여행으로 뜻밖의 횡재가 순수의 갈증을 풀어준다.

                                  -「로키표標 빙수」에서

캐나다 컬럼비아 대빙원에서 얼음이 녹은 차가운 물을 마시면서 작가는 1만 년의 시간을 떠올린다. 빙하라는 풍경이 품은 아득한 시간적 지층을 제시한다. 얼음산 주변에 서 있는 천연의 자생목 군락, 그 강인한 생명력으로 추운 기후와 풍토에서 살아남은 나무들의 시간을 상상한다. 또 다른 작품에서도 풍경에 앞선 수만 킬로를 흘러온 물의 시간을 제시한다. "작은 물방울 수억 개가 합쳐져도 그들은 함께 섞여 흐른다. (중략) 공중곡예의 그 무서움과 부딪치는 아픔까지 감내한 상처투성이의 물방울들은 또다시 어디론가 물길에 순응하면서 흘러갈 것이다."(<반딧불이는 은하수처럼>)라며 폭포에서 떨어지는 물방울들이 흘러온 여정을 상상한다.

<에게해海의 노인과 바다>에서도 작가는 에게해의 작은 해변에서 늙은 어부가 새벽 바다에서 잡은 갑오징어를 맛본다. 이런 사건의 전조前條로 에게해의 바다와 하늘, 백사장 풍경이 제시된다. 이때 명경지수의 바다 풍경은 갑오징어 값을 끝내 뿌리치고 다시 바다로 떠나는 노인의 심상을 반영하는 배경이 된다. <마야여 아즈텍이여>에서도 마찬가지다. 막내딸과 잠시 머문 카리브 해변의 칸쿤 휴양지의 풍경이 서두에 제시된다. 아름다운 휴양지인 '칸쿤'이라는 지명의 어원이 마야어로 '뱀'이라는 설명이 덧붙여 제시된다. 휴양지 칸쿤의 풍경은 이어질 여행 서사의 프롤로그처럼 배치된 것이다. '치첸잇사' 마야의 유적지와 신전이 품고 있는 역사와 문화의 전제 조건이었던 셈이다.

조한금 기행 수필에서 또 다른 특별한 지점은 자연에 대한 해석이다. 작가는 대자연이 품고 있는 영성적 신비와 숭고미를 미학적으로 바라보고 해석한다. 특히 자연의 순수성에 대한 열망을 강하게 표명한다. 그에게 자연은 '순수'의 상징이며, 원형적 자연미의 기표로 작동한다. 캐나다 로키산맥의 드넓은 얼음판에 엎드려 "사제의 서품식 때처럼 오염되지 않는 가장 깨끗한 순수"(<로키표標 빙수>)를 느낀다든지, "천지창조 때의 그 모습 그대로"라며 감탄한다. 작가가 언표화한 '자연 = 순수'라는 등식은 인간의 손길이나 발길이 닿지 않은 태초의 자연 혹은 문명의 때가 묻지 않은 신이 창조한 물상 그대로의 모습을 지칭한다고 볼 수 있다. 짐작컨대 완도에서 성장기를 보낸 작가의 기억에 남아있는 오염되지 않은 바다와 산의 풍광이 순수의 이미지로 각인된 까닭이리라. 대자연의 숭고미가 서린 북미와 남미의 자연을 보고 나서는 "순수의 갈증"을 풀었다고 고백할 정도로 자연에 대한 순수에의 열망은 그의 자연관을 지배하는 고갱이라 할 수 있다.

    작가는 여행을 이렇게 정의했다. "세계사를 활자가 아닌 체험으로 읽는 독서"(<백조의 호수>)라고. 그에게 여행은 관광이 아니라 온몸으로 느끼는 살아있는 독서였던 셈이다. 숭고한 대자연에 대한 경배와 장엄한 대성당, 클래식 음악과 거리의 악사, 시와 노래, 대자연 앞에서 발현되는 기도, 사람 냄새나는 베르사유 궁전 뒷골목 서민들의 벼룩시장, 브라질에서 맞은 특별한 송구영신의 밤, 브뤼셀 중앙역 앞의 노천카페 등등이 영상처럼 등장한다. 문화와 예술에 대한 안목과 감각, 현지인과 거리낌 없는 접속과 감응, 각 나라가 품고 있는 역사와 전통에 대한 배경지식 등이 어우러져 특별한 여행기가 탄생한다. 요컨대 조한금의 여행수필은 연암 박지원의 『열하일기』처럼 인문적 기행문에 가깝다. 풍경이 품고 있는 심연과 역사와 문화를 체험하고 풍경을 읽는다. 여기서 '읽는다'는 행위는 문맥과 맥락에 스며들어 흠뻑 빠져들었다가 나오는 몸으로 하는 체험을 의미한다. 낯선 문화에 대한 호기심과 경이로움, 구경꾼으로 머물지 않고 축제장에 뛰어들어 춤을 즐기는 열정 등이 버무려진 조한금의 기행 수필은 특별한 위상을 가진다고 평가할 수 있겠다.

5. 수필의 개성적 스타일

무릇 작가라면 자기만의 스타일을 찾아가는 지난한 여정을 각오해야 한다. 스타일은 작가만의 개성일 뿐만 아니라 누구도 침범할 수 없는 견고한 성채城砦와도 같다. 수필에서 작가의 스타일은 표면적으로는 문채文綵로 드러나지만, 한 발 더 들어가면 다채로운 면모들이 감지된다. "스타일은 예술작품 안의 결정 원칙이요, 예술가가 자필로 서명한 의지이다. 그리고, 인간의 의지가 취할 수 있는 태도는 무한정하므로 예술작품의 스타일도 무한정하다(수전 손택, 『해석에 반대한다』, 62쪽)." 수전 손택의 말에 기대자면 스타일은 작가의 내면에 축적된 의식과 무의식을 총칭한다. 성장기에 체화된 감수성과 감각 체계, 이성적 가치관, 배경지식, 실존적 조건 등등이 유기적으로 얽히고 녹아들면서 형성된 것들이다. 요컨대 한 존재의 영혼이며 존재 방식인 셈이다. 문학적으로 환언하면 자아가 세계를 대하는 태도이며 세계와 관계 맺는 방식이다.

 조한금의 수필을 들여다보면 자기 스타일이 확고한 작가이다. 세 가지 정도로 요약하자면, 적확하고 꾸밈없는 문체, 사회학적 상상력과 역사성, 새로운 감수성 등이다. 이 세 가지 특질은 조한금 수필을 규정짓는 핵심 개념이며, 그의 수필세계를 확고하게 떠받치는 세 개의 기둥이다. 문학도 인간사처럼 끊임없이 유동한다. 수필계의 흐름을 살펴보면 주체의 자리 이동, 시나 희곡, 소설의 기법 차용, 외부 세계보다 주체의 내면을 부각하는 고백의 형식 등등 다양하게 변모하고 있다. 조한금의 수필 세계는 이런 흐름과는 상관없이 자기만의 확고한 스타일을 고수한다. 그만큼 주체의 의지나 문학관이 흔들림이 없이 굳건하다는 말일 터이다. 작가의 집 옆에 서 있는 큰 느티나무처럼 풍상의 세월을 겪으면서 쌓은 내공이 만만치 않은 작가이다. 이렇게 탄탄하고 튼실한 문학적 토대는 어떻게 쌓은 것일까.

 내 소년기의 아버지는 조석으로 곧잘 시조를 읊으셨는데, "동창이 밝았느냐아아… 태산이 높다 하아아되…"는 지금도 내가 부를 수 있을 만큼 귀에 익은 곡조다. (중략) 아버지의 그런 풍류에 자연스럽게 동화되어 나는 일찍이 우리 소리와 친했다. 판소리며 육자배기, 창과 민요는 물론 클래식이며 종교음악 기곡 대중가요 등 가리지 않고 모든 음악을 무소불위로 좋아한다.

-「소리의 묘약」에서

홀로 된 외로움과 한限을 시조창과 가락, 퉁소로 달래셨던 아버지의 소리는 작가의 몸에 문학과 음악에 대한 감각 체계로 내면화된다. 음악의 선율은 신체의 리듬으로 각인된다. 또한 완도라는 섬이 지닌 천혜의 풍광은 자연에 대한 감수성이 한 땀 한 땀 수놓듯 몸에 새겨진다. 여기에다 부군의 열광적인 클래식 사랑과 영화와 시에 대한 감성이 더해졌으니, 조한금이 문학의 길로 들어선 것은 필연적 운명이었다. 그래서인지 그의 수필세계는 다채롭고 풍요롭다. 소소한 일상과 가족 서사, 자연에 관한 이야기 외에도 곳곳에 예술적 향기가 숨어 있다. 에게해의 '노인과 바다', 입센의 '페르퀸트'와 '솔베이지 송', 영화 '콰이강의 다리', 마티스와 고흐, 모네, 렘브란트 같은 화가와 그들이 그린 그림, 키로프발레단의 '백조의 호수', 고대 잉카문명의 전시장인 '라파엘 라르고 에레나 박물관' 심지어 포르노 영화관까지. 한 마디로 그의 수필세계는 '종합 예술의 전당'이라 해도 과언이 아니다. 그만큼 그의 삶 또한 역동적이고 고아하고 풍요롭다.

조한금 스타일의 첫 번째는 깔끔하고 선명한 문체이다. 군더

더기 없이 적확한 문장은 사실성을 높여준다. 그리고 찰지고 맛깔 나는 입말도 고명처럼 얹어 놓는다. 문체가 곧 사람이라는 등식에 비추어 보면 그의 성격과 직결된다. 매사가 분명하고 정확하고 열정적이다. 조한금 작가를 한 번이라도 만나보면 글과 사람이 일치한다는 것을 알아챈다. 은유나 비유 같은 수사학으로 문장을 꾸미겠다는 의도도 엿보이지 않는다. 미문주의에 대한 과도한 신념도, 서정성에 대한 집착도 없다. 작가가 보고 느낀 대로 언어화할 뿐이다. 그래서인지 언어들이 생생한 기운으로 살아 있다. 내면 깊은 곳에서 우러나오는 생각과 상상, 몸이 감각 하는 감성 그대로 받아쓴다. 문장 곳곳에 직관적 감각과 영성의 기운이 담겨 있어 독자의 가슴을 울렁이게 만든다. 오랜 시간 발효한 언어들이기에 제 안에서 터져 나오는 에너지로 인해 문체에 힘이 넘친다. 꾸밈이나 장식에 대한 욕망의 그림자가 없다. 그래서 조한금 수필의 문장은 푸르른 새벽하늘을 여는 서광처럼 장엄하고도 아름답다.

  조한금 스타일의 두 번째 항목은 사회적 역사적 상상력이 풍부하다. 일제강점기 조선 문단에 착근한 수필은 문학성의 결여라는 과제를 해결하기 위해 서정성을 지나치게 강조한다. 그러다 보니 비좁은 마당에 갇혀 자아를 둘러싼 바깥 세계와는 무관한 작품을 양산했다. 인간이 사회적 존재로 살아가듯이, 문학도 당대의 세계와 역사적 상황과 깊이 연관된다. 여성 작가임에도 조한금의 수필에는 사회적 흐름과 역사적 맥락을 놓치지 않는 작품이 많다. <남매의 오월 일기>나 <낮아져라!> 같은 작품에는 우리 현대사의 비극과 기록성이 고스란히 담겨 있다. 이 밖에도 <서로 밥이 되어 주십시오>와 <비바 파파!> 같은 작품은 한국가톨릭 교회사 연구 자료로도 가치가 있는 작품이다. 작가가 이런 의식 세계를 갖게 된 것은 아버지의 교육과 평생 삶의 뒷배가 되어준 신앙심, 여성 기업가로 활동한 사회생활, 배움의 끈을 놓지 않고 자신을 연마한 열정 등이 총체적으로 어우러져 발현하는 듯싶다. 이런 지점은 조한금 수필만의 독특한 문양으로 평가할 수 있다.

세 번째 항목은 이전과는 다른 새로운 감수성이다. 여기서 말하는 새로운 감수성이란 삶과 예술, 신앙이 겉돌지 않고 삶에 녹아들어 자연스럽게 융화한다는 의미이다. "동서양의 모든 음악은 깊은 내면의 감성을 흔들어 웃게도 울게도 하는 소리의 묘약妙藥이다 (<소리의 묘약>)."라고, 고백했듯이 성장기 동안 음악과 시조와 우리 가락은 조한금 내면에 예술에 대한 감각과 감수성을 키운 학교였다. 나아가 끊임없이 솟아나는 감성의 옹달샘이 되었고, 엄마 잃은 어린 자아의 한을 승화시키는 묘약이 된다. 남편의 음악사랑은 부부의 소중한 공감대이자 둘 사이를 연결하는 연육교와 같다. 전술했다시피 예술은 부부의 일상이다. 여행지에서도 음악과 춤, 그림, 문학이 자주 출몰한다. 특히 클래식 음악은 추상 예술의 극단이자 상상의 영역이다. 예술을 소재로 한 문학의 언어는 꿈꾸는 자의 언어라서 발아하지 못한 채 작가의 독백으로 머무는 경우가 많다. 조한금 수필에서 예술의 언어는 봄 바다의 숭어 떼처럼 살아있다. 클래식과 그림, 발레와 민속춤, 시와 수필, 시가와 성가聖歌 등 장르를 넘나드는 삶의 풍경은 축복받은 삶의 반증이 아닐까.

6. 현대수필의 가능성과 희망

근대에 이르러 수필 [에세이]란 장르가 탄생했듯이, 근대문학에 이르러 비로소 개별적 자아가 부상하고 "인생이나 내면의 심화"(신형철,『몰락의 에티카』, 290쪽, 재인용)가 발생한다. 한국 리얼리즘의 전통이 강하게 지배한다. 수필은 리얼리즘의 세계에 가장 근접한 장르이다. 근대문학의 특성은 내면성과 소실점이다. 내면성은 자아의 발생과 계몽주의로 인한 개인성의 생성이며, 소실점은 깊이의 발생을 의미한다. '자기만의 방'이 마련된 여성들은 소설이나 성경에 탐닉하면서 상상의 세계에 지은 낭만의 세계로 빠져든다. 낭만주의는 지금까지 한국 문단을 지배하는 정서이다. 현대수필도 낭만주의적 문학관이 중심 이념으로 작동했다. 조한금의 수필은 이런 중심주의에서 비껴나 있다. 자기만의 굳건한 문학적 성채를 쌓은 작가로 우뚝 선다. 무엇보다 내면적 자아와 외면적 자아가 작품에서 갈등하거나 어긋나지 않는다. 이런 성향은 타고난 성정과 아버지의 교육, 깊은 신앙심, 예술을 매개로 한 부부의 교감과 소통 등이 조화를 이루는 까닭이다. 가족 서사(개인적 자아)와 사회적 활동(사회적 자아), 신앙적 영역(초월적 자아)이 삼각구도를 이루면서 균형감 있게 삶을 떠받친다. 무엇보다 세 자아가 무람없이 소통하고 교감하고 융화한다. 이런 부분이 조한금 수필세계의 특질이며 개성적 스타일이다.

조한금의 수필은 젊고 발랄하고 유쾌하다. 사람이 늙으면 글도 따라 늙는다는 것이 일반적 통념이다. 그럼에도 작가의 수필 작품은 노화老化하지 않는다. 낡은 이념과 감각에 머물지 않고 새로운 감각을 추구하는 작가의 노력과 열정이 멈추지 않기 때문이다. 현대수필의 결핍 요소로 지적되는 유머와 윗트가 담긴 작품도 만난다. 가령 <남편 공해>라는 작품을 보면 애주가인 남편에 관한 이야기를 유머러스하게 전개한다. "오, 주신酒神 박카스여! 날마다 내 애간장을 태우지 말고 제발 주독을 없애는 비법이나 일러주고 만인 곁에 있어 주오"라며 외치는 구절에 다다르면 웃음이 터질 수밖에 없다. 한더위에 중환자가 된 암탉을 지극정성으로 돌보고 간호하여 끝내 회생시키는 <우리 계순이> 이야기는 감칠맛을 넘어 생명체에 대한 지극한 사랑을 느낄 수 있다. 주목할 것은 이야기 전개 스타일이다. 서사 전개 방식과 거침없이 이어지는 가전체假傳體 문장을 계승한 듯, 판소리의 한 대목을 듣는 듯 재기발랄하고 유쾌하다. '계순이' 이야기는 웃음과 해학이 살아있다. 그 옛날 장마당의 이야기꾼에게 재미있는 이야기를 듣는 것처럼 흥미진진하다. 이런 유머와 윗트는 현대수필의 새로운 감수성과 가능성을 보여준다.

　문학에서 신앙에 대한 작품은 특별한 예외로 취급한다. 그 이유는 종교는 개별적 자아의 맹목적 신념이기에 독자와 소통하기 어려운 까닭이다. 대문자 신성神聖은 문학성을 뛰어넘어 종내에는 소문자 문학을 삼켜버릴 위험이 도사리고 있다. 위선이나 가식의 불순물이 조금이라도 있다면 영리한 독자는 대번에 눈치챈다. 수필에서 신앙의 영역은 인간사의 얼룩과 그늘이 자칫하면 신비주의로 수렴되거나 신의 뜻에 잠식되어 버린다. 다행스럽게도 조한금의 신앙수필은 신비주의나 맹신주의의 색채 대신에 진솔한 고백과 절대자에 대한 신뢰와 생에 대한 열망이 가득하다. 그에게 신앙은 삶의 절대적 의지이자 성소이다. 가령 유럽 여행에서 주일 아침 미사를 드린다든지, 웅장한 대자연을 만나면 저절로 신에게 감사 기도를 드리는 장면을 자주 만난다. 그의 기도는 삶과 동행하면서, 나약한 인간의 겸허와 위기 때마다 간절한 기도로 드러난다. 신성과 자아의 합일이 초래하는 효과는 생활인의 건실한 태도와 인식의 확장으로, 작품 안에서는 수필의 핵심 요소인 자기 성찰과 겸손의 아름다움으로, 지친 자아를 다독이고 마음을 다지는 매개체로 연동된다. 조한금의 뿌리 깊은 신심은 삶과 문학의 튼실한 토대로 작동한다.

　현대수필은 현실과는 무연無緣한 듯 내면의 고백이나 상실된 고향과 기억에 대한 회상, 결핍과 상흔의 가족사, 자연의 서정만이 최선인 양 지향했다. 조한금은 문단에 입문하면서 수필이란 장르의 개념을 정확히 인지하고 자기만의 영토를 꾸준히 개척한 작가로 평가할 수 있다. 현대수필의 한 전형典型으로 가능성을 제시한다. 이번 수필선집은 작가의 문단 생활 결산서와 같다. 중요한 것은 수필의 윤리와 삶의 윤리가 함께하는 것이다. 작가가 수필을 대하는 태도는 한마디로 당당함과 솔직함이다. 삶과 수필 사이를 서성이거나 주저하는 모습이 없다. 그만큼 주어진 생을 치열하게, 충만하게 살아왔다는 증거가 아닐까. 이 선집에는 80년 인생살이와 30여 년의 문단 생활에서 거둔 지극한 삶의 풍경과 수필에 대한 뜨거운 진정성이 녹아 있다. 남성적 당당함과 여성적 포용력과 사회적 상상력이 교직하는 조한금의 수필은 강건하고 우아하고 순정하다. 그래서 조한금 수필은 현대 수필사에서 특별한 지위를 점유한다고 평가할 수 있다. 조한금이 평생을 가꾼 수필의 정원에는 인간애와 예술의 향기가 흐른다. 자신만의 문학적 성채城砦를 열정적으로 일구어 온 작가에게 뜨거운 갈채를 보낸다.

차 례

■조한금 수필세계
인간애와 예술의 향훈이 가득한 수필의 정원
_이운경·009

제1부 내 생애 최고의 날

043·로키표標 빙수氷水

048·몰래 눈물을 훔쳤다

052·교감

056·꿈도 야무졌나?

061·어우름

067·혼상魂床을 이고

072·그럼 16억쯤 되나요?

080·베리베리 엘레강스!

084·멋지게 베팅하라!

089·내 생애 최고의 날

제2부 유혹

095 · 남편공해

100 · 겨울 카프리치오 23
  – 명퇴 이야기

107 · 그래야 하는 이유

114 · 사랑의 송가
  – 월성위와 화순옹주

119 · 태극기를 덮어다오

123 · 클레어의 편지

129 · 곳간의 위기

134 · 되돌리기

139 · 환상 교향곡 symphonie fantastique
  – 베를리오즈Berlioz의

145 · 유혹

제3부 흑인 성모님

151 · 비바 파파!

157 · 세모 영성체

160 · 서로 밥이 되어 주십시오
　　　　－故 김수환 추기경님 영결미사에 부쳐

165 · 남매의 5월 일기
　　　　－평화방송 다큐멘타리

170 · 뉘셨을까 그이는

175 · 낮아져라!

182 · 성모님께 바치는 글

188 · 보리수와 금메달, 그리고

192 · 그대, 노래되어 오신 날

199 · 흑인 성모님

제4부 태초의 순수인가, 지상의 낙원인가

207 · 반딧불이는 은하수처럼

213 · 에게해海의 노인과 바다

217 · 쿠사다스 해변의 춤의 향연

222 · 백조의 호수
　　　　－키로프 발레단의 공연을 보다

228 · 학생들의 천국

232 · 백야에 그 선상에 서다

237 · 하콘 왕자의 사랑

242 · 초록 심장
　　　　－노르웨이 탐방기

246 · 진정한 이웃
　　　　－덴마크 코펜하겐의 이모저모

251 · 태초의 순수인가, 지상의 낙원인가

제5부 '벤데 돌이'의 후예들

257 · 해바라기는 이글거리고
263 · 베르사유궁의 뒷골목 풍경
270 · 파티마의 그날들
274 · 사랑 이야기의 거리, 세비야
281 · 820캐럿의 다이아몬드
287 · 열정의 브라질리언
293 · 마야여, 아즈텍이여!
302 · 포르노 토기
　　　－페루에서
309 · '벤데 돌이'의 후예들
316 · 마추픽추 정상에 서서
　　　－그 많던 황금은 다 어디로

제6부 툰드라, 그 평원을 꿈꾸다

327 · 새집을 짓고
　　　－고향 만들기 1
331 · 귀한 손주를 얻다
338 · 내 강아지들아!
342 · 존재의 이유
347 · 흙, 그 변신의 미학
351 · 반디만큼이라도
354 · 간택
358 · 보랏빛 함성
363 · 수피아의 손짓
367 · 툰드라, 그 평원을 꿈꾸다

제7부 손 예찬

373 · 우리 계순이

379 · 소리의 묘약

382 · 물방울 실내악

385 · 도미 이야기

389 · 뒤늦은 효도

395 · 그 언니의 그 아들

400 · 창수, 해바라기밭

405 · 졸업증서 받을 날

410 · 아치즈 국립공원을 거쳐 솔트레이크 시티로
　　　 －하이웨이에 해지고 달뜨니(12)

414 · 손 예찬

■ 발문
마지막 선물 _**최건** · 418

■ **작가의 맺음말** · 420

The Greatest Day
내 생애 최고의 날

로키표標 빙수氷水

 어미 큰 뿔 양이 새끼들과 무리 지어 차도에 나와 서 있다.
 해발 3,000m쯤의 고지 중턱. 캐나다 로키의 국립공원을 오르는 길이다. 고산지대인 이곳에는 동물들이 차도에 서 있는 모습을 흔히 볼 수 있는데, 아스팔트 위에 녹아있는 염분을 핥아먹기 위해서라고 한다. 행여 동물들이 놀라서 뛰면 안 되는, 사람보다 동물이 더 우선인 이곳에선 모든 차가 멈춰서서 경적 한 번 울리지 않고 언제까지고 기다리고 있어야 한다. 동물 가족이 식솔을 이끌고 천천히 길옆 산속으로 들어간 뒤에 움직였다.
 1만 년 전에 형성되었다는 빙하를 보려고 찾아든 캐나다 밴프의 7월 아침에 펼쳐진 산자락의 풍경이다. 구름이 산에서 쉬어가는, 하늘과 가장 가까운 곳의 평화로운 그림은 천지창조 때의 모습 그대로일 것 같다.
 천연의 자생 목이 빽빽하게 들어차 하늘을 찌를 듯 키를 자랑하며 길고 곧게 늘어서 있고 그 수목 사이로 이름 모를 풀과 꽃들도 피어있다. 가끔 황소만 한 사슴이 무리 지어 뛰어가는 모습도 달리는 버스 차창 너머로 보인다. 퍽이나 한가롭다. 1년 내내 눈 속에 파묻혀 있어 6월부터 10월까지 눈 녹은 계절에만 개방한다는 로키는 고고한 기품의 이지적인 겨울이 하얀 속살을 드러내 보이며 부끄러운 듯 여름을 유혹하고 있었다.

긴 보우 강줄기를 따라 굽이굽이 산을 끼고 돌다가 사행蛇行하는 사스케체완 강을 가로질러 고도가 점점 높아져 가는 하이웨이를 달리노라니 결국 로키산맥의 만년 빙하에서 흘러내리는 얼음물이 보우강의 원천임을 알 수 있었다. 눈 녹은 물은 산정 군데군데에 큰 호수를 이루고 있었는데 날씨와 계절에 따라 변화한다는 물빛은 세상의 모든 평화가 이곳에서 시작될 것처럼 맑고 아름다웠다.

모레인 호수의 절경 앞에 섰다. 은백색의 빙하를 이고 있는 10여 개의 산봉우리 들이 호면에 선명하게 물구나무서있다. 아름다운 수채화다. 고요한 물속에 산이 누워있고 누운 산 위에 빙하가 있다. 에메랄드빛의 호수와 검은 산 그림자와 은백색 빙하의 어울림은 마치 절묘한 화음의 삼중주 실내악을 듣는 듯하다. 그 소리를 그대로 건져 올리면 감동의 파문이 수면 위에 일렁일 것만 같다.

캐나디안 로키의 하이라이트 컬럼비아 대 빙원이다. 세계에서 유일하게 사람이 걸어 오를 수 있고 디뎌보고 만져볼 수도 있는 곳. 큰 바퀴가 여러 개 장착된 특수제작의 설상차 스노모빌로 바꿔 타고 아이스 필드로 올라가는 얼음산 주변으로는 천연의 자생 목이 군락을 이루고 푸르게 서 있다. 1m도 채 안 되는 작은 나무라도 수령 300년에서 500년쯤 되었고 그중 2m쯤 자란 나무는 수령 800년 이상 되었을 거란 설명이다. 1년 내내 추운 기후와 풍토에 적응하며 자라고 있는 그 강인한 생명력이 나를 숙연하게 한다. 어떠한 악조건 속에서도 참고 이겨내기만 하면 더디지만 결국은 성장한다는 내 생활철학을 확인하는 현장이다. 누구든 앉아서 뭉개면 아무 곳에도 갈 수 없지만 일어서서 걷기만 하면 언젠가는 목적지에 도달한다는 얘기와도 상통하는 진리가 참을성 없는 우리네의 교훈처럼 거기 나무로 살아 있다.

스노모빌은 천천히 조심스레 올라갔지만 가볍게 덮인 흙 밑의 얼음은 차 바퀴의 육중한 무게에 짓눌려 부서지고 있었다. 아까운 일이다. 사람의 발길이 닿는 곳은 어디든 언제든 천연이 훼손된다. 아름다운 자연은 태고의 신비 그대로 더 오래 보존되어야 할 아까운 자원인데 관광목적으로 개발되어 서서히 소멸하는 것이 안타까웠다.

차에서 내려 그 얼음판 위에 섰다. 신비와 경이에 탄성이 절로 나온다. 미끄러운 얼음 위를 살금살금 걸어 물기 없는 평평한

곳에 가서 납작 엎드려 팔을 벌리고

"이것 내 땅!"

하고 소리쳤다. 소유의 소망은 가장 높은 곳 가장 순수한 것에까지 욕심을 부렸다. 그러나 그것은 예수님의 제대 앞에서 행하는 사제의 서품식 때처럼 오염되지 않은 가장 깨끗한 순수 앞에 가장 오염된 인간이 엎드려 하느님께 속죄하는 경건한 의식이 되어버렸다.

드넓은 얼음판 4,000m 높이의 세계 지붕에 모로 누우며 팔베개했다. 지상의 천국에 마음 또한 천국이다. 김춘추의 아내 문희가 언니에게 꿈을 사 누리는 행운인들 이만했을까. 잠시 천년 전의 신라 여인이 되어도 본다. 천년과 만년과 현세를 넘나드는 나를 향해 남편은 얼른 셔터를 누른다.

11월부터 내리는 눈은 이듬해 5월까지 다 녹아내리면 6월부터는 빙하가 조금씩 녹아내리는 시기라고 한다. 이미 다 녹아 없어진 부분과 아직 300m 남아 있는 부분도 몇 백 년이 지나면 흔적 없이 사라지고 낮아진 지표로만 남게 되겠지.

얼음 녹은 물이 모여들어 큰 물줄기로 합쳐 흐르는 곳에서, 남편은 미리 준비해 온 컵에 맑은 물을 반쯤 받아 콜라와 종이 팩에 든 소주를 칵테일 해 하늘을 향해 잔을 높이 쳐들었다. 그리고 "부라보!" 하고 외치는 순간 이번에는 내가 그를 향해 셔터를 눌렀다. 햇빛에 반사된 투명한 얼음들이 제각기 빛을 발하며 보석처럼 눈부시게 반짝거린다. 그 풍요 속에 1만 년의 세월이 도무지 가늠되지 않았지만 어쨌건 긴 시간을 수용한 포용의 얼음물을 배가 부르도록 자꾸자꾸 퍼마셨다. 마치 젊어지는 샘물이라도 되는 양.

   은혼 선물로 받은 여행이 뜻밖의 횡재가 되어 순수의 갈증을 풀어준다. 이가 시리고 춥지만 한 모금이라도 더 마시려 했다. 심신의 모든 질병이 이 물의 효험으로 다 나을 것 같고 지친 영혼까지도 치유할 신통력이 있을 것 같았다.
   오랜 세월을 사계의 맑은 공기와 구름과 눈비와 햇빛으로 숙성시킨 이 얼음물이야말로 곧 영약일 것이란 생각과 함께 불로초를 찾아 삼신산에 오른 기분이 들었다. 그리고 이내 큰 물통 하나 준비 못 해간 무비의 아쉬움이 일었다. 혼탁한 공기 속에서 심한 현대병을 앓고 사는 소중한 내 이웃들에게 한잔씩만 돌려줘도 금방 거뜬해질 〈로기표 빙수〉 그 물을 담아올 수 없음이 안타까웠다.
   드디어 얼음물의 효험이 서서히 나타났다. 내 안에 있는 유한과 무한의 벽이 허물어지면서 많은 것을 소유하고 있어야만 부자라는 개념이 깨졌다. 비로소 무소유의 소유가 더 큰 부자임을 일깨워 준다. 그리고 로키의 신비한 색채와 황홀한 비경祕境이 텅빈 나의 마음 구석구석을 가득가득 채워주었다.
   나는 한순간에 큰 부자가 된 것이다.

(1993년 등단작품)

몰래 눈물을 훔쳤다

올 들어 가장 추운 날씨다.

점심때가 이른 시간 조회가 끝나기 무섭게 영업사원들은 밀물처럼 빠져나가고 내 방의 썰렁한 한기를 피해 사무실로 나와 사원들과 난로 옆에서 한담하고 있었다. 그때 누군가가 폐문한 출입구를 밀친다.

"그쪽 아니에요!"

경리직원이 소리치자 다시 출입문을 찾아 쑥 밀치고 들어선 사람은 25세쯤 되어 보이는 뇌성마비 장애 청년이다. 우리 모두의 시선이 일제히 그에게 꽂혔다. 그는 검은 가방을 책상 위에 털썩 올려놓더니 어둔한 말씨로 물건 좀 사라고 한다.

"안 사요. 전에도 왔었잖아요."

경리 아가씨가 무조건 거절하자 그는 눈동자를 하얗게 흘기며

"그럼, 장애인이 한 번만 오면 뭐 먹고살아요!"

하며 신경질적으로 되받는다. 상황으로 봐선 분명 주객의 전도다. 물건을 팔러 온 사람이 오히려 큰소리를 치니 여사원이 머쓱해 그를 쳐다본다. 나는 이쯤에서 그 청년에게 다가가 가방을 열어보며 그들 사이에 끼어들었다. 고무장갑 몇 켤레와 일회용 대일 밴드 그리고 청크린 몇 개가 고작이다.

"그래, 사무실에 와서 물건을 팔려면 사무용품을 가지고 다녀야지 아무것도 살 게 없구먼!"

"그럼, 아주머니 집에 가져가서 쓰면 되잖아요!"

사뭇 도전적이다. 그러더니 이내 짜증스러운 어투로

"신경질 나서 죽겠네! 간 데마다 쳐다보지도 않고 거절하고 들어오지도 못하게 쫓아내고 놀려먹고 잉잉…"

예의 그 어둔한 말씨로 혼자 넋두리하며 앵 돌아서서 눈물까지 찔끔거린다. 나는 갑자기 허를 찔린 기분이 되어 우는 그에게 다가가 어깨를 토닥이며 달래기 시작했다.

"그래, 속상하지? 이 추운데 물건은 안 팔리고, 반기는 사람은 없고…"

이 말 한마디에 그는 마치 역성 들어준 어미에게 투정하듯

"그래요 속상해요!" 하며 세상에 대한 불평을 봇물 쏟아지듯 토해낸다. 건물 경비원에게 쫓겨난 노여움에서부터 푸대접받고 업신여김당한 거며 야박한 인심에 대한 원망까지를 울음을 섞어 주절주절 주워섬긴다. 제 딴에는 자력으로 꿋꿋이 살아내고자 혹한을 무릅쓰고 나왔건만 장하고 대견하다고 인정해 주

기는커녕 간 데마다 홀대받은 서러움도 포함된 것 같다. 성한 사람도 살기 힘든 세상인데 장애인으로 살아내기 얼마나 힘들었을꼬. 애잔한 생각에 코끝이 찡해지며 눈물이 난다.

우리 사원들 역시 용기가 자본인 사람들이다. 말이 좋아 영업사원이지 잡상인 취급당하기 일쑤인 방문판매업. 주부들이 어쩔 수 없는 상황에 몰려 등 떠밀려 나와 가방 들고 나서기까지도 대단한 용기가 필요한데, 막상 현장에 나가면 지금 이 청년처럼 잡상인으로 내몰리는 그 모멸감을 내 어찌 모르리. 바로 예전의 내 모습인걸. 그러나 고객의 냉대가 환대로 바뀔 때까지 참고 또 참으면서 끊임없이 다쳐야 하는 자존심이다.

땅을 기는 수많은 벌레 중에 하늘을 나는 나비는 선택받은 삶을 산다. 그것은 몇 백, 몇 천 번을 반복해 미끄러지는 좌절 속에서도 기필코 나무에 기어올라 나뭇잎을 갉아 도롱이를 틀고 나뭇가지 끝에 매달려 혹한의 겨울을 견뎌내고서야 그 화려한 변신의 비상을 하지 않았던가. 실패와 성공은 그렇게 다른 두 모습의 자기를 선택하는 일이라고 사원들을 프로로 강하게 훈련 시키고 있는 내 눈에는 그 청년의 모습이 한없이 어설퍼 보였다.

몇 차례 앉으라고 권하고 따끈한 커피 한 잔을 주니 커피는 먹지 않는다며 선 채로 거절이다. 무언의 채근을 당한 나는 청년의 가방을 열고 고무장갑 한 켤레와 대일 밴드 한 갑을 꺼낸 다

음 경리에게 2만 원을 받아 그의 손에 쥐어 주며

"하룻길을 가다 보면 소도 보고 중도 본다는데 그깟 일들 마음에 담아두지 말고 가다가 따끈한 점심 한 끼 사 먹고 더 힘내서 열심히 살아요." 하며 등을 토닥이니 그는 또 덤볐다.

"그렇게 많이 주면 어떡해요. 그러기 싫단 말이에요! 그럼, 이거라도 가지세요."

가방에서 청크린 한 개를 더 꺼낸다. 결코 동정받고 싶지 않은 모양이다. 그러나 처음부터 물건값과 상관없었던 나는

"그건 하수도 물을 오염시키니 됐어요."

핑계 대서 사양하고 몇 번이고 뒤돌아서서 고맙다 인사하는 그를 내보낸 뒤 사원들이 볼세라 몰래 눈물을 훔쳤다.

사무실 분위기는 잠시 무겁게 가라앉았고 나는 그에게 용기를 준 작은 천사가 되었다고 속으로 생각하고 있는데, 장애인 시동생을 둔 실장이 시각을 달리한 냉정한 한마디를 한다.

"많이 해본 솜씬데요. 무슨 말을 해야 할지 다 알고 있잖아요."

순간, 나는 바보와 천사 사이를 몇 번을 왕래했다.

교감

싱싱하고 윤기가 자르르하다.

색색의 형광 리본을 어깨에 걸치고 늘어선 자태가 마치 미녀 선발대회에 출전한 아가씨들 같다. 조롱조롱 꽃망울 드레스를 입고 한껏 미소를 머금고 서 있는 동백이 겨울 미인으론 기중 돋보인다. 기둥에 잎을 감고 오른 몬스테라는 건강미를 뽐내고, 큰 잎의 바퀴라는 각선미를 자랑한다. 벤저민도 미니드레스를 깜찍하게 차려입고 지인들의 홍보대사로 1층 엘리베이터 입구에 서 있다. 아마 간밤에 야간업소 하나가 3층에 개업한 모양이다. 마치 나를 마중하려 도열 한 듯한 착각에 빠져 한동안은 출퇴근길이 즐거웠다.

동백이 빨간 웃음을 툭 터트리면 나는 미소로 화답했다. 그러다가 차츰 그들과 눈인사조차 거북스러웠다. 싱싱한 아름다움이 사라지면서 일그러진 모습으로 변해가고 있었기 때문이다.

내 사무실은 6층에 있어 외출할 때 말고는 그들과 마주칠 일이 없으니 낮에는 깜박 잊는다. 그러던 어느 날, 1층 엘리베이터 앞에서 건물 청소하는 아주머니를 만났다. 잘됐다 싶어 화분에 물 좀 주라고 이르니 바쁜 자기가 그것까지 할 일이 아니라며 퉁명스럽게 거절한다. 조롱조롱 수없이 미소를 짓던 동백은 입을 꽉 다물고 일그러지니 마치 폼페이에서 본 목욕하다 죽은 여인화석의 입 모양을 보는 듯했다.

"살려주세요! 살려주세요!" 비명이다.

나는 우리 사무실 옆의 관리소장을 찾아가 몇 차례 얘기했다. 3층 업소 주인에게 말해 우리 사무실에 화분들을 갖다 놓으면 다 살리겠노라고 졸랐다. 그러나 그 업소 홍보용이니 말라 죽어도 어쩔 수 없다는 무정한 대답이다.

질긴 생명력이었다. 마침내 모든 잎이 도르르 말리기 시작하더니 수분이 다 마를 때까지 두어 달 넘게 시들다가 결국 고사했다. 화분과 가장 가까이 있는 1층 식당엔 많은 종업원과 손님들이 들락거렸으나 그 누구도 화분에 물 한 방울 주지 않았다. 그리고 식당에선 자기네 집에 들어온 화분마저도 모두 말려죽여 밖으로 밀어냈다. 어느 날 엘리베이터 앞에 서 있던 화분들이 말끔히 치워졌다. 결국 나는 그것들에게 죄인이 되고 말았다.

내 탓이었다. 6층에서라도 물을 퍼다 부어주었어야 옳았다. 아니 바가지를 가지고 내려와 1층 화장실 물이라도 퍼다 갈증을 풀어줬어야 했다. 심한 조갈로 죽어 가는 모습을 보고도 맞닥뜨린 순간만 안타까워했을 뿐, 더 적극적이지 못했던 내 알량한 식물 사랑이 오래도록 양심을 아프게 했다.

우리는 수많은 애경사에 화분을 보내고 받는다. 그것이 관상수든 난 분이든 상당한 액수로 구매해 보낸 것이니, 마치 보내준 사람을 대하듯 잘 살펴 보낸 이의 안부까지도 느낄 수 있어야 하지 않겠는가.

친구네 아파트 화단에는 동백나무가 몇 그루 서 있는데 그 나무 앞을 아이들이 수없이 들락거려 눈여겨보니 동백 꽃망울을 모두 따다가 공기총알로 쓰고 있더라는 것. 하도 기가 막혀 뭐 하는 짓이냐고 한 놈을 잡아 호통치니 너무나 천연덕스럽게

"나도 따서 총알로 쓰려는데도 없어서 못 땄는걸요."

하며 되레 아쉬워하더라는 것. 우리는 한참을 웃다가 삭막하고 비정하게 무디어진 도시 아이들의 정서를 걱정했다.

교감, 그렇다. 교감하는 사람과 무딘 사람의 차이가 바로 그런 것인가 보다. 우리는 아무 죄의식도 없이 식물을 말려 죽이기 일쑤다. 어른들이 그럴 진데 그걸 보고자란 아이들이야 말해 뭣하리. 10년 20년 애지중지 길러서 마치 자식 출가시키듯 떠나보낸 화훼농가 사람이나, 슬플 때나 기쁠 때나 온갖 인간사에 얽혀 사는 식물은 좋은 주인 만나는 게 소원이리라.

그 후 나는 사무실을 이전했고 이전할 때 들어온 수십 개의 화

분을 창 쪽에 죽 늘어놓고 사랑을 준 만큼 받으면서 산다. 계절에 맞춰 알아서 피는 꽃들이 고맙다.

　내 사명은 역시 사원이든 식물이든 살리는 살림이요, 더 잘 키우는 육성이라고 최면을 걸어본다.

꿈도 야무졌나?

로또 복권의 열기가 뜨겁다.

800억 원의 불로소득이 생기면 인생 역전이 된다고 신문마다 떠들어대고 방송조차 온갖 자료를 동원하면서 맞장구다. 인생 역전이라, 만약 800억의 불로소득이 생긴다면 나는 어떻게 변할까. 남가일몽, 그 허황한 유추의 바다에서 자맥질 한번 해보자.

첫 번째의 상상, 제일 먼저 공장 짓느라 빌린 정책자금을 갚고, 남은 돈으론 꽤 괜찮은 회사 사옥을 당장 매입한 다음 전문 인재들을 뽑아 연구실을 운영하면서 첨단의 아이템 개발과 수입 대체상품을 생산해 내는 거야. 그것들은 당연히 국가에 효자 상품이 되어 내수는 물론 수출로 국익에 일조할 거고, 그래서 생긴 기업이윤은 인적 자원에 재투자하면서 동시에 도움이 필요한 사회의 구석진 곳에도 나누는 멋진 CEO가 되어야지!

두 번째의 상상, 우선 아이들 넷에게 10억씩 집어주고, 가난한 친척이나 측근의 이웃들에게도 1억씩 나눠주고, 노후 자금으로 10억쯤 떼어 여행이나 실컷 다니면서 이제 좀 편히 살아볼까? 그래 봐야 기껏 기십 억 내외네. 그럼, 거액의 남은 돈은 뭘 하지? 옳다, 내 이름의 장학회를 설립해 몽땅 기부하는 거지 뭐. 그런데 우리 아이들 갑자기 불로소득에 맛 들여 건강한 정신 망가지면 어쩌지? 안 줄 수도 없고….

세 번째의 상상, 푸른 초원 위에 그림 같은 집을 짓고 롤스로이스로 나들이하며, 알알이 펜 다이아몬드 목걸이에 세계의 명품으로 온몸을 치장하고, 멕시코의 고급 호텔 기프트샵에서 본 오렌지색의 투명한 오팔 같은 희귀한 보석도 소장하면서 호사나 과소비를 즐기는 가장 통속적인 여인이 한번 되어볼까, 그런 사치에 빠지면 얼른 헤어나 못할 것 같기도 하네.

그런데, 상상만으로도 풍성하고 유쾌해야 할 돈벼락이 왜 겁부터 나는지 모르겠다. 신변에 일어날 여러 불안 요소며 불로소득의 폐해를 생각하니 갑자기 제명에 못 죽을 것 같아 으스스해지기도 한다. 그러니 그걸 피하자면 사람들과 담을 쌓아야 할 테고, 종래는 절해고도의 무인도에 떨어진 것 같은 군중 속의 고독으로 우울증 환자가 되어 있거나 향정신성 환자가 되어 있지는 않을까.

그래서 그 천문학적 숫자의 돈벼락이 반갑지만은 않을 것 같다. 내 일찍 '일하기 싫거든 먹지도 말라'는 금언을 좌우명으로 삼고 산 지 오래다. 높고 낮은 지위에 상관없이 일자리가 있어야 한다고 늘 주창하면서 일개미처럼 일하는 것에 재미 들였지 않은가. 일이야말로 심신의 건강을 지켜주는 파수꾼이요, 땀 흘린 대가로 받는 소득이 값지다는 소신엔 변함이 없다.

어릴 적 우리 집은 몹시 가난했다. 그런데도 아버지는 늘 "그깟 돈 있다가도 없고 없다가도 있는 것이니 사람을 더 소중하게 생각해라." 하시며 옛날얘기를 비유로 공것의 개념을 정리해 주셨다.

옛날 어떤 가난한 사람이 큰 횡재로 벼락부자가 되었는데 그 사람은 그다음 날부터 이유 없이 시름시름 앓아누웠고, 돈 한 푼 재밌게 써보지도 못한 채 약값으로만 그 돈이 바닥난 연후에야 병석에서 툴툴 털고 일어나더라는 것.

"복 없는 사람이 복에 겨우면 탈 나는 법이니 큰 부자는 하늘이 내고 작은 부자는 부지런히 내는 것이다"라면서 "부지런하게 살면 작은 부자는 되느니" 하고 일러주셨다. 그래선지 나는 불로소득에 대한 욕심이 없다. 아니 어떤 것도 공짜는 오히려 부담스럽다. 어쩌다 명절에 아이들과 치는 점 백 원의 고스톱마저도 기천 원을 따면 돌려주고 만다. 받는 것보다 주는 것이 더 즐겁고, 이기는 것보다 지는 게 도리어 편하다. 이기적 보다 이타

적리他的이 즐거운 건 필시 성장 과정의 교육에서 비롯되었으리라.

 나라 안이 온통 800억 원의 '공돈' 열기에 후끈 달아있다. 강원도 산골할머니의 쌈짓돈 4천 원을 비롯해 있는 빚 갚기 위해 몇 백만 원을 다시 빚내 복권 샀다는 TV 속의 모자이크된 사람까지를 보면서, 저들은 과연 복 받을 어떤 일을 했을까를 생각해 본다.
 814억 5,060만분의 1이 맞아야 1등에 당첨된다는 그 천문학적 숫자나 835억 원이라는 천문학적 숫자의 돈 모두 낯설긴 매한가지지만, 벼락 맞을 확률보다도 200배나 더 낮다는 이런 게임을 놓고 매스컴은 오히려 무심한 사람들까지도 마구 부추기고 있다.
 미국이나 프랑스 국민의 경우 이웃에게 좋은 일 하기 위해 매일 5달러의 복권을 사는 순기능과는 달리, 우리는 한탕으로 횡재하는 사행심의 역기능을 정부가 한몫 거들고 있지 않나 하는 의구심도 든다. '심은 대로 거둔다.' '티끌 모아 태산이다'라는 만고의 불변 진리와는 다른 가치관으로 근간이 흔들리고 있는 요즘이다.

 우리네 서민들은 허리가 휘게 일해서 한푼 두푼 저축하고, 그 돈으로 기백만 원의 적금을 타던 날은 그 돈을 어디다 숨길지 몰라 밤새워 좌불안석했다는 이웃들의 얘기가 더 설득력 있다. 건강한 심신으로 부지런히 일하면서 이웃사촌들과 도타운 정을 나누며 사는 게 바로 횡재가 아니겠는가.

노름은 불로소득 하고자 하는 도둑놈 심보를 가진 사람이나 하는 짓이라고 몰아세우고는 "아이 고추가 자라 나중에 ×된다."라고 걸쭉하게 비유하시면서 아예 요행수의 싹을 잘라 주신 아버지, 그 정신을 나 또한 우리 아이들에게 가르쳤다. 남의 것에 눈 돌리지 말고 노동의 대가로 정당하게 살라고. 노력하는 사람이 잘사는 나라, 상대적 박탈감에 허탈해지지 않는 건강한 사회가 되기를 그래서 나는 더더욱 바라는 것이다.

한 번도 사본 적 없는 로또 복권 때문에 푹 빠져본 상상의 자맥질이었는데, 하다 보니 남을 돕기 위해 5달러의 복권을 샀다는 서구 사람들의 이타 정신을 본받아 이제라도 복권 한 장씩 사주는 것도 괜찮겠다 싶기도 하다. 그러다가 호박이 넝쿨째 굴러들어 올 횡재할 큰 운이 있다면 내 첫 번째의 상상처럼 그렇게 보람 있는 큰살림 한번 해봐도 좋겠다 싶다. 생각이 바뀌면 운명도 바뀐다는데….

꿈도 야무졌나?

어우름

마지막 질문자로 일어선 나는 신고 있던 신발을 벗어들었다. 어떻게든 해외시장을 열어야겠다는 일념뿐이었다.

"제가 신고 있는 이 신발이 우리 회사 제품입니다. 저는 20년 동안 작은 유통회사를 운영하면서 4년 전엔 법인을 설립했고, 지난해 3월 제화부製靴部를 신설하여 현재 명품으로 키워 가는 중입니다. 앞으로 이 여성 수제화 CHOI JUNG IN이 해외에 진출하거든 스타 기업이 되도록 관심 가지고 키워주세요. 이 WLN의 국제적인 롤 모델이 되기를 희망합니다."

많은 박수갈채가 내게 쏟아졌다. 특수법인 한국여성경제인 협회가 주관하고 중소기업청이 후원한 2005년 APEC 제10차 WLN(Women Leaders' Network Meeting) 대회가 8월 29일 대구 인터불고 호텔에서 영부인 권양숙 여사의 축사를 시작으로 화려하게 막을 올렸다. 아시아 태평양지역 여성 지도자들 500여 명이 모인 가운데 치러진 이 국제행사는 여성들의 권익 문제를 주제별로 연구하고 토론하는 자리로 해마다 아세아 태평양지역 21개 가맹국이 돌아가면서 치른다.

이 행사에 처음 참석한 나는 동남아지역 극빈 여성들의 경제 문제를 다루는 토론방에 들어갔다. 동남아의 은행들은 빈곤층 여성들에게 단돈 150$도 대출해 주지 않는다는 말에 놀랐다. 더구나 이 빈곤층 여성들은 재택근무로 가사노동을 하면서 돈을 벌어야 하는데 이들을 어떻게 경제적으로 자립시킬 것인가가 관건이었다. 방법은 빨리 무료로 컴퓨터 활용법을 가르쳐 안방에서도 인터넷 영업을 할 수 있도록 하는 것이 최상이라 결론지었다. 그리고 여성 기금을 별도로 마련해 극빈 여성들에게 장기 대출을 해주는 기관이 따로 있어야 한다고 강조했다.

두 번째로 옮겨간 방 토론 주제는 '유비쿼터스'였다. 앞 시간과는 천지 차다. 가장 몽환적인 스크린을 보며 패널의 얘기를 들었다. 마치 공상과학 영화를 보는 듯했다. IT산업에 대한 미래의 청사진이 화면 가득 펼쳐졌고, 한라산을 클릭하니 산의 모든 정보가 한눈에 들어왔다. 미래는 IT산업이 지배하며 우리나라는 이미 IT 강국으로서 첨단정보산업 쪽의 전망이 밝다는 것이다. 장차 인간과 로봇이 공존하는 세상이 올 것이니 그때는 로봇 지능보다 더한 인간의 지능을 개발해야 할 것이므로 개인적으로는 오히려 그러지 않기를 바란다는 건국대 L 여교수의 우려였다.

오래전에 본 007 영화의 첨단 기계들이 이미 현실화하였듯이 멀게만 느꼈던 공상과학의 미래가 이미 코앞에 다가와 있음을 실감케 했다. 앞으론 정으로 맺는 끈끈한 인간관계가 점차 사라지고 사람이 기계화될 것으로 생각하니 얼마나 삭막할지 심히 우려되었다.

3일째다. 지금까지 WLN이 걸어온 길 10년을 돌아보는 자리가 마련됐다. 각국의 대표들로서 제1회 주최국 필리핀, 2회 캐나다, 8회 태국, 그리고 대만 대표가 패널로 자리했고 미국의 대표가 사회를 봤다.

작년 개최국이었던 칠레 대표와 호주 말레이시아 등등 각국 대표들이 참석한 가운데 APEC 10년을 돌아보았다. 크게 괄목할 만한 성장은 없었지만 해마다 각국으로 돌아가면서 치른 이 행사가 여성들의 권익과 삶의 질을 향상한 공로는 크다고 자평했다. 향후의 운영 전반에 관해서 질의응답 시간이 관객에게 주어졌고 여러 분야의 질문들이 쏟아졌다. 그중에서 내가 공감한 것은 문제점을 지적한 부산대 K 교수의 의견이었다. 모니터링이 안 되는 현실이 좀 아쉽고, 앞으로는 우리가 측정할 수 있는 그 무엇이 있어야 하며 모든 여성을 경제적으로 자립하게 하려면 성공 접근방법이 필요하다는 것이다. 또 젠더적인 영향이나 사회적인 영향이 무엇인지도 공부하고 주최국에서는 자신들의 경험을 차기 개최국에 전수하면서 참가자의 회사며 명단도 작성해 주는 친절이 필요하다고 강조했다. 그래야 추후라도 상호 정보 교환을 계속할 것이니 이런 큰 행사가 일과성으로 끝나지 않기를 바란다고 했다. 맞는 말이다. 그 끝에 내가 일어서서 우리 회사의 제품을 홍보한 것이다.

넷째 날이다. 9월 1일 아침 일찍 경찰차의 에스코트를 받으며 영주시에 있는 '소수서원'을 방문했다. 무더운 한여름 삼복더위에 두루마기를 차려입은 영주시장이 뜨겁게 환대해 주었다. 옛 선비들의 삶터를 둘러보고 우리네 이부자리가 음양오행에 맞춰졌다는 상식하나 챙겼다. 남녀의 알몸은 황색으로 존귀 재물 수복 등을 의미하고, 적색의 이불깃은 태양 피 정열 애정 벽사辟邪 등을 의미하며, 이불의 청색은 창조 신생 평안을 의미한다는 것이다. 밤은 흑색으로 인간의 지혜나 겨울을 의미하며 이불 홑청은 흰색으로 상생에 원리를 두었다는 설명이다.

오찬 후에는 전통 혼례식과 사물놀이, 남사당패의 줄타기 등 철저하게 우리의 전통을 외국인에게 보여주는 데에 초점을 맞췄다. 줄타기 공연이 끝나고 뒤풀이 한마당이 남사당패의 신명난 장단에 맞춰 거하게 펼쳐졌다. 주객 모두가 여름날 소나기처럼 뛰고 놀았다.

서둘러 돌아와 대구시장이 베푼 만찬에 참석했다. 시립 국악단의 아악 연주와 바라춤으로 시작된 만찬은 술잔을 부딪치며 화기애애하게 정을 나누는 자리였다. 이어 한복디자이너 이영희 사장의 화려한 한복 패션쇼가 2시간 동안 우리의 전통 복식 변천사를 보여주어 서양인들을 매료시켰다. 각국 참가자들이 자기네 전통의상을 입고 무대로 나와 장기를 자랑했다. 피날레를 장식한 가수 윤희정 씨의 재즈가 장내를 한껏 고조시켜 흥에 겨운 여인들이 밤 깊은 줄 몰랐다.

호텔 로비 곳곳에 설치한 여성 기업들의 부스에서는 대단한 호응과 매출을 올리면서 네트워크 나라 간 또는 자국 기업끼리도 win, win 하는 성과를 올렸다.

그랬다. 그것은 한마디로 어우름이었다. 동서양의 어우름이요 기업 간의 어우름이며 세대 간의 어우름이자 동시대를 살아가는 각국 여인들과의 열정의 어우름이었다. 인종과 피부색은 달라도 산고의 고통과 모성 본능이 같고 인정과 눈물과 감성이 같은 여인들끼리의 어울림인 것이다.

우리는 대구 달구벌을 달구면서 APEC 대회를 성공적으로 마쳤다. 그 중심에는 특수법인 한국여성경제인협회가 있었고, 도량이 넓은 정명금 회장과 임직원들이 있었다. 날밤을 새워가며 준비한 이들의 노고가 있었기에 짜임새 있는 구성과 운영이

한층 돋보인 수작이 된 것이다.

　다음 개최국은 베트남이다. 19개국이 사인한 공동 성명서를 정명금 협회장이 낭독하는 것을 끝으로, 베트남 여성 장관에게 대회기를 넘기면서 모든 공식 일정은 성황리에 막을 내렸다. 그러나 끝나지 않은 먼 날의 어우름이 남아있으니, 자신에게 최면을 걸고 사명감으로 일하는 열정적인 여성들이 있는 한, 10년, 아니 100년, 그 후에라도 이 행사는 영원무궁 이어질 것이라 기대해 본다.
　어른의 어원은 어우르다 에서 나왔고, 어우르다 의 준말이 '어우름'이니 어우름은 곧 어울림이다.
　어른이란 모름지기 여러 면에서의 성숙을 의미하지 않겠는가.

혼상魂床을 이고

해외 여행하듯 검색대를 통과했다.

38선을 넘는 데는 10분도 채 안 걸렸다. 이렇게나 가까운 곳을…. 황해도로 시집간 큰이모를 황해도 이모라 불렀다. 황해도 이모가 그토록 가고 싶어 하던 북한 땅을 밟고 주위를 둘러보았다. 보초병 두 명이 눈에 들어온다. 우리의 중학생만 한 키에 군복이 헐렁하다. 한창때는 양푼 밥을 먹고도 돌아서면 배고프다는데 얼마나 곯았으면 저토록 성장이 멈췄을까. 짠하다.

개성공단을 향해 달리는 버스 안에서 언뜻언뜻 스치는 좌우의 산하를 보고 또 한 번 놀랐다. 울울창창한 삼림이 아니라 흙바닥이 훤히 드러나 보이는 천둥벌거숭이 민둥산이다. 숲이 되기도 전에 화목으로 먹거리로 채취해야만 했던 절박한 궁핍이 마치 우리의 6·25 전후를 보는 듯 마음 아프고 홍수도 걱정되었다.

어느 날, 쌕쌕이가 굉음을 내며 하늘을 낮게 날았다. 마당에서 혼자 놀던 나는 기겁해 앞집으로 내달려 평상 밑으로 기어들었다. 남의 집에 일 가셨던 아버지가 이내 달려와 학교에서 막 돌아온 오빠와 나를 데리고 앞산으로 허둥지둥 올랐다. 방공호 같은 돌무더기 굴속에는 이미 여러 가족이 와 있었다. 그곳에서 며칠을 머물렀는지는 기억에 없다. 어둑해서 집으로 돌아왔을 땐 1천 6백여 명이 다니는 커다란 초등학교가 불타고 있었다. 학교 옆에 사는 이모가 새벽까지 교실 유리창 튀는 소리가 들렸다고 일러준다. 그 열기가 채 식기도 전에 고철을 주우려는 사람들이 몰려들었던 기억이 새롭다.

전쟁 전해인 1949년 9월 4일, 46세의 엄마는 심한 몸살과 볼거리로 13일 만에 세상을 버렸고 나는 여섯 살이었다. 그 9개월 후에 6·25가 터졌으니 어린 내 기억으론 어른들의 상황을 설명하기 쉽지 않다. 다만 인민군이 동네에 들어와 제일 잘사는 집을 접수하고 들락거릴 때, 이모네 집 사립문에 서면 그 모습이 보였다. 그런 어느 날 외할머니가 먹을 것을 한 아름 안고 들어오셨다. 겁도 없이 인민군이 머물러있는 그 집에 다녀오셨다는 것. "할머니 동무!" 하며 인정을 베푼 인민군이 있었다는 것은 마치 토끼가 용궁에서 빠져나온 별주부전만큼이나 간 큰 외할머니의 무용담이다. 그러나 친정에 다니러 왔다가 영영 집으로 돌아가지 못한 채 남편과 자식들과 생이별한 황해도 이모에겐 전쟁은 크나큰 비극이었다.

초등학교가 불타버린 후에 입학한 학생들은 교실이 부족해 2부제 수업으로 점심 먹고 등교했다. 고학년이 될 때까지 4교시가 끝나면 청소 당번만 남기고 전교생이 앞산으로 올라가 개미가 줄지어 먹을 것을 나르듯 날마다 돌을 주워 날랐다. 그리고 그 돌로 지은 초가지붕 흙바닥 교실에서 신발 신고 공부했다.

그 후 반세기가 훌쩍 넘은 2006년 가을, 큰이모가 그토록 가고 싶어 하던 한 많은 38선을 내가 공식적으로 넘은 것이다. 개성공단에 입주해 있는 로만손시계의 김기문 회장이 인천의 중소기업들을 개성공단으로 초청해 투자설명회를 하는 자리였다. 현대아산이 금강산 관광을 위해 입주해 있고, 로만손시계가 활발한 수출을 하고 있으며, 인천 남동공단의 나를 포함 11개 회사가 속한 여성협동화사업의 일원인 Y사장 부군 기업도 입주해 있었다. 개성공단에서 생산된 의류나 신발 등의 제품들은 수출뿐 아니라 국내서도 호평받고 있었다.

중소기업은 북한의 값싼 인건비로 많은 양을 생산할 수 있어 나름대로 타산이 맞았다. 각각의 공장을 둘러보니 사원들이 점심 먹고 남은 시간에 공놀이를 즐기고 있었는데 소파 공장인 우리 회사가 입주하기에는 여러모로 아니었다.

브리핑과 간담회가 끝나고 식당으로 안내되었다. 화사한 한

복차림의 아가씨들이 식당의 낮은 무대 위에서 '반갑습니다' 노래로 남한의 기업인들을 환영했다. 점심시간 내내 그녀들의 공연은 계속되었다. 흥이 무르익자, 객석과 무대는 흘러간 옛노래를 함께 부르며 어울렸다. 하지만 나는 온통 황해도 이모네 자손들인 이종사촌 언니 오빠들이 예서 멀지 않은 곳에 거주하고 있을 것이란 생각뿐이었다.

황해도 이모는 혼자서 꿋꿋하게 엿 공장을 운영하면서 회갑 넘도록 잘 사셨다. 이모네 앞마당엔 도부꾼들이 가져온 고물들로 가득 찼고, 큰이모가 금고를 열면 지전이 수북하던 게 어린 날의 기억으로 남아있다. 엿 달이는 날은 아버지가 밤새워 가마솥에 불을 지폈는데 아버지 옆에 꼭 붙어 앉은 나는 엿밥을 쥐어 먹으며 놀다가 이모네 방에서 잠들곤 했다. 가마솥에서 엿이 다 쫄 때까지 아버지는 꼬박 뜬눈으로 지새우며 이모를 도왔다. 이모가 엿 공장을 접고 홀아비 오 영감과 재혼하여 외로움을 달래다가 그 영감 앞에서 돌아가셨으니 그나마 이모의 주검이라도 거둬준 그분이 고맙다.

가족에게 부고조차도 할 수 없었던 초상, 나는 이모의 혼상魂床을 이고 상여 앞에 서서 장지까지 한참을 걸었다. 이모의 장례식에서 유일한 핏줄 질녀가 해드린 혼백의 이동이다. 그땐 이모가 타계했다는 슬픔보다 사춘기 소녀에게 혼백魂魄을 머리에 이고 장지까지 걸어가라는 주문이 너무 싫었다. 영정사진이 없어선지 아니면 풍습이 그랬는지는 모르지만 60여 년 전의 장례 절차는 지금 어디에도 없다. 그마저도 내가 증언하지 않으면 그런 장의 절차가 있었는지조차 모를 풍속도다.

개성공단 방문을 마치고 돌아오는 길에 중소기업 CEO들은 판문점의 면세점에 들러 기념품들을 샀다. 나도 백두산 들쭉술 한 병을 샀다. 술 좋아하는 남편에겐 그만한 선물이 없을 터. 그 얼마 후 장하진 초대 여성가족부 장관과 특수법인 한국 여성 경제인들의 개성공단 방문 일정이 또 잡혀 있었으나 정부의 사정으로 취소되었다. 나 역시 23년의 사업을 접고 2007년 말에 장수로 귀촌했다.

근래 미국의 트럼프와 북한 김정은의 줄다리기가 계속되고 있으나 저승 문턱까지 와서 일각이 여삼추로 통일만을 기다리는 남북의 이산가족 노인들은 애간장이 녹을 것이다. 통일되면 나도 황해도 이모의 유택을 이종사촌들에게 알려 줘야 하는 숙제가 남아있는데 진즉 90세를 넘겼을 그 형제들 얼굴을 내가 모르니 이모의 유택은 내 기억 속에만 남아있을 것 같다.
혹여 내가 죽기 전에 통일된다면 황해도 이모의 자손들을 수소문해, 혼상을 이고 가서 장지에 모셨던 혼백이라도 다시 모셔 가도록 산소를 알려주고 죽었으면 좋겠다.

그럼 16억쯤 되나요?

공양미 삼백 석을 부처님께 드리고 아버지의 눈을 뜨게 했던 효녀 심청.

그를 사간 남경 뱃사람들은 뱃길의 무탈함을 빌며 어린 처녀를 용왕님께 제물로 바치고 인당수를 건넜다. 하나 지금은 어린 처녀 제물 없이도 남경이며 북경 중국 땅 어디든 갈 수 있고, 하늘길도 열려 수많은 사람이 수시로 넘나드는 세상이 되었다.

황국, 그들은 우리 조선조에 얼마나 서슬 퍼런 대국이었던가. 금은보화는 물론 온갖 값진 것들을 조공으로 바쳐가며 청국의 비위를 맞춰야 했던 때를 떠올리니 새삼 상전이 벽해되고 벽해가 상전 된다는 옛말을 실감케 했다.

일찍이 읽었던 안수길의 소설 <북간도>에서 본 간도의 용정 땅은 우리 선대들이 일제의 압정과 가난을 피해 가서 삶을 개척한 생활 터전이요 독립군들의 활동 무대였다. 오로지 조국을 찾겠다는 일념으로 살아낸 우국지사들의 한과 외로움과 서러움이 배어있는 곳이 아니던가.

그런 추상적인 상식으로 내가 중국 땅을 밟은 것은 2000년 4월 하순이었다. 심양 공항에는 철령에서 마중 나온 철령 시의 대외 경제무역부 간부들이 '열렬 환영'이란 피켓과 플래카드를 들고 서 있었다. 우리 방문단 일행은 중소기업협동조합 중앙회 회장을 비롯한 간부들과 전국에서 각 분과 별로 결성된 연합회장들, 그리고 특수법인 한국 여성경제인협회 회장과 임원들 보도진을 포함 44명이었다. 그들은 우리를 반갑게 맞아주었다. 그들의 교통편으로 경찰의 에스코트를 받으며 철령 시를 향해 2시간여를 달렸다. 철령鐵岭은 요북遼北의 심양 서남쪽에 인접한 곳으로, 2구 5현 2시 안에 인구 380만이 산다고 했다. 달리는 차창 너머로 보이는 풍경은 드넓은 농토만 보일 뿐 사람은 거의 구경하기 어려웠다. 아직 자고 있던 철령이 이제야 기지개를 켜며 깨어나려 하고 있다. 이젠 경제전쟁 시대로 경제의 폭발력을 가진 인구에 눈독을 들인 세계열강들이 중국에 접근하고 있고, 중국 역시 잠재된 그 시장의 가능성을 내세워 자국의 발전을 꾀하는 투자유치를 하고 있다. 그동안 사회주의 체제로 뒤졌던 시장경제원리를 이제야 도입해 배우기 바쁘다.

철령 시청 청사에 도착한 우리 일행은 시장 전용 접대 호텔인 초대소로 안내되었다. 호텔 정문 앞에는 <열렬 환영 국회의원 박상희, 중국 경제협력 사절단>이란 한문 현수막이 높이 걸렸고, 시장과 여성 부시장 등이 우릴 반갑게 맞이했다. 그야말로 영접이다. 우리는 승강기마저 없는 낡은 5층 건물인 이 호텔 숙소에 각자 가방만 올려다 놓고 이내 오찬에 초대되어 아래층 식당의 원탁에 나누어 앉았다.

중국의 정통 요리가 차례로 식탁 위에 겹쳐 올려지고, 에메랄드빛의 자라 쓸개 술을 작은 술잔마다 가득가득 채워준다. 극진한 예우다. 우리는 지금 이렇듯 대국의 융숭한 접대와 열렬한 환영을 받으며 힘 있는 투자자들로 당당하게 앉아있는 것이다.

5백 년 전의 세월 속으로 거슬러 올라가 본다. 어쩌면 우리 조상들의 손상된 체면을 복구시키는 시간일 수도 있다는 생각에 짜릿한 쾌감의 미소를 흘리며 자라의 쓸개 술로 건배하고 목을 축였다. 독한 술이 목젖을 넘어가며 알싸하게 목구멍을 자극하고 입안 가득 특유의 향이 남는다. 내가 무슨 술맛을 알랴, 다만 멋을 알 뿐.

경제 문제를 놓고 서로의 이익을 타진해 보는 민간외교의 자리다. 그들의 입장에선 자치주가 살아남기 위한 생존의 몸부림이다. 어쨌건 메인테이블에선 계속 건배 제의가 이어졌고, 식탁마다 끼어 앉은 당 간부들도 자꾸 건배를 제의한다. 잔을 돌려 주고받는 주법은 없었으나 잔을 비우기 바쁘게 식탁마다 지켜서 있는 어린 소저小姐가 잔에 술이 넘실대도록 따른다. 반가움을 건배로 청하고 또 청하며 열 번이고 스무 번이고 잔을 들어 건배를 외치고 술잔끼리 부딪치는 동인 좌석의 서먹함이 물러가고 작은 술잔에는 서로의 정이 격의 없이 출렁였다.

나는 주량이 형편없는지라 한사코 몸을 사리는데도 건배 제의에 한 모금 마시고 나면 또다시 채워 놓는 잔, 그들의 사교는 일단 흐물흐물 마음을 녹이는 것으로부터 시작되는 모양이다. 그곳 한 고등학교 남자 교사가 통역을 위해 내 옆에 자리했는데 나는 그에게 간간이 중국의 실상을 물었다.

자치주라고는 하나 각 시가 아직 반공 반민의 인민 정부여서 현재도 당 서기장의 서열이 가장 높고 그다음이 시장이다. 이들 사회가 능력 위주여서 남녀 차별은 없으며 부부 중 누구든 집에 남는 사람이 살림을 맡아서 하고, 오히려 살림하기 위해 직장에 사표 내는 남자가 있을 만큼 그 일은 흉허물이 되지 않는단다. 맞벌이 부부의 경우 먼저 퇴근해 온 사람이 부엌일을 해야 해서 저녁 식사는 주로 매식에 의존하니 식당업이 잘된다는 것.

자녀는 호적에 한 자녀만 등재토록 하니 실제로 많은 자녀를 둔 가정에서는 정부의 눈을 피해 시골로 숨어드는 실정이라 한다. 아들을 호적에 올리기 위해 딸의 출생은 입적을 보류하며, 호적에 등재된 한 자녀에게만 사회적인 보장이나 혜택이 주어지는 인구정책을 쓰다 보니 여러 가지 사회문제가 많다고 한다.

그런데 농사를 짓기 위해 시골에 숨어든 가정일수록 아들 낳을 때까지 계속 출산한다니 법적 제도적 장치보다 더 무서운 것이 가난인가 보다.

잉여 인간. 선택의 여지 없이 남아도는 사람이 되어버린 그들은 모든 사회적인 보장이나 대우 권리 의무 혜택까지도 소외된 채 계속 농촌에서 살아야 한단다. 국민에게 소속감을 부여하지 않고 무슨 국가관을 기대할 것이며 서로 사소한 문제라도 발생하면 법의 보호를 어떻게 받을지, 또 인명 천시로 인해 발생 되는 범죄는 어떻게 감당할지 여러 가지로 걱정되었다. 그동안은 공산주의 통치하여서 그렇다손 치더라도 이제는 하루빨리 제도적 질곡에서 벗어날 수 있도록 시급한 대책을 세워줘야 하지 않겠는가. 애완견 한 마리를 구조하기 위해 119가 동원되는 캐나다와 너무나 대조된다.

폭발적으로 늘어나는 인구를 감당하기 벅차 내놓은 초강수의 국가 시책이라 하더라도 이 같은 법적 제도적 규제는 결국 출생과 동시에 부여받는 인권마저 스스럼 없이 짓밟은 범죄행위다. 정부가 출생을 인정하지 않고 투명 인간으로 살리고 있으니 그런 개인에게 정부가 어떤 면죄부를 받을 수 있을까. 중국 정부는 실제 인구조사 자체가 어려운 실정이라(감추고 제대로 보고하지 않아) 발표한 통계 숫자보다 훨씬 더 많은 사람이 현재 살고 있다고 했다. 법의 정당한 보호 속에 사는 인구가 13억이라면 보호받지 못하고 사는 인구는 얼마나 될까.

"그럼 16억쯤 되나요?"

하고 물으면서 나는 잉여 인간의 숫자를 가늠해 보았다. 우리나라의 남북한 인구 통틀어 7천만, 그 몇 배가 그냥 덤으로 사는 인생이다. 그들의 한 달 임금은 3백 원부터 2천 원 까지라는데, 우리 화폐와의 환율이 130대 1쯤 되니 약 4만 원에서 26만 원 정도. 이 나라의 GNP가 현재 3백 달러니 앞으로 7백 달러만 넘으면 무서운 폭발력을 가진 경제 강국이 될 것이라는 전망 뒤에는 가늠하기조차 어려운 숨은 인구의 난제도 컸다.

산업 시찰로, 볼트와 너트 공장, 닭고기 가공공장, 곰 사육장 등 몇 군데를 둘러보았다. 곰의 쓸개즙을 빼서 상품으로 팔고 있었다. 저녁에는 융숭한 만찬이 기다리고 있었는데 준비된 술이며 요리 모두 최상으로 우리의 자본과 기술을 끌어들여 자치주의 경제 활성화를 꾀하려는 지도층의 노력이 역력히 보였다.

다음날은 개인이 투자한 5층 건물의 새 백화점을 둘러보았다. 청년 실업가인 사장은 계약 기간 40년에 세금이며 임대비 등을 몇 년간 면제해 주겠다면서 4~5평 크기의 점포 하나에 우리 돈 2백50만 원 정도의 좋은 조건으로 입점을 제시했다. 우리는 그 누구도 선뜻 응하지 않았다. 지금까지 중국에 투자한 어떤 사람도 돈 번 사람이 없다는 게 그 첫 번째 이유였다. 말은 그렇게 달콤하게 하지만 저들의 속셈은 믿을 게 못 된다고 옆에 앉은 한 남자 사장이 내게 귓속말로 일러준다.

　중국 시장에선 많은 돈을 벌 수도 있고 또 공장을 세워 기술 이양도 해줄 수 있으나 결정적인 것은 애써 번 돈을 가져갈 수 없게 교묘한 법 적용을 해 자금이 반환되지 않고 자기 나라에서만 돌게 한다는 것. 대국의 엉큼함인가, 그렇다면 누가 그 먼 남의 나라에까지 애써 투자하겠는가. 인민 정부가 제도적인 해결책을 내놓지 않고서는 어렵겠단 판단을 하며 협상 테이블에서 일어섰다.

　마지막으로 마직공장을 둘러보았다. 대단히 넓은 공장 내부에 먼지가 눈처럼 날린다. 참으로 열악한 환경인데도 처녀들이 마스크도 쓰지 않은 채 기계에서 나오는 열로 땀을 뻘뻘 흘리며 열심히 일하고 서 있다. 우리 같으면 아무도 일하지 않을 것 같은 작업 환경이다. 하긴 그 값싼 노동력 때문에 상품이 경쟁력을 갖게 되고, 서민들의 그런 희생이 그들의 국가를 살리고 있지만 개개인의 후생 복리는 뒷전인 채 모두가 빵을 위해 몸부림치고 있는 현장이었다.

　사람이 많아 사람이 밑천이 되는 나라에서 사람을 잉여 인간으로 대접한다는 것은 나로서는 도저히 이해할 수 없는 일이었다. 그러나 짧은 일정의 중국에 대해 내가 뭘 얼마나 안다고 왈가왈부하랴. 소경의 손으로 만져본 코끼리의 일부다. 어쨌건 함부로 볼 수 없는 코끼리 같은 대국이다. 비록 체제는 그럴망정 그들의 심장에서도 피가 흐르고 마음에서 정이 넘치는 지구촌 안의 한 가족임을 나는 새삼 확인했다.

헤어지기 아쉬워 몇 번이고 뜨겁게 우리를 포옹하며 후일을 기약하는 그들의 투자유치 기대를 우린 얼마나 채워줄 수 있을는지.

물은 높은 데서 낮은 곳으로 흐른다. 대세의 흐름은 그들도 어찌 못했다. 아니, 어쩌면 작전상 속마음을 감추고 우리에게 머리를 조아렸는지도 모른다. 어쨌건 그게 오늘의 현실이다. 그들의 선조는 우리의 선조에게 얼마나 거드름을 피웠던가. 우리가 일찍이 머리를 조아렸던 만큼 이제 후대가 그걸 설욕하고 있다면 지나친 비약일까.

나는 어깨 한 번 으쓱해 올리며 철령을 뒤로했다.

베리베리 엘레강스!

"이놈아, 한 점 달고 나오지 그랬냐!"

어린 날 아버지한테 늘 들었던 얘기다. 시키는 일 야무지게 잘할 때나 뭔가 기특하고 대견할 때, 키워서 남의 집에 보내기 아깝다는 아버지의 칭찬이었다. 아버지께 그렇게 인정받는 게 싫지 않았다.

누가 말을 시키면 귓불부터 빨개지고 얼굴이 화끈거려 대답을 제대로 하지 못하는 내성적이던 나는 작고 왜소한 몸으로 남 앞에 선뜻 나서기를 꺼렸다. 그토록 수줍음 많던 내가 직장과 사회에 적응하면서 탄력을 받았던 자신감은 순전히 아버지의 그 '한 점'의 뒷심 때문이었다.

매사에 쭈뼛거릴 때마다 작은 고추가 맵다느니 조선은 소국이라 작은 사람이 큰일을 한다느니, 동냥아치 셋째 첩도 제 잘난 맛에 산다느니 하면서 속담을 비유로 긍정적인 사고와 자존감을 심어주셨다. 그래선지 인생의 에움길을 돌아 어려운 고비와 과정 과정의 터널을 잘 지나온 것 같기는 하다.

살아온 연륜이 새겨진 얼굴을 거울에 비춰본다. 냉장고 안에 오래 넣어둔 사과처럼 탄력을 잃은 피부엔 법령에 팔자 주름이 깊다. 그렇더라도 이마에 고약하고 까칠해 보이는 내 천川만큼은 그리지 않으려고 무진 애썼다. 마음이 평화롭고 온화해 해당화 같은 미소가 내 트레이드 마크가 되었으면 해서다.

젊은 날 나는 엘리자베스 테일러보다 오드리 헵번을 더 좋아했다. <녹색의 장원>에서 본 헵번의 청순미에 홀딱 반했고, <로마의 휴일>에선 그레고리 펙과의 3일간의 연애에 열광했으며, 한국전쟁 땐 군인들이 8부 능선을 보고 헵번 고지라 명명했다는 밋밋한 가슴의 몸매도 단아한 아름다움이었다. 세월이 그녀만큼은 비켜 가기를 바랐는데 예외 없이 주름살 자글자글한 노인으로 변모시켜 놓았다. 젊은 날엔 청순한 아름다움을 선물했다면 노후엔 험지 아프리카 어린이들과의 자선활동에 흠뻑 빠져 있는 모습으로 감동을 준 참으로 마음까지 아름다운 여배우였다.

추석을 앞두고 사과밭의 일손으로 며칠 불려 나갔다. 사과를 수확하면 다음 날로 선별해 즉시 공판장으로 실어 보내는 작업이니 80 된 할머니도 환영한다. 그날그날 시세가 다른 경매시장에선 눈곱만치의 흠도 없는 것들만 골라 담아야 좋은 등급을 받는다며 주인은 매의 눈으로 작업을 지켜본다. 선별하다 보면 크고 예쁜 사과가 나뭇가지에 찔린 작은 상처나 홈, 심지어는 주근깨 같은 탄저병의 점 하나만 있어도 '기스'라는 이름의 등외품이 된다. 나는 평가절하 받은 아까운 사과들을 보면서 성형수술 하듯 고쳐서 될 일이라면 당장 그렇게라도 해주고 싶은 심정이 굴뚝같았다. 여자가 예뻐야 대접받는 인간사와 사과 세계가 별반 다르지 않다는 생각이 들면서 여성의 성형수술이 단박에 이해가 되었다. 미운 부분 조금 손봐 고급한 생이 열린다면 그 누구라도 그렇게 하라고 권하고 싶었다.

    변화다. 자신에게 엄격했던 사고가 사과밭에서 허망하게 무너진다. 신체 발부는 수지부모身體髮膚受之父母라며 머리카락 하나라도 건드리면 불효라 생각했던 내 사고의 반전. 민낯으로도 자신 있었던 싱싱한 젊음이 저만큼 멀어진 것에 대한 미련이기도 하리라. 아버지가 늘 아쉬워했던 "남자로 태어났더라면 참 좋았을 것을"의 다른 표현 그 '한 점'의 칭찬 이후 지금까지 살아오면서 진심이든 가식이든 무수히 들어왔던 찬사다.

    그런데 지난해 태국 치앙마이에서의 일이다. 초등학교 3학년인 외손녀 클레어를 학교에 보내놓고 큰딸과 함께 시내 구경에 나섰다. 점심을 먹기 위해 강가의 한 분위기 좋은 호텔 레스토랑에 들어갔다. 건너편의 얕은 산자락 밑을 흐르는 강물이 내려다보이는 곳에 자리 잡고 앉았다. 서너 테이블 건너엔 남녀 외국인 몇이 식사하고 있었다. 잠시 화장실에 다녀와 자리에 앉는데, 건너편 식탁의 초로의 미국 부인이 나를 향해 미소 지으며
"베리베리 엘레강스!"
하고 엄지손가락을 들어 올렸다. 나는 얼결에 "땡큐!" 하고 미소 지으며 눈인사했지만, 이방인의 기습(?) 찬사에 정말 기분이 '베리베리 굿 나이스'였다.
생면부지 초면의 이국인이 반바지 차림으로 대충 차리고 나선 나를 치하하는 그녀의 오픈마인드 그 여유가 멋있어 보였다.
지금도 그때를 떠올리면 기분이 좋아진다. 고래도 춤추게 한다는 칭찬, 어렸을 땐 아버지의 '한 점'에 최면을 걸었지만, 이젠 고아하게 늙기를 바라며 그녀의 말로 최면을 갱신한다.

"베리베리 엘레강스!"

멋지게 베팅하라!

염력은 희망의 씨앗이다.

<염력이란 신념이 가져다주는 힘 또는 집중된 정신력이다>라고 국어사전에 쓰여 있다. 『머피의 성공 법칙 100가지』책을 보면 모든 염력은 본인이 원하는 대로 꼭 이뤄진다고 한다, 염력은 명령받은 대로 이행하는 힘은 있되 명령을 거부하는 힘은 없으니 무조건 긍정적인 명령을 해놓고 보라는 것.

염력의 씨앗을 마음 밭에 심으면 더러는 더디게 자라기도 하지만 종래는 열매를 맺는단다. 그래서 옛 어른들은 말이 씨 된다고 입방정 떨지 말라고 입단속을 시켰던가 보다. 나는 지금까지 살아오는 동안 이런 염력의 힘을 여러 차례 경험했다. 그중에서도 장기적인 라이프사이클이 그대로 이뤄지고 있었음에 깜짝 놀랐다.

37세 때의 일이다. 여성동아 복간 10주년 기념 특집으로 <우리의 미래, 우리의 꿈>이란 큰 제목하에 10년 후 20년 후, 그리고 더 노후의 <내 꿈은 무엇인가?>를 쓰라는 원고청탁을 받았다. 각계각층의 젊은 여성들에게 미래의 자화상을 그리라는 주문이었다. 나는 늙은 후의 내 모습을 얼른 유추해 내기 쉽지 않았으나 어쨌건 타의에 의해 미래를 생각하며 노후를 설계한 글을 써 보냈다.

그런데 우연히 그때 쓴 글을 다시 읽을 기회가 있었다. 온몸에 소름이 쫙 돋았다. 20여 년 전에 쓴 글 그대로를 따라가고 있는 게 아닌가. 뜻이 있는 곳엔 반드시 길이 있다는 그 강한 염력의 힘을 새삼 확인한 셈이 됐다.

그때의 글 「주부에게도 일자리를」 일부를 그대로 옮겨본다.

요즘 들어 세상을 멀미하면서 산다. 회전목마처럼 온통 빙글빙글 돌아가는 세상을 타고 살기가 왜 이렇게 어지러운지 모르겠다. 그 세상 속에서 가끔은 돈 놓고 돈 먹는 야바위 놀음인 부동산 투자로 억대의 재산도 모으고 싶고, 명예나 권력을 항상 소유하며 패물을 주렁주렁 달고 거드름을 피우면서 거리를 활보하고도 싶다. 그리고 세상 안의 가장 으뜸가는 귀부인이 되어 보고도 싶다. 하다 못하면 전문 직업인이 되어 르뽀 기사를 쓴 미국의 최초 여기자 '넬리블라이'처럼 멋진 글을 쓰고도 싶다.

그러나 불행하게도 이 가운데 어느 것 하나 가진 게 없으니 이런 것들은 꿈이 아니고 욕심이며…(중략)

원래 가난을 타고난지라 인간의 궁극적인 목적이 어떻게 치부하며 최대한 영화를 누리며 살 수 있느냐 쪽이 아니라 얼마나 많이 희생하고 덕행 하며 살 수 있느냐의 편일 수밖에 없을진대 '가난한 자여 복이 있나니 천국이 너희 것'이라는 성경 말씀을 구세주처럼 받들며 살아갈 따름이다.

그럼 평범한 소시민인 내 꿈은 무엇인가?

내가 살아가는 데 별로 불편하지 않게 밥 먹고 아이들 공부시키고 살 수 있게끔 남편의 봉급이 올랐으면 하는 게 당장 최상의 꿈이요 희망이다. 그다음은 아이들 다 키우고 난 무료한 시간을 보내는 활동 전성기의 모든 젊은 부인들을 불러내 함께 일할 자리를 마련하는 것. 그러잖아도 세상 살기 힘든 남편들을 도울 기회를 주고 싶은 게 또한 꿈이요 바람이다. 그리고 더욱 더 바라는 꿈은 내 개인의 가장 큰 이상으로서 자기 사랑과 희생을 바쳐 남을 사랑하고 이웃을 도와가며 사회에 순종하고 봉사하는 한 줌 소금이요 빛이고 싶다.

앞으로 10년 후쯤에는 우리나라 경제발전 속도에 비례해 받아들여지는 물질문명의 공해 속에서 방황하는 10대나 20대의 내 아이들이나 그들 또래의 세대들에게 인간의 근본 윤리와 가치, 좀 더 나아가서 종교적인 사랑과 희생을 가르쳐 인간은 물질로서만은 충족되지 않는다는 경험을 심어주고 싶고 또한 그렇게 노력할 것이다. 더 나아가 20년 후라면 나도 50을 훨씬 넘어선 아낙일 게고 아이들도 다 성장한 후일 테니 그땐 남북통일의 염원이 이뤄져서 "금강산이나 한번 가봅시다" 하고 영감과 함께 여행 준비나 하고 있지 않을는지….

그보다 더 노후의 모습은 모든 사람에게 거추장스럽지 않은 어진 할미로 늙어가고 싶고, 드볼작의 신세계에 귀 기울이거나 내 수필집에 투영된 한평생의 자화상에 총기 잃은 눈을 비비며 이른 새벽의 종소리를 맞는 정갈함이 마련되었으면 한다.

어느 날 옛것들을 들춰내 정리하다가 해묵은 월간지『여성동아』에서 젊은 날의 나를 만난 것이다. 순간 온몸에 오싹 전율이 일었다. 마치 명령항로를 따라가는 뱃길처럼 그때의 염력 그대로를 따라가고 있는 게 아닌가. 지금 내가 하는 일이 이렇듯 구체적으로 연결되어 있으리라고는 미처 생각 못 해본 인생 항로였다.

젊은 날 내가 내게 명령한 대로 지금도 진행 중인 것에 가벼운 흥분마저 느끼면서 그렇다면 더 먼 훗날을 설계해 염력을 연장할 때가 바로 지금이라는 생각이 들었다. 이제 염력이란 주는 만큼 되돌려 받는다는 이치도 깨달았으니 더 많이 받기 위해서라도 나는 나를 더 멋지게 베팅하리라.

㈜바네스를 1999년에 출범시켰다. 누구든 기업을 하는 목적이 기업의 성장과 이익 창출이겠지만 남편의 해직에 한이 많았

던 나는 고용 창출에 더 역점을 두었다. 어쨌건 회사의 상호대로 사람들이 모두 반하는 큰 기업이 되길 바라고 더 많은 일자리를 만들어 많은 실업자를 구제하는 데 한몫을 하길 바라면서 또한 숨어서 좋은 일 많이 하는 회사가 되기를 염력에 다시 명령한다.

그리고 개인적으로는 세계의 구석구석을 둘러보며 사람 사는 얘기들을 모아와 수필집 두세 권쯤 더 묶었으면 좋겠고, 그리고 언제라도 죽을 땐 3일만 아프다가 웃으면서 죽기를 꼭 그렇게 되기를 염력에 명령하노라.

내 생애 최고의 날

종일 입가에 웃음을 흘리고 다녔다.

누군가에게 자랑하지 않고는 못 배길 만큼 온종일 입이 근질거렸다. 기쁨은 나누면 두 배라는데…. 모든 이에게 내 기쁨을 나눠주고 싶었다. 모두가 열 배 스무 배 내 기분이 되기를 소망했다. 실로 얼마 만에 맛본 뿌듯함인가.

강산이 두 번 변하는 동안 고난과 역경을 밑거름으로 꽃피운 성취감이라 내겐 특별한 것이다. 여기저기 전화를 걸어 축하 인사를 청해 받았다. 먼저 내 일처럼 기뻐해 줄 동종업계의 사장님들에게 남편과 아이들에게, 그리고 부모를 대신해 두 배로 기뻐해 줄 친정 오라버님께도.

그날은 정말 내 날이었다. 못하는 술이지만 성취감에 취하고 기분에 취해 한잔하고 싶었다. 퇴근 후에 식구들과 함께 월미도 횟집으로 나갔다. 축하주 '매취순' 한잔을 받아놓고 지난 세월을 뒤돌아보니 만감이 교차했다.

열망이 많았던 30대에는 뭐든지 네 탓이었다. 가난도 남편의 박봉 탓이었고 그가 마셔댄 술값 탓이었다. 항상 부정적인 사고로 욕구불만의 허한 삶을 살았다. 거기에 80년대는 남편의 해직으로 그마저도 수입이 끊겨 부채의 늪에서 허우적댔다. 그것은 5.18 광주사태 때문이었지만 어쨌건 남편이 해직 기자 명단에 낀 것만으로도 무능한 가장이라 비난했다.

남편은 5년을 복직을 기다리다 결국은 포기하고 서울로 상경해 새로운 일자리를 가졌다. 우린 20년간 정든 목포의 살림을 정리하여 인천으로 이사했다. 그리고 나는 꿈에도 생각해 본 적 없는 한방화장품 외판원이 되었다. 그 1년 후에 창업했다. 창업 이래야 겨우 25평 남짓한 사무실 하나 개업한 것이지만 어쨌건 무일푼으로 시작해서 내 사무실을 열었다는 것만으로도 스스로 대견했다.

4개월의 짧은 외근경험과 8개월의 내근사무 경험을 토대로 밑천도 없이 사업을 시작한다는 것은 무모할 수도 있었다. 그러나 온전히 나를 하느님께 맡겼다. 인간사 새옹지마라니 그늘 뒤엔 양지가 있고 잃은 것이 있으면 반드시 얻는 것도 있다는 걸 믿었다. 그만큼 제품의 비전을 보았던 것. 신토불이 우리 씨앗 우리기술로 만든 한방화장품은 기능성이 뛰어나 효능이 있다.

내 이익이 우선이 아닌 고객에게 당당하고 떳떳할 수 있다는 물품에 승부수를 던진 것이다.

지금까지 내 시련의 역사 20년을 쪼개보면 1차 5개년은 정말 헤어나기 힘든 고해였다. 2차 5개년은 형설지공이라고나 할까. 사람 공부하느라 비싼 교과서 대금 많이 지출했다. 3차 5개년은 사업이 뭔지 비로소 개요를 파악했고 드디어 목표를 세워 도약을 꿈꿨다. 그리고 1억 고지를 점령한 것이다. 15년 만에 처음으로 월 매출 1억의 판매 고를 돌파해 냈으니 어찌 감격스럽지 않겠는가.

이것은 또 다른 시작을 의미한다. 사원들에게 보상으로 1박 2일의 설악산 단풍놀이 겸 단합대회를 선물했다. 이제 새로운 목표 월 매출 2억 고지를 향해 또다시 출사표를 던진다. 사실 기업에선 월 매출 1억, 년 매출 10억은 구멍가게 수준이다. 하나 나는 무일푼으로 창업하여 가난을 벗어낸 나의 홀로서기에 큰 의미를 부여하고 싶은 것이다. 그래서 경제적으로 힘들었던 때의 내 경험을 토대로 갑자기 불운해진 젊은 여성들에게 일자리를 마련해 주면서 무에서 유를 창조하는 기술을 가르치는 것이다. 그렇게 홀로 서는 사원들을 보노라면 뿌듯한 보람과 긍지를 느낀다. 용기 있는 자만이 스스로 자기 일자리를 만든다.

남편은 해직된 지 7년 만에 복직했다. 전두환 정권에서 해직당하고 노태우 정권에서 구제된 것이다. 기자의 명예 회복에 의미를 둔다는 남편은 그동안 잘 다니던 좋은 직장을 미련 없이 버리고 다시 복직하여 7년을 근무한 후에 명퇴했다.

하느님은 호된 담금질로 나를 잘 단련시키신 다음 가이드 역할의 일자리를 주셨다. 쇠는 담금질을 통해서만이 다른 도구로 만들어진다는 것을 알았기에 지금은 그저 감사할 따름이다. 그 누구라도 지금 시련 중이라면 포기하지 말고 열심히 살아 보라고 권하고 싶다. 우리의 20년은 하느님 시간으로는 2분일 수도 2시간일 수도 있다는 생각으로 지금껏 기다리며 보낸 세월이었다.

'내 생애 최고의 날!' 글쎄, 살다 보면 저마다 여러 측면에서 얻어지는 크고 작은 기쁨이 있겠지만 막상 원고청탁을 그 제목으로 받고 보니 나만의 날, 내 기분이 가장 고조된 좋은 날을 말하라면 단연 내가 만든 내 날을 들고 싶다.

그동안 여러 곳을 여행하면서 하느님 지으신 세계의 신비하고 아름다운 자연에 취해 눈물 흘리는 가슴 벅찬 감동은 여러 차례 맛보았으되 내가 직접 만든 것은 아니었다.

그러나 1999년 9월 30일! 이날은 내 힘으로 성취감을 만들어 맛보았으니, 지금까지의 내 생애 최고의 날이 아닐는지….

(1999)

The Allure
유혹

남편공해

딩동, 딩동딩동! 새벽 3시다.

비틀거리면서 현관에 들어서는 남편에게 눈을 흘기고 총총 방으로 들어선다.

"마누라!"

게슴츠레한 눈으로 너스레를 떨며 팔을 벌린 그를 요리조리 피한다. 이불 위에 엎어진 그는 이내 조용해지고 이리저리 벗어 던진 옷가지가 산만하다. 나는 그 옷가지들을 노려본다. 그가 마신 술만큼 보기 싫다. 반백도 넘은 흰 머리칼에 입가에 배어 나온 게거품 같은 침과 부스스한 그의 얼굴이 갑자기 낯설게 느껴진다. 어쩜 30년을 한결같이 저토록 술에 절어 살까? 이해가 안 간다. 아니 이해하기 싫다고 해야 더 정확한 표현이다. 그는 몇 번을 더 비틀거리며 일어나 널려 있는 자기 옷가지를 주섬주섬 챙겨 치우고 눕더니 뭔가 취중 진담의 서운했던 몇 마디를 중얼거리다가 이내 코를 곤다.

그가 내뿜는 술 냄새 마늘 냄새가 코 고는 소리와 함께 방 안에 가득 차고, 나는 '남편 공해'를 피해 베개를 안고 거실로 나온다. 아무리 잠을 청해도 한번 달아나 버린 잠은 다시 올 것 같지 않다. 차라리 불을 켜고 원고지와 마주한다. 그리고 술에 대해 차분히 연구해 보기로 한다.

술은 사람을 순치시키기도 야생마처럼 날뛰게도 한다. 수주 변영로 선생의 '명정 40년'을 보면 벌거벗고 소 잔등에 올라탈 수 있는 용기도, 친구 부부의 침실에 뛰어들 수 있는 객기도 술의 힘으로 저질러진다.

한잔 술로 설움을 달래고 시름도 잠시 잊게 한다. 기분 좋아 한잔, 기분 나빠 한잔, 지체 높은 양반님네 주안상에도 오르고 서민의 개다리소반에도 오르면서 마시는 사람의 품격에 따라 급수가 달라진다. 술은 긍정적인 가치보다 부정적인 평가로 배타당하기 일쑤지만 그래도 술은 우리 곁을 맴돌며 떠나지 못한다.

사업이랍시고 하다 보니 회식 자리에 동석할 때가 많다. 그런데 술은 자기를 좋아하는 사람만 좋아한다는 사실을 알았다. 싫어하는 사람과는 간단한 입맞춤으로 끝난다. 술은 자기를 좋아하는 사람과는 동고동락한다. 그러고도 직성이 안 풀려 2차 3차 순회하며 열애한다. 처음은 소주나 맥주로 미약하게 시작하지만, 나중엔 마지막 입가심으로 양주까지 심히 창대하게 끝을 내니 과연 주님답다.

술을 마누라보다 더 좋아하는 사람과 살다 보니 나는 술의 종류에 대해서도 꽤 아는 게 많다. 남편은 술에 애착이 많아 필리핀에 다녀올 땐 야자 술을 들고 와서 동료들과 한잔했고, 소련에서는 보드카를 들고 와 또 한잔했다.

명절 때는 조니워커나 시바스 리갈을 선물로 받아 융숭하게 장식장에 모셔두었고, 나폴레옹 코냑은 숫제 공항에서 사 들고 와 보관한다. 발렌타인이나 까뮈 등등 이름을 다 댈 수도 없는 양주들. 그뿐인가, 토속주로는 인천의 칠선주, 서울의 문배주, 진도의 홍주며 경주의 법주, 황희 정승의 가주家酒라는 문경의 호산춘주, 특히 '호산춘주'는 술 못하는 나도 명주라는 느낌이 들 만큼 술맛이 일품이었다. 갖가지 약주에서부터 과일주, 춘천의 이동 막걸리까지…, 그러고 보니 헝가리에서는 소주 한 병에 일만 이천 원이나 하더라나.

하긴 캐나다 로키산맥의 아이스필드 빙원에 올라서는 진로 팩 소주를 빙수와 칵테일 해서 마시지 않던가. 중국의 죽엽청주부터 배갈까지, 아니 한술 더 떠 북쪽의<수령아바이> 술도 중국에선 쉽게 구할 수 있더라며 들고 왔다. 이쯤 되면 술을 마시는 남편보다 그를 지켜보는 내가 더 술 박사가 된 셈인데 나는 한결같이 술이 지겨우니 어쩌면 좋을꼬.

알코올 중독이 어떻고 지방간이 어떻고 간경화가 어떻고 하며 온갖 근거자료를 다 모아 술 깬 다음에 일러줘도 그때뿐, 저녁이면 맨송맨송하게 그냥 들어오는 때가 거의 없다. 오히려 그런 날이면 집에 있는 술이라도 반주해야 하니 나는 그를 알코올 중독자라고 구박한다.

오죽이나 좋아하면 발로 뛰는 직업을 가진 그가 술 먹기 위해 운전을 배우지 않겠다고 하겠는가. 그런데 문제는 나다. 본인이 술을 끊을 의사가 전혀 없는데도 이제나저제나 단주하기를 강요하고 있으니, 술이 사람을 먹고 들어오는 날이면 내 머릿속은 온통 그의 간이 다 녹아 버릴 것 같은 불안을 떨쳐낼 수가 없는 것이다.

그런 다음 날은 해장국은커녕 밥도 굶겨 내보내고 싶으니 이 무슨 뒤틀린 심사인가. 이쯤 되면 남편이 애주愛酒 하는 건지 술이 남편을 좋아하는 건지 도무지 모르겠다. 그러나 아무리 술에 범벅이 되어 새벽에 들어와도 아침 6시면 어김없이 일어나 7시면 출근하는 그의 대단한 성실성을 본다.

아침이면 꼬박꼬박 챙겨 먹는 당뇨약과 혈압 강하제, 그리고 저녁이면 어김없이 마셔대는 빈번한 술자리. '무관의 제왕' 그 직업 탓이라고 돌려주기엔 술자리를 비키지 않은 그의 습성을 너무 잘 알기에 그가 사랑하는 술을 애첩으로 봐야 할 것 같다.

젊어서야 기운으로 마셨겠지만, 지금은 가끔 흐트러진 모습을 보이니 곱고 도도하게 늙어가야 할 나이에 노신사의 품위가 손상되는 게 내가 술을 싫어하는 또 하나의 이유다. 괴롭고 슬플 때는 위안으로, 기쁠 땐 벗으로, 외로울 땐 동반자로, 위축될 땐 담대한 기운으로, 뼛속까지 녹아들어 함께 해준 그 공로를 내 어찌 모르리.

하지만 "오, 주신酒神 박카스여! 날마다 내 애간장을 태우지 말고 제발 주독을 없애는 비법이나 일러주고 만인 곁에 있어 주오."

그러면 남편이 수주 선생의 명정酩酊만큼 기행奇行하지 않는 것만도 다행으로 여기며 날마다 해정解酲국을 끓여대리다.

(1991년)

겨울 카프리치오 23
– 명퇴 이야기

『눈감고 떠나는 영혼의 여행』 남편의 네 번째 시집 제목이다. 그는 자기 방에서 조용히 눈을 감고 음악을 듣는다. 퇴근 후의 일과다. 흔들의자에 앉아 어디론가 깊은 상념의 여행을 떠난다. 그 모습을 보며 "눈감고 떠나는 영혼의 여행"이라고 한마디 했더니 그의 시집 제목이 되었다.

언론계에 발 들여놓은 지 30년, 휴일다운 휴일 한번 없이 불철주야 노심초사했던 긴장의 세월이었다. 그동안 활시위처럼 팽팽하게 당겨진 일상에서 얼마나 해방되고 싶어 했던가. 집안 간의 애경사는 물론 자기 친구 집 경사 한번 마음 놓고 가본 적 없다. 아이들 졸업식이나 부부 동반해야 하는 모임까지도 함께 하지 못한 직업인으로 30년을 살았다. 이제 그 옷을 훌훌 벗고 홀가분한 야인으로 돌아서겠다니 더는 만류하지 못했다. 나 역시 그의 '보조기자'로 살아온 내조의 역사 28년이니 그 고충과

애환을 어찌 모르리.

 1964년 3월 2일 언론계 첫 입사 날짜에 맞춰 퇴직하는 데에 의미를 부여한다면서 네 번째 시집의 출판기념회를 명예 퇴임식으로 대신하겠다는 것이다. 따지고 보면 정년 임기를 19개월이나 남겨놓은 상황에서 아니, 차장 감투라도 썼다면 55개월이나 더 남아있는 상태로 용감하게도 사표를 던졌다.
 정국이 한창 어수선하던 70년대에는 기관으로부터 협박과 연행도 당했고, 노사분규가 한창이던 80년대 후반에는 생판 모르는 사람한테서 영문도 모른 채 폭언과 욕설도 들었다. 사건 생기면 밤중이건 새벽이건 카메라 울러 메고 쫓아 나가던 현장 생활 30년이 파노라마처럼 눈앞에 선하게 펼쳐진다. 내 기분이 이럴진대 본인의 심정이야 오죽 착잡하랴.
 처세술이 서툴고 융통성이 없으니 더러는 손해도 보았을 게고, 더러는 윗분의 미움도 샀을 테지만, 그러나 진정 그를 아끼는 사람들은 담백하고 순진무구한 고집을 인정한다. 강직한 성품에 평소 평범한 '소시민'이기를 원했던 그의 생활철학대로 오점 없는 마감을 할 수 있으니 그나마 다행이다. 마감은 새로운 출발을 의미하고 새로운 출발은 미래를 약속한다.
 이제 '글 밭의 쟁기질'을 위해 일선에서 물러나겠다는 그를 향해 나는 힘찬 박수를 보내야 할 것 같다. "가는 세월이 아쉽고 남은 시간이 아까워 몸부림치던 지난 1년은 정말 인고의 세월이었다."라고 고백하는 그를 더는 생활이라는 굴레를 씌워 붙잡아 둘 수 없어 선선하게 명퇴를 응낙했더니 그는 이상의 '날개'만큼 날고자 한다.

돌이켜보면 영욕의 세월이다. 60년대, 흑산도 무장 공비 토벌 작전에 종군하러 떠나던 날은 큰딸의 출산 다음 날이었다. 그는 20여 일 만에 무사히 돌아왔다. 70년대 유신정권의 공개투표 등 갖가지 부정선거며 광주항쟁을 기자의 양심과 본분을 다해 기사화하자 당국에 협조하지 않는다고 관계기관으로부터 탄압이 끊이질 않았다. 그 탄압은 80년대의 해직으로 이어졌고, 결국은 전무후무한 무더기 해직 기자 사건의 700~800명 명단 안에 끼게 된 것이다. 월급에 의존하고 살던 우리는 하루아침에 슬픈 생활인으로 추락하고 말았다.

6개월 대기발령을 받던 날, 침통한 우리의 모습을 본 여섯 살 막내딸의 입에선 "찌발놈" 하는 욕설이 튀어나왔다. 우린 놀라서 이슬 맺힌 두 눈을 크게 뜨고 마주 보며 실소했다. 그 딸이 자라 지금은 콜롬비아의 보고타에서 유학하고 있으니, 세월은 참으로 유수와 같다.

해직 후의 7년은 정한의 세월이었다. 우리 집의 생활을 전적으로 내가 책임져야 하는 역할 바꾸기였다. 한창 성장기에 들어 있던 아이들과 상심한 남편을 위해 사회의 냉대에 스스로 낮아지면서 창피와 모멸감을 수없이 삼켰던 시절이었다. 그렇게 단련 받은 강인함으로 지금의 내 일터를 일궈냈으되 결코 그렇게 변모되고 싶지 않던 사슴 같던 내 눈망울은 어디에 가서 다시 찾아오리.

  80년대 후반, 그는 7년 만에 가뭄의 단비 같은 복직을 했다. 얼마나 기다리고 기다리던 명예 회복인가. 그러나 잃어버린 7년 속엔 승진의 기회와 축적할 재물이 있었을 게다. 아무도 그 손해를 보상하는 사람 없이 다시 7년을 근무하다 또다시 명예퇴직을 결정한 것이다. 명퇴를 선택할 수밖에 없는 남편이 한없이 안쓰럽고 딱해 보였고 그런 그를 지켜보는 나 역시 한없이 억울하고 참담했다. 그러나 마감은 새로운 시작이며 아픈 만큼 성숙한다는 희망으로 마음을 비웠다.
  주변의 배려와 협조로 출판기념회가 성대하게 치러졌다. 시장님의 축사와 원로시인 김규동 선생님의 축사, 고등학교 은사이신 최승렬 선생님의 격려사에 이어 남편의 작품 세계를 문학박사 박명용 교수가 해설했고, 후배 문인의 시 낭송에 이어 내게도 낭송의 기회가 주어졌다. 나는 떨리는 음성으로 그러나 차분하게 낭송에 앞선 인사말을 했다.

  -저희를 위해 자리를 빛내주신 모든 분께 우선 머리 숙여 감사드립니다. 그간 30년 가까이 인생의 길동무로 살아왔습니다. 고통스러운 정한의 세월도 있었습니다. 그러나 그 고통을 이겨

낼 의지만 있다면 인생의 깊은 맛을 알게 되는 그런 시련도 때로는 겪어볼 가치가 있다고 생각합니다. 이제 여생이 아까워, 육신으로 뛰는 일보다 정신으로 더 집약해 살겠다는 그의 욕심을 말리지 못해 영혼의 날개를 달아주려 합니다. 술에 취한 그를 핀잔할 때면, "이다음 죽으면 주酒 사리가 나올 테니 걱정하지 말라" 했던 것처럼 영혼의 결정체인 '시詩 사리'가 나오길 기대하면서, 문단의 모퉁이 돌이라도 된다면 인생을 같이한 동반자로서의 보람을 거기서 찾겠습니다. 러시아 여행길에서 얻어진 숙성된 언어의 작품이 있어 저 나름대로 수작이라 격려했더니 그래서 제게 낭송이라는 어려운 숙제가 주어졌습니다. 서툴지만 예쁘게 봐주시면 고맙겠습니다.

그리고 그의 시 「겨울 카프리치오 23」을 읽어 나갔다.

먼 북쪽 나라 자작나무 숲에는
자작나무만 빼곡히 모여 산다.
자작나무와 자작나무가 바로 옆의
자작나무와 뜨겁게 몸을 비벼대며
높이 높이 저희 들의 키 밀어 올렸나 보다.
자작나무들끼리 어우러진 자작나무 숲속에서
자작나무들만의 간직해 온 울음소리가 일면서
아득한 태고의 연대표年代表처럼
자작나무 저희 들만 알아듣는
은밀한 이야기 두런대고 있다.

눈보라 휘몰아치고
자작나무 온몸을 떨며
가까운 이웃 호수의
얼어붙은 사정 물어보기라도 하듯
자작나무의 거대한 숲이 흔들리기 시작한다.
자작나무야 동토凍土의 자작나무야
은색 빛남의
자작나무 숲속에는 또 무엇이 살아 숨 쉬나?
해빙의 지루한 기다림 잊은 채
자작나무 한 그루로 내가 서 있고
버려 버릴 수 없는 나의 꿈 이야기
정결히 자작나무 숲속에 묻혀있다.

공손하게 절하는 내게 보내는 큰 박수 소리가 싫지 않았다. 이제 마지막으로 남편의 차례다. 그는, 시집 서문을 인사로 대신한다며 짤막한 부언과 함께 힘주어 읽어 나갔다.

"…한번 낳아서 한번 죽자는 갈고 닦은 맹세만을 부르고 부를 나의 만가輓歌, 내 몸 묻듯 수월히 묻힐 수 없어 아직은 부활을 거부하매 나의 봄은 제갈공명처럼 세상 밖으로 납시질 않거늘. 안녕, 안녕. 고통스런 내재內在의 독감을 툭툭 떨쳐내며 문을 여는 라이너 마리아 릴케 씨…"

남편의 마지막 인사말을 끝으로 행사가 끝나자 지켜보는 많은 이들의 눈길이 부러운 듯 걱정스러운 듯해 보였다. 그러나 우린 이후를 걱정하지 않기로 했다. 공중 나는 새도 먹여주시는 하느님이시니 당신이 사랑하시는 이 자녀들을 어찌 먹이고 입히시지 아니하시리.

남편은 9박 10일의 유럽 여행을 떠났다. 당초 계획은 부부 동반 졸업(?)여행이었으나 내가 일터를 비울 수 없어 혼자 다녀오기로 한 것이다.

그는 지금쯤 그리스에서 디오니소스를 만나 박카스를 마시고 있을 것이다. 그리고 이스탄불을 찾아 터키 탕의 본류도 확인하겠지. 이집트에 가선 열두 가지 재앙을 내렸던 파라오 왕의 심술도 보게 될 거고 그들 나라마다 문화와 유적을 만나고 돌아보며 마음이 풍요로워져서 금의환향할 것이다.

이제 나는 우리 음식이 그리워졌을 그를 위해 맛있는 된장국이나 끓여야겠다.

그래야 하는 이유

일송정 푸른 솔은 홀로 늙어 갔어도
한줄기 해란 강은 천년 두고 흐른다.
지난날 강가에서 말달리던 선구자
지금은 어느 곳에 거친 꿈이 깊었나.

용두레 우물가에 밤새소리 들릴 때
뜻깊은 용문교에 달빛 고이 비친다.
이역 하늘 바라보며 활을 쏘던 선구자
지금은 어느 곳에 거친 꿈이 깊었나.

 윤혜영 작시 조두남 곡의 <선구자>. 듣기만 해도 우리 역사의 한이 서린 애창곡이다. 낯선 나라의 들판에서 말 달려 활을 쏘며 조국을 찾고자 했던 선조들의 기개와 그 외로움까지 보이는 노래가 아닌가. 지금은 어느 곳에 이들 모두의 거친 꿈이 깊이 잠들어 있을까.

　공식 일정인 성대한 오찬이 끝나자 잠시 틈내 <선구자>의 무대 일송정을 찾아보기로 했다. 40여 명의 일행 중 일부는 개인 투자 상담을 한다며 그대로 남고, 일부는 이미 다녀왔다며 호텔에 가서 좀 쉬겠다고 해서 나를 포함해 20여 명만 버스에 올랐다.

　연길에서 용정을 향해 가다 보니 길 오른쪽 야산 위에 작은 정자 하나가 눈에 띄었다. 그게 일송정이란다. 버스에서 내렸다. 조국을 찾겠다는 일념으로 말을 타고 저 산등성이를 달렸을 젊은 독립투사의 말발굽 소리가 지금도 들리는 듯한 그 자리엔 허망하기 그지없는 자그마한 누각 하나가 먼발치로 보인다. 말로만 듣던 그 늠름한 소나무 일송정은 간데없고, 새로 심은 조그만 소나무 한 그루가 일송정의 대를 이어 빈약하게 서 있다.
　애초 이곳에는 정자 모양을 한 소나무가 한 그루 서 있었는데 독립군들이 그 나무 아래에 자주 결집하여 항일 의지를 불태우는 것을 못마땅하게 여긴 일본이, 몰래 소나무에 구멍을 뚫고 약품을 넣어 고사 시켰다는 것.
　지금 서 있는 것은 1980년대 후반에 중국 정부에서 일송정이라는 정자를 세우고 소나무 한 그루 심어 우리 후손들이 독립군들의 뜻을 기리게 했다니 그나마도 그 배려가 고마울 뿐이다. 가까이서 선대들의 숨결을 느끼고자 했으나 길을 닦느라 공사 중이어서 들어갈 통로가 막혀 먼발치에서만 일송정을 바라보고 그 자리에 선 채로 고개를 숙여 묵념하고 돌아섰다.

용정에 도착한 우리는 큰 돌에 '용두레 우물'이라 새겨진 공원을 찾았다. 빈약하기 이를 데 없다. 그마저도 연길시가 이 우물을 공원으로 꾸며 입장료를 받으며 보호하고 있다고 했다.

우물, 우리를 지켜주는 생명의 원천이다. 아니 우리와 고락을 함께하며 우리를 지켜주는 삶터다. 이 우물가를 선조들은 배고프거나 목마르거나 땀나면 찾았으리라. 이곳에 앉아 밤새소리 들으며 달빛 아래서 고향을 그리면서 눈물도 훔쳤으리라. 그들의 아낙들 역시 수시로 이 우물가에 모여 하소연으로 한을 달래면서 울고 웃었으리. 그러나 지금은 겨울에서 막 풀려난 4월의 햇살만이 한 많은 이 우물가에 수수愁愁롭게 내려앉는다.

우리 민족의 저항시인 윤동주의 모교인 용정중학교가 용두레 우물의 공원과 맞닿아 있어 그곳을 둘러보았다.

    죽는 날까지 하늘을 우러러
    한 점 부끄럼이 없기를.
    잎새에 이는 바람에도
    나는 괴로워했다.
    별을 노래하는 마음으로
    모든 죽어가는 것을 사랑해야지.
    그리고 나한테 주어진 길을
    걸어가야겠다.

오늘 밤에도 별이 바람에 스치운다.

윤동주 시인의 <서시>다. 잎새에 이는 바람에도 나는 괴롭다고 했던 그가 그처럼 갈망했던 해방의 날을 보지 못한 채 29세의 젊은 나이로 감옥에서 요절, 지금은 용정 동산교회 묘지에 잠들어 있다.

학교 건물 한편에 자리한 초라하기 그지없는 역사전시관에는 학교의 변천사와 항일투쟁의 관련 사진이 자료로 걸려있다. 전시관을 둘러보는 동안 윤동주 시인의 시신은 가장 친한 친구였던 문익환 목사의 아버지(목사)가 거둬 기독교식으로 장례를 치렀다는 얘기를 현직 교감 선생님에게 들으면서 나라를 위해 투쟁하는 민주화 정신이 바로 이 용정 중학의 산교육이었음을 다시 생각해 본다.

소설 북간도의 무대였던 용정 땅을 나는 이제야 밟아 보지만, 일찍이 뜻있는 분들의 망명으로 시작된 반일 민족 교육은 서전서숙을 세운 이상설 선생이다. (충북 진천군 덕산면 산척리) 망국의 설움을 안고 망명길에 오른 그는 사재를 다 털어 1906년 4월 서전서숙을 세우고 근대적 신지식과 반일 사상을 교육했다. 일제의 훼방으로 74명의 학생만을 단기간에 배출하고 폐교되었으나 그 불씨로 간도 땅 곳곳에서는 '관동의숙' 등 많은 교육 시설이 세워져 항일 이념교육의 요람이 되었던 것.

그 정신교육은 결국 윤동주 시인뿐만 아니라 한집에 살면서 같이 수학했던 그의 고종사촌 송몽규도 같은 죄로 체포되어 후쿠오카의 감방에서 옥사했다는 사실 하나를 더 접했다. 해란강 기슭에 자리 잡은 용정 중학은 지금도 단결, 분투, 소박, 문명을 교훈으로 하고 있다. 나라와 민족과 역사에 부끄러움 없이 살도록 가르쳐 그들의 덕성과 소질이 온 지구촌을 누비도록 하는 것을 근본교육의 이념으로 삼은 것이다.

우리 기업인들의 이번 연길시 방문은, 중소기업협동조합과 정부가 함께 중소기업 도매센터를 건립해 우리 중소기업의 질 좋은 제품을 싸게 공급하면서 중소기업의 판로개척에도 목적을 두고 있다.

정문 앞에는 오픈을 기다리는 남녀노소 군중들이 운집해 도로를 가득 메운 인산인해였다. 새로 준공된 중소기업 도매센터에 진열된 제품을 사기 위해 몇 시간 전부터 와서 장사진을 이룬 인파였다. 군악대를 배치한 새 건물 앞에 우리는 가슴에 꽃을 달고 서 있었고 군중들의 시선은 우리에게 꽂혔다. 우리는 그들이 할아버지의 또는 아버지의 나라에 거는 기대가 절정에 닿아있음을 보았다.

우리말을 다시 중국어로 통역하느라 1시간 소요의 개장행사는 2시간이 지나서야 테이프를 끊었는데, 우리 일행이 진열된 상품들을 둘러보고 나오는 사이 도매센터는 겨우 한 사람이 빠져

나갈 만큼의 통로가 되어 몸이 빠져나오는데도 한참 걸렸다. 진열된 상품 모두가 두 시간도 채 안 되어 동이 났다는 반가운 얘기를 후문으로 들으며 우리 물건의 선호도를 가히 짐작할 수 있었다.

연길시가 마련해준 오찬은 잔칫집 분위기였다. 40대 초반의 당 서기장은 경제학 박사로 외모가 준수했고 통역이 필요치 않은 우리 민족이었다. 우리는 다 같이 잘살아야 하고 나누며 살아야 한다는 그의 환영사가 가슴을 뭉클하게 했다. 그 젊은 나이에 그 자리에 오른 것도 대단한데, 그런 정신을 가져서 더욱 미덥고 고마웠다. 연변의 우리 민족은 장래가 밝을 것을 생각하며 술잔을 수없이 부딪쳐 건배하면서 진한 형제애를 나눴다. 우린 어디에 흩어져 살아도 역시 한 핏줄임을 확인한 화기애애한 자리였다.

그는 21세기는 정보화 시대요 여성의 시대이므로 여기 참석한 여사장들이 연길을 위해 더 큰 노력과 투자를 해달라고 당부하면서 여성경제인협회장에게 건배 제의를 청했다. 신수연 회장은 그동안 이만큼 발전시킨 노고와 공로를 치하하며 격려를 겸한 건배를 제의했고, 장내는 분위기가 한껏 고조되어 누군가가 <고향의 봄>을 다 함께 부르자고 제의했다. 모두는 잔을 들고 일어서서 합창했다.

"나의 살던 고향은 꽃피는 산골 복숭아꽃 살구꽃 아기 진달래… 그 속에서 놀던 때가 그립습니다."

목이 터져라 불렀다. 우리 모두 하나 된 한마음의 자리였다. 그들은 조국의 우리에게 큰 기대를 걸었고, 우리 또한 그들에게 최대한 협조하리라 다짐하면서 중소기업 협동조합 중앙회 회장인 국회의원 P 방문단장과 여성경제인협회의 S 회장, 그리고 연길시의 당 서기장인 K씨 셋이 팔을 걸어 러브샷의 술잔을 비웠다.

죽음으로 중국 남경의 뱃길을 열어준 인당수의 심청 사건 이후, 일제의 압정을 피해 일찍이 간도 땅에서 정착한 우리 선조들의 후손들이 오늘 여기에 이렇듯 융성 발전해 있으니 이제 경제의 꽃을 피워내기만 하면 한 알의 밀알로 살았던 그들의 영혼에 위로가 되리라.

남편이 사춘기 때 가장 좋아했던 암송 시가 윤동주 시인의 서시였다니 그의 묘소를 남편과 함께 다시 찾아야 할 것 같다.

29세에 요절한 젊은 시인과 그를 좋아했던 소년이 늙은 시인이 되어있으니 두 시인이 마주해야 할 이유가 충분히 있지 않은가.

사랑의 송가
― 월성위와 화순옹주

새해 벽두부터 바람이나 쐬고 오자고 2박 3일 일정으로 부부가 집을 나섰다.

운전 못 하는 그는 언제나 조수석에 앉아서 길 안내를 한다. 내가 그의 운전기사가 되고 그가 내 가이드가 되기도 하는 여행.

그의 머릿속은 로드맵이 들어있어 초행길도 척척 안내한다. '길맹'인 나로선 신기하기 그지없다. 우린 걸리적거릴 게 없어 언제든 행장을 꾸려 나서면 그만이다. 오라는 곳도, 바쁜 일도 없는 여정이다. 여기저기 들러 가면서 막걸리에 부침개 한 접시 놓고 시골 사람들과 한담도 해본다. 해가 설핏해서야 솟대와 장승들이 늘어서 있는 공주 마곡사에 도착했다. 그러나 이내 날이 저물어 민박집을 찾아들었다. 저녁을 먹고 방에 들어와 고스톱을 쳐보지만, 가랑잎처럼 바스스해진 감정에 종일 운전해 피곤

하다. 미운 정 고운 정으로 오뉘처럼 친구처럼 40년 가까이 말 동무로 사니 핑크빛 무드가 있을 리 없잖은가.

그의 웃음은 참 밝았다. 저만치서 나를 향해 활짝 웃으며 다가오던 총각 때의 얼굴은 마치 햇살처럼 눈 부셨다. 속물은 싫다고, 절대로 속물이 되지 않을 거라고 부르짖던 그 청년이 지금 내 앞에 노인으로 앉아 마누라가 옆에만 있어 줘도 좋다며 유들유들하게 웃는다.

퇴근하면 빨리 오라며 맛있는 음식으로 미끼를 던졌던 20대의 그 연정도, 설거지를 끝내고 방에 들어오면 이미 곯아떨어진 남편이 아쉬웠던 30대의 열정도 사라진 지금은 남편이 나를 챙긴다. 늙으면 등 긁어주고 말동무하며 사는 게 부부라더니 어느새 그 지점에 와있는 모양이다. 다음 날, 청정한 공기와 함께 아침을 먹고 민박집 아주머니가 싸준 냄새 안 나는 청국장 한 봉지를 얻어 들고 마곡사 초입으로 갔다.

장승들을 둘러본다. 수백 개의 크고 작은 볼품없는 마른나무들이 장승으로 태어나 새 삶을 살고 있다. '표정이 살아 숨 쉬는 마을'이다. 수문장이 칼을 차고 눈을 부라리고 서 있고, 달마대사가 배통을 내놓고 앉아 넉살 좋게 웃으며 반긴다. 인류의 구원을 위해 십자가에 매달린 예수님을 성모마리아가 처연하게 쳐다보고 계신다. 와臥상 장승은 키를 늘여 누웠고 오줌 누는

사랑의 송가 –월성위와 화순옹주 | 115

사내아이를 계집아이가 장난스러운 표정으로 들여다보고 있다. 천하대장군이며 지하여장군은 물론 장군이 칼을 차고 병졸들과 길가에 죽 늘어서 있기도 하다. 솟대 위에 올라앉은 기러기가 시집가는 날의 풍경을 내려다본다. 장승들의 삶이다. 모두가 작가로부터 숨결을 부여받아 사는 귀한 작품들이 풍상을 마주하고 있어 눈비에 깎일 것이 염려스럽다.

해미 읍성으로 차를 몰았다. 3천 명을 구덩이에 산채로 세워 놓고 생매장했다는 순교 터에 돔 성당이 세워졌다. 몇 년 전 서산으로 해돋이 갔다가 돌아오는 길에 들러 새해 미사를 드렸던 곳. 새 성전 건립의 설계를 보고 작은 성의를 표했는데 어느새 어엿한 돔 성당이 완공되어 있다. 마치 내 집 인양 들어서니 편안하고 흡족하다. 그때 무조건 잡아들여 죽인 죄인들의 죄명은 '천주학쟁이'였다. 그 억울한 순교자의 넋들은 이제 순례객의 기도로 위안을 얻을 것이다.

성당을 나와 남편의 '백지' 동인인 이 고장 출신의 K 교장 부부와 간월도 바다횟집에 앉았다. 아들의 스승이라며 대접이 융숭하다. 어릴 때 먹었던 새조개를 만나니 반갑고 행복하다. 좋은 안주에 술잔을 기울이며 정담을 나누는 사이 V자를 그리며 날아가는 철새들이 눈에 들어온다. 물 위에 앉았다가 날아오르는 그 비상을 보기 위해 우린 횟집을 나와 천수만의 철새도래지

조망터로 갔다. 그러나 몇 날을 별러도 보기 어렵다는 행운은 해넘이와 함께 서산으로 넘어가 아쉬웠다. 우리는 K 교장 부부를 댁 근처까지 모셔다드리니 어느 틈에 샀는지 어리굴젓 한 통을 안겨주고 내리신다.

덕산 온천으로 향했다. 온천욕으로 몸과 마음의 때를, 욕심과 근심까지도 물에 흘려보낸다. 내일 다시 욕심의 때가 더께로 낄 망정 오늘 밤은 개운하다.

다음 날 아침 일찍 예산으로 향했다. 추사 고택에 들르기 전 화순옹주와 '월성위'의 묘소부터 들러본다. 중국에서 몰래 솔씨 하나 숨겨와 심었다는 늙은 백송이 200년 넘는 세월 동안 묘소를 굽어보며 군살 없는 선비의 모습으로 지키고 서 있다.

정조가 고모를 기려 고모부와 합장한 봉분 옆에, 딸의 비보에 상심했던 영조의 어필이 비석에 새겨있다. 38세의 나이로 요절한 남편 월성위를 따르고자 곡기를 끊고 숨져간 화순옹주의 순애보. 그녀의 애틋한 사랑과 정절을 기리고자, 남편의 손을 끌어 나란히 서서 고개를 숙인다.

아들 사도세자는 뒤주에 넣어 굶겨 죽이고, 가장 귀애했던 딸은 스스로 굶어 죽은 모습을 본 영조의 가슴은 얼마나 비통했을까. 그렇게 간 딸이 노여워 비문마저 하사하기 싫어했다는 그 사연에 먹먹해진다.

사랑의 송가 –월성위와 화순옹주 | 117

추사 김정희의 고택을 둘러본다. 작약이 한 밭 가득 흐드러지게 피었다. 후원에는 곱게 자란 추사의 어린 시절이 연상되는 한시가 여기저기 걸려있다. 오죽烏竹이 바람을 노래하는 때를 떠올리게 하는 글들이다. 추사체를 세운 명필에다 풍류를 즐기며 시를 썼던 당대의 한량이다. 양반 가문에서 자란 선비로서 화순옹주와 월성위의 후손으로 손색없다는 생각으로 고개를 주억거리며 도자기에 새겨진 '세한도' 한 점을 사 들고 나왔다.

더 늙으면 영감과 함께 국내의 명승지를 기웃기웃 돌아보려 했던 곳들을 우선 맛보기로 둘러본 2박 3일은 비록 짧았으나 알찬 소득의 시간 쪼개기였다.

태극기를 덮어다오

"내가 죽거든 내 배 위에 태극기를 덮어다오!"

시아버님이 평소에 늘 하시던 말씀이다. 새댁 때는 시아버님의 그런 요구가 매우 낯설었다. 국가에 무슨 공을 세우셨다고 스스로 애국자 연 하시는가. 나라에 특정한 공훈을 세워야만 애국자라고 생각했던 나는 스스로 애국자라 자처하는 일은 겸손치 못한 처사라고 여겨 그 어른의 그런 요구가 내심으론 못마땅하기까지 했다.

최근에 정부가 '역사바로세우기'란 일을 시작하면서 친일파를 단죄하고 그 명단을 공개한다는 것이다. 그중에는 <봉선화>를 작곡한 홍난파 선생님이 들어있고, 서울대 음대를 개설한 <희망의 나라로> 작곡가인 현재명 선생님, <바위고개>의 이흥렬 선생님도 있어 음악계가 발끈했다는 기사를 읽었다. 그렇게 따지자면 문학계의 춘원 이광수나 미당 서정주도 자유로

울 수 없을 것이고 창씨개명하여 공무원을 지낸 우리 시아버님 역시도 마찬가지일 것이다.

세계 제2차 대전이 막바지였던 당시, 시아버님은 순천의 부府(지금의 시청) 공무원을 지내셨다. 탄환을 만든다며 집집의 놋그릇이며 곡식을 공출해 갈 때, 농사 담당이셨던 시아버님은 마을을 돌아다니면서 미리 정보를 흘려 곡식을 감추게 하셨다고 한다. 다른 지역에선 공출량이 많은데 유독 시아버님 구역만 실적이 저조해 뒷조사를 당했고, 급기야는 그 사실이 탄로나 6개월간 옥고를 치르셨다. 옥고를 치르고 출소하던 날, 더운 염천인데도 그 시간에 느닷없이 하늘에서 굵은 우박이 쏟아지자, 그때부터 시아버님을 염제신농神農(중국의 삼황 중 농사를 관장하는 신)씨라 불렀고 그래서 시아버님의 별명이 염제신농이 되었다는 것.

해방 후, 국영기업체(미창, 통운의 전신)의 책임자로 계시면서도 가정형편이 어려운 청소년은 물론 사원을 야간대학교에 보내는 등 그들을 동량으로 키워냈다고 남편은 자기 부친을 가끔 회고했다. 가훈이 <견이사의見利思義 견위수명見危授命>인 것만 봐도 시아버님의 성품이 얼마나 엄격하고 강직하며 국가관이 얼마나 투철한지 알 수 있을 것 같았다. 그런 분에게 누가 친일파라고 단죄할 수 있으랴.

오래전에 80이 다 되신 정정한 노인 한 분이 남편을 찾아오셨다. 시아버님 부하직원으로 야간대학 진학의 수혜자인, 남편이 삼촌이라 부르던 분이다. 남편을 찾기 위해 몇 년을 수소문 끝에 어찌어찌 연결되어 찾아냈다며 너무나 기뻐하셨다. 시아버님과 의형제를 맺은 그분을 뵙자, 남편 역시 부친이 살아오신 듯 반가워했다. 오랜 시간 시아버님의 젊은 날을 서로 회고하면서 회포를 푸는 모습이 정겨웠다.

어느 해 나는 기업인 자격으로 8.15 경축 행사에 초대되어 세종문화회관에 갔었다. 학생 때 국가를 위해 만세 부르다 억울하게 옥살이 한 사람들도 찾아내 국가 유공자로 훈장증을 수여하는 걸 보니 갑자기 내 가슴이 쿵쾅쿵쾅 뛰고 눈물이 났다. 내가 왜 진즉 그 생각을 못 했을까. 시아버님 돌아가신 지 올해로 26년째, 이제라도 시아버님의 업적을 추적해 국가 유공자로 인정받게 해드리는 일이 내가 할 일이란 생각이 들었다. 친일이 아니라 반일하다 감옥살이하신 <염제신농>씨인 우리 시아버님의 공로가 개인에게는 물론 가문의 영광과 명예가 되도록 내가 이 공로를 기필코 추적해 훈장증을 받게 해드린다면 "내 배 위에 태극기를 덮어 다오" 하셨던 당신 스스로가 내리신 상보다 더 큰 상으로 옥살이를 보상받는 셈이 될 테니 저승의 영혼이라도 뛸 듯이 기뻐하시면서 눈물 흘리시겠지.

국가의 명예를 세계만방에 떨친 사람은 큰 애국자다. 그만은 못해도 어디서건 자기 자리에서 열심히 제 할 일을 묵묵히 하는 사람들도 모두 다 애국자다.

"국가가 너희를 위해 무엇을 해줄 것인지 요구하기에 앞서, 너희가 국가를 위해 무엇을 할 것인지를 먼저 생각하라." 했던 케네디의 정신은 알링턴의 국립묘지 케네디 묘역에서 영원히 꺼지지 않는 불멸의 불꽃으로 훨훨 타고 있었다.

그 정신을 머릿속에 넣고 사는 나 또한 스스로 최면을 걸어 애국자 연하고 있으니, 나도 그 시아버지에 그 며느리라고나 할까. 지금은 시아버님의 그 절대적인 애국심을 공유한다. 시아버님 임종 후 그분의 유언대로 관 위에 태극기를 덮어드렸다.

우리는 항상 내가 몸담을 국가가 있는 것만으로도 늘 행복하고 감사하다. 언제나 국민으로서 당당할 수 있는 든든한 배경이 되어주기 때문이다. 우리에겐 국가를 상징하는 태극기가 있어 가슴에 손을 얹고 국기에 대해 맹세한다. 그런데 요즘 국회에선 국기에 대한 맹세를 폐지하자는 찬반의 논란이 일고 있다. 내 상식으론 이해 불능이다. 혹 사교邪教의 미신 행위쯤으로 오해하고 있는 건 아닌지.

"나는 자랑스러운 태극기 앞에 조국과 민족의 무궁한 영광을 위하여 몸과 마음을 바쳐 충성을 다할 것을 굳게 다짐합니다."

국가에 대한 민초들의 결집이요 다짐이며 애국의 맹세이기도 한 것을.

(1997)

클레어의 편지

도시 전체가 유네스코 세계문화유산인 태국의 치앙마이다. 외손녀 클레어가 6개월 전에 왕립 국제학교인 프램PREM으로 조기유학을 떠나 어찌 지내는지도 살필 겸, 이국에 적응할 동안 외롭지 않게 하고자 우리 집 피한避寒을 핑계로 영감과 함께 간밤에 날아왔다.

산사이Sansai 난타완Nantawan 랜앤하우스Land&house에서 이른 아침에 2층 창문을 열고 치앙마이 풍경과 처음으로 대면했다. 멀리 야트막한 산이 병풍처럼 둘러있고 그 아래 띄엄띄엄 건물들이 보인다. 2~30만평쯤은 좋이 되어 보이는 드넓은 평야가 한눈에 조망된다. 집 담장 옆으로는 지천遲川이 느리게 흐르고, 그 내를 경계로 넓은 늪지엔 허리 잘린 갈대가 사자 갈기처럼 서 있다. 그곳에 학이 먹이를 찾아 겅중겅중 걷는 모습이 퍽 이채롭다.

역마살이 많은 영감은 대학교 때 본 영화 <콰이강의 다리> 촬영지 관광이 우선 목적이었는데 그곳이 라오스에 있다니 식구들과 시내 관광을 마치고는 답답하다며 2주 만에 귀국해 버렸다. 그 바람에 우리 삼대는 오붓하게 겨울방학을 즐길 수 있었다. 아이는 외할미의 성경 얘기를 천일야화처럼 들으며 스르르 잠들곤 했다.

초등학교 3학년인 손녀가 개학하자 학부모 회의에 따라가 봤다. 한적한 외진 곳. 글로벌 인재 육성이라는 팻말에 걸맞게 몇만 평이나 되는 왕립학교의 규모와 시설에 놀랐다. 수영장 승마장 골프장 축구장 농장 등이 학교 안에 있어 언제든 취미와 적성대로 배울 수 있고 지도하는 코치가 따로 있어 방과 후의 수업으로 신청하면 배운단다. 주말이면 학생들이 농장에서 키운 농산물로 바자를 열고 빵과 전통음식을 만들어 먹거리 장터를 운영하는 더할 나위 없이 좋은 교육환경에서 주입식이 아닌 자율성과 창의력을 배우는 손녀를 걱정하는 것은 기우였다.

아침 일찍 아이가 집 앞에서 셔틀버스를 타고 등교하면 우리 모녀는 규모가 큰 재래시장 '와로로 마켙'으로 갔다. 다양한 물품들 실크 원단이며 온갖 아름다운 꽃과 풍성한 열대과일 싸디싼 푸성귀들이 넓은 시장 안에 가득 진열되어 있다. 시장 안팎을 돌아다니며 꽃과 먹거리를 헐값에 사는 재미가 쏠쏠한데 두

리안이 좀 비싼 게 흠이었다. 멸치며 미역 김 고추장까지 한국에서 가져다 먹는 식탁은 모자람 없는 한식이지만 가끔은 썸땀이며 썸오 로컬메뉴와도 친하면서 이국 생활에 익숙해지고 있었다.

1월 중순이 되자 어디선가 금속성 소음으로 종일 귀가 따가웠다. 소리의 근원을 좇아 담장 밖을 내다보니 예초기로 풀 깎는 소리였다. 그 소리는 며칠간 이어지더니 텁수룩한 구레나룻을 면도한 신사처럼 늪은 말끔한 논이 되었다. 사자 갈기 같던 마른 풀의 정체는 다음 농사의 밑거름으로 남겨둔 볏짚이었다. 그런데 그 정갈해진 논에 수천 수만마리의 백학들이 떼로 내려앉는 게 아닌가.

"와! 이런 장관이라니⋯." 찬탄이 절로 나왔다. 학 뿐만이 아니었다. 이름 모를 수천 마리의 새 떼도 계속 날아내렸다. 새들의 잔치 그 진수성찬이 궁금했다.

며칠이 지나자 온종일 비가 내렸다. 저지대의 침수가 걱정될 만큼 굵은 빗줄기가 연이틀 줄기찼다. 아열대의 건기에 비라니⋯. 몇 해 만에 처음 있는 기상이변이라 한다. 연이틀 내린 비로 논물이 불자 경운기가 또 시끄럽게 논을 갈았다. 써레질까지 끝낸 무논에선 개구리가 밤새도록 떼창을 한다. 다음날 이른 아침, 2층에서 커튼을 젖히고 창밖을 내다보다가 또 한 번 놀랐다. 어디선가 오리 떼가 2열 종대로 뒤뚱거리며 아직 갈아엎지 않은 논을 질러 오더니 무논으로 풍덩풍덩 입수 자맥질 한다. 2백여 마리가 넘을 듯 싶은 오리들은 신나게 이 논 저 논 논둑을 날아서 넘나들었는데 그 밤엔 개구리의 합창 소리가 뚝 그쳤다.

1월 하순에 벌써 모내기가 시작되었다. 모를 쪄서 논 중간중간에 던져놓고 농부들 몇이 모를 심어 나갔다. 못줄을 띄우지 않고 자기가 서 있는 반경 둘레에 모를 꽂았는데 다소 삐뚤빼뚤했지만, 열심히 모심는 농부의 모습은 반세기 전 우리네 농촌 풍경과 흡사했다. 문득 어린 날 우리집 앞의 논둑이 떠오른다.

늙은 외할머니와 여섯 살 외손녀가 논둑에 앉아 꺼이꺼이 울고 있다. 아이는 엄마의 꽃상여가 상두가와 함께 시야에서 멀어질 때까지 엄마! 엄마! 부르며 울다가 금세 초추初秋의 양광陽光에 노랗게 핀 제비쑥에 정신이 팔려 그 꽃을 따며 해찰하던 곳.

2월의 들녘은 잘 빗질한 머리에 가르마를 탄 듯 모포기가 활착하면서 녹색의 물결이 출렁였다. 등에 약통을 진 농부가 비료를 뿌리는 모습이 보인다. 논에 볍씨를 직파한 곳에서도 우북하게 벼가 자라올랐다. 농부는 새벽마다 둘러보며 이 빠진 곳에 보식한다. 우리네와 다를 것 없는 유기농 오리농법을 보면서, 사람 사는 모습은 어디든 다 비슷하다는 생각으로 딸에게 저 댁 쌀 사 먹으라고 일러주었다.

태국의 북부 도시 치앙마이는 인구 110만이 사는 대도시다.

인구의 90%가 불교 신자로 집집의 마당이나 상가의 실내에는 사당이 모셔져 있다. 그곳에 꽃을 올리고 향을 사르며 날마다 절하는 의식을 행한다. 거리에 무리 지어 다니는 젊은 탁발승들을 심심찮게 만난다. 대도시라고는 하나 아직도 휴경지가 많고 얕은 야산에 주택이 있다. 그런데 신기한 것은 그 들녘 어디에도 무덤이 없다. 죽으면 다시 태어난다는 삼생 윤회설 때문인지 죽음에 대한 의연함이 국민의 정서에 배어있었다.

왕정의 나라에서 70여 여일 체류하다 보니 혼자 눈 빠지게 기다릴 탱이가 딱해 귀국해야 하는 이유를 손녀에게 설명했다. 아이는 어떠한 경우라도 합리적이기만 하면 금방 수긍한다. 열 살짜리 손녀가 선물이라며 내 손에 쥐여 준 편지에는 속정이 그득 담겨있었다.

할머니에게
할머니! 저 클레어예요. 할머니가 벌써 돌아가는 시간이 오고 있어요.
솔직히 전 할머니가 좀 더 이곳에 머무르셨으면 좋겠어요.
하지만 할아버지가 기다리고 계시니 안 되겠어요.
너무 슬프지만 꼭 참고 방학 때 만나요,
할머니 너무너무 사랑하고 친애하는 할머니는
정말 밝고 말썽꾸러기인 클레어를 또 보고 싶지 않겠나요?
저는 항상 할머니 맘에 머물러 있을 거예요.

할머니가 외롭고 슬플 때, 제가 맑게 웃고 있는 모습을
떠올려 보세요. 너무 사랑하고 친애하는 할머니
나 클레어는 항상 할머니를 사랑해요.

클레어 드림.

    10여 일 앞당겨 귀국하는 짐 속에 클레어의 깊은 속정과 환상적인 불루의 색채로 우러나는 버터플라이피 티茶를 챙겨 담고 아이가 잠들기를 기다렸다가 11시 50분에 출발하는 밤 비행기를 타기 위해 배웅하는 딸의 차를 타고 공항으로 이동한다.

(2014. 2.)

곳간의 위기

'인생 칠십 고래희'라 했다.

백세시대를 사는 지금은 79세까지를 중년으로 친단다. UN에서 내놓은 통계라는 평창의 생태 마을 황창연 신부님 말씀이다. 그런데 오래 산다고 좋아할 일만도 아닌 것이 누구든 홍역처럼 단 3일이라도 치매를 앓다 죽는다는 것. 그렇다면 젊은이들에게 사회비용 부담의 민폐를 끼치지 않기 위해서라도 각자 치매 예방은 필수다.

'뇌인지 훈련 강사 수강생 모집'이란 현수막을 보고 등록, 치매의 모든 과정을 공부했다. 치매는 45세부터 20년의 잠복기를 거쳐 60대 후반부터 서서히 나타난다고 한다. 해마가 망가져서 생기는 병으로 70대 12%, 80대 21%, 85세 이후부터는 40% 이상으로 급격히 증가한다는 것. 날마다 책을 읽고 음악을 들으며 운동을 하면 기억력을 관장하는 해마가 다시 젊어진다고 하니 희망은 있다.

　매사를 긍정적으로 생각하고 늘 웃고 손뼉 치고 노래하며 즐기는 '레크리에이션'이 치매 예방에 크게 도움 되며 참다운 '리크리에이션'이 진정한 레크리에이션이 되는 것이라 가르친다.

　특히 손은 제2의 뇌로서 치매 예방을 위해선 박수가 필수라고 한다. 손발이 저리면 합장 박수를, 관절에는 깍지 박수, 두통에는 주먹 박수, 신장에는 손날 박수, 방광과 요도에는 손목으로 치고 위장에는 손뼉을 치면 새로운 뇌세포가 생겨나서 뇌세포 간을 서로 연결하는 시냅스 효과가 있다고 한다. 손가락의 역할도 각기 달라 '지집기몰순'이라 일러준다. 엄지는 지구력, 검지는 집중력, 중지 기억력, 약지 몰입력, 소지는 순발력이라고.

　알츠하이머(Alois Alzhimer)는 독일의 정신건강의학과 알로이스 알츠하이머(Alois Alzhimer) 의사에 의해 1906년에 붙여진 병명이다. 미국의 레이건 대통령도 영국의 대처 수상도 권투선수 알리도 알츠하이머병으로 유명을 달리했다. 내 친구 숙희도 파킨슨 10년에 알츠하이머와 간질까지 진행되어 지난해에 세상을 등졌다. 친한 친구를 잃은 상심이 컸다.

　알츠하이머의 초기증상은 기억력 감퇴와 인지력 장애로 최근의 기억부터 사라지고 방금 일도 인지가 안 된단다. 조금 전에 보고들은 정보가 아예 입력 안 되고, 특히 외래어 명사가 기억나지 않으며 모든 명사와 어휘가 쉽게 떠오르지 않아 '거시기'라는 등의 대체어를 쓰는 빈도가 잦다는 것.

사람의 이름을 잊어먹을 뿐 아니라 성질이 조급해지고 판단력도 없어진다. 상황판단이나 유추가 안 되니 동문서답하기 일쑤고 며칠 전 일도 아까라고 시제를 섞으며 자기 잘못도 남 탓으로 돌린다. 집 나간다고 으름장 놓고 죽는다고 협박도 하는 병. 감정의 기복이 심해 자주 우울해하며 매사 자기중심적이라 배려심이 없다는 것.

치매 중기에 들면 지남력이 떨어져 길을 헤매고, 항문의 외괄약근이 열려 자기 의지와 상관없이 변실금의 실수도 하며 차츰 섬망이나 피해망상, 전간癲癇(간질)으로 이어지거나, 수저 잡는 방법까지 잊어먹어 밥을 떠먹여야 하는 아가로 돌아가 죽게 되는 게 치매의 종착역이라고 했다.

노인학 등 30시간 이수 끝에 자격시험을 치렀고 한해 마감 하루 전날 등기로 부쳐온 <노인건강 운동 지도사 자격증>을 받았다. 보호받을 나이에 자격증을 땄으니 내 관리는 물론 노인들 치매 예방에도 도움 줄 수 있겠다는 생각이 들었다.

기억력이 똑 부러지던 영감이 팔순을 넘기면서 기억력과 인지력이 현저히 떨어졌다. 우리 부부는 2016년 치매 검사를 받았다. 뇌 CT 촬영 결과 영감이 알츠하이머 초기라는 진단이 나왔다. 초기증상을 보이는 그가 안 됐고 딱하다. 늙고 병든다는 건 서

글픈 일이다. 더디게라도 진행되라고 섭생에 신경 쓰면서 그 좋아하는 막걸리 한잔도 만류했다. 일거수일투족을 관찰하여 그의 기억력 붙잡기가 내 일과다. 자괴감으로 수시로 몹시 우울해하며 옛날 일은 모두 생각나는데 좀전의 일이 기억나지 않는다는 그에게, 머리 곳간에 쌓아둔 기억을 위부터 빼 써서 그런 거라고 하니 맞는 것 같다고 수긍한다.

그랬다. 그의 머리 곳간에는 고전 음반 4천여 장이 들어있었다. 그가 가장 사랑하는 베를리오즈의 환상교향곡에서부터 차이콥스키의 비창, 드보르자크의 신세계, 베토벤의 전원이며 운명 합창, 바흐의 브란덴부르크 협주곡, 주페의 경기병 서곡, 림스키코르사코프의 셰에라자드, 리스트의 헝가리광시곡 등등. 그뿐인가, 비제의 오페라 카르멘이나 푸치니의 나비부인, 베르디의 라트라비아타, 로시니의 세비야의 이발사, 슈베르트의 겨울 연가곡이며 슈만, 라흐마니노프 등등 세자면 끝이 없다.

그는 젊은 날 목포에서 목요음악회를 만들어 일주일에 한 번 목요일 밤마다 목포 시청의 도서관 한쪽에서 클래식 음악 해설을 했다. 고전 음악을 좋아한 故 구용상 목포시장과 친했던 그때, 목포시민들을 위한 고전 음악감상실을 열어줘 400회 넘게 8년여를 클래식 음악을 해설한 것이다. 그리고 주말에는 어린 자녀들과의 외출 대신 안락의자에 깊숙이 박혀 턴테이블에 암을 걸었다. 아빠의 직무를 유기한 남편이 미웠다.

1980년 5.18민주화운동을 취재한 죄목으로 전두환의 신군부에 의해 D 일보에서 강제 해직당한 후 1984년 서울로 떠날 때까지 한주도 거르지 않았던 음악감상실의 해설사였던 그가, 후일 해설할 사람이 없어 500회를 다 채우지 못하고 문 닫았다는 소식을 인천에서 듣고 많이 아쉬워했다.
  우리는 23년간 서울과 인천을 오르내리며 살다가 사고무친의 땅 장수로 2007년 말에 귀촌했다. 수집벽의 그는 비디오테이프 6천여 개도 모았는데, 특히 서부영화 광이기도 해서 영화 100년사를 감독별로 장르별로 정리하여 방바닥에서부터 천장에 닿도록 꽂아 두었다. 방 한쪽 벽면을 다 차지한 VTR은 작은 영화관을 차려도 될 만큼 방대한 양이다. 그런데 지금도 컴맹이니 아날로그 방식으로 살고 있는 그가 아직 고전 음악 해설을 데이터베이스 해두지 못한 채 그의 머리 곳간에 저장된 지식이 모조리 날아가는 중이라 매우 안타깝다. 그 숙제 마칠 때까지만이라도 혼미한 정신으로 망령되이 살지 말고 또렷한 기억으로 살게 해주시라고 나는 수시로 무시로 하느님께 화살기도를 쏘아 올린다.

되돌리기

「장수 장애인 노인 복지관」에서 무료 프로그램 안내를 카톡으로 보내왔다. 그중에 하모니카 초급, 중급반 모집이 있었다. 날마다 기억을 지워가는 영감이 젊은 날 하모니카 연주를 곧잘 했던 걸 생각하고 그의 기억을 되돌리는 차원에서 등록했다. 영감이 오래도록 보관한 하모니카를 들고 일주일에 한 번 수업하는 교실을 찾아드니 수강생들 모두가 7학년 이상의 고령이었다. 선생님도 교직 퇴임 후의 노인 봉사자로서 하모니카계의 명강사였다. 서로가 급할 게 없어 찬찬히 일러주니 왕초보도 배우기 쉬웠다. 귀 어두운 영감은 선생님의 작은 말소리를 얼른 알아듣지 못해 내가 듣고 보충해 줄 양으로 옆자리에 앉았다. 그리고 나도 초급반 수강생이 되었다. 이때껏 다룰 줄 아는 악기 하나 없는 게 늘 아쉬웠던 때문이다.

1994년 여름 패키지여행 중에 미국 콜로라도의 산장에서 하룻밤 묵었을 때, 어느결에 챙겨왔는지 하모니카를 들고 로비로 나와 콜로라도의 별밤에 콜로라도의 달밤을 멋지게 연주했다. 이국의 그 낭만을 잊지 못한 나는 그가 중급반으로 금방 기억을 되찾아 가리라 기대했는데 아니었다. 하모니카를 다루는 모습을 본 선생님은 치매의 기억을 붙잡기 위해 등록했다는 걸 아시고 영감을 예외로 두셨다. 그런데 중급은커녕 이젠 숫제 안 하겠다니 난감하다.

가끔은 전주에 있는 큰 병원이나 홈플러스 마트에 간다. 집에서 3분 거리에 장수 IC가 있다. 승용차로 고속도로를 30분쯤 달리다 보면 전주의 초입 소양 IC가 나온다. 고속도로 표지판에 소양IC 표시가 보이기 시작하면 그때부터 영감은 '소양강 처녀' 끝 구절을 흥얼댄다.

<아이네 클라이네 나흐트 뮤직>은 듣고 금방 곡명을 맞추고, 도니제티의 오페라 사랑의 묘약 중에서 '남몰래 흘리는 눈물'은 원어로 부르지만, 트로트는 제대로 아는 곡도 잘 부르는 노래도 없는 그 실력으로 첫 시작을 '삼다도라 제주에는' 한다. '해 저문 소양강에'하고 첫 소절을 불러 바로잡아 줘도 소용없다. 강원도 춘천의 소양강과 삼다도인 제주와 전주 초입의 소양이 영감 머릿속에선 엉킨다. 열 번이고 백번이고 소양 IC를 지날 때마다 한결같아서 고장 난 회로의 기억을 바르게 되돌려 줄 생각을 내가 버렸다.

평소에 정리 정돈을 잘하는 그는 날마다 한두 시간씩 집안 곳곳을 뒤져 정리에 정리를 거듭한다. 입던 옷에 그림이나 기념하는 글자만 있어도 자기 방에 죄 가져다 늘어놓고 좌판을 벌인다. 그리고 처음 본다고 신기해한다. 맛있는 음식도 예쁜 상자도 달력의 멋진 그림도 모두 처음 보니 낯설다. 그래서 초밥 담은 플라스틱 용기며 온갖 페트병 포장지 비닐봉지도 모두 자기 방으로 가져다 죄 늘어놓는다. 러시아의 마요르카 인형처럼 상자 안에 상자 넣고 작은 상자 안에 또 넣어 보관한다. 블랙홀. 그러잖아도 진즉 블랙홀이었는데 이젠 예쁜 빛깔의 쓰레기들이 슬쩍슬쩍 그 방으로 숨어든다. 그 허전한 모성의 사랑 고픔은 방법이 없다. 하모니카 교본도 사 온 첫날만 구경하고 아직 행방이 묘연하다. 드디어 부엌까지 점령해 왔다. 수시로 쓰는 냄비들이 싱크대 위 찬장으로 올라가 있다. 의자를 딛고 내리자니 짜증이 확 인다. 수시로 쓰는 그릇이라 천장으로 올라가면 안 된다고 일러주면 알았다고 하고선 그때뿐, 다음날도 그다음 날도 여전히 올라가 있어 단속이 소용없다는 걸 알고 내가 포기했다.

그런데 생전 살아본 적 없는 이웃 동네와 시제를 섞어 나랑 같이 만났다는 유령의 사람을 대며 내 동의를 구한다. 그러면 그 동네를 한 바퀴 돌아주면서 혼란스러운 기억을 되돌리려 해도 나중에 혼자 다시 와서 확인할 거라며 혼돈의 부재를 인정하려 않는다. 그나마 다행인 것은 '달팽이 과'라 집을 나가 배회하지 않으니 고마워해야 할 판. 평소 외출을 좋아했더라면 핸드폰도 안 갖고 다니는 탱이 찾아다니느라 애간장 녹았을 것이다.

젊은 날 그는 땅에 계신 주님을 무척 사랑했다. 고교 때 무감독 시험을 치렀다는 자부심이 대단한 '인천 제고'에서 고대 입학생이 28명이 나왔다며 그날부터 28일 동안 마셔댔다는 막걸리가 영감의 마지막 친구로 남았다. '조니 워커'며 '카뮈' '나폴레옹 코냑'을 사랑하다가 늘그막엔 막걸리로 돌렸는데 이젠 그 한 모금마저도 못 마시게 하는 망구의 금주령이 야속하기만 하리라. '아, 목마를 때 간절한 막걸리 한잔!'
그런데 술 마신 경력 65년 만에 알츠하이머병에 알콜 중독성 치매까지 겹치니 평소 보지 못했던 난폭성이 나왔다. 신변에 위협을 느낀 나는 더는 허용하지 않기로 작정했다. 요즘도 식당에 가면 실랑이하는 것은 "딱 한 잔만!" 하고 사정한다. 얼마나 간절할까 흔들리지만 단호하다. 그렇지 않으면 양로원으로 보내야 하기 때문이다.

지난 4월 20일은 영감의 12번째의 책 『고엽, 어텀 리브즈의 미학』 시선집과, 제5회 수필미학 문학상으로 받은 내 수필 선집 『바람개비 꽃』으로 부부 합동 출판 기념회를 열었다. 내가 영감에게 해주는 마지막 선물이다. 행사를 끝내고 집으로 오신 손님을 위해 막걸리 6병을 준비했는데 3병이 남았다. 며칠 뒤 감춰

둔 그 술을 찾아내 혼자 몰래 마시고 술이 덜 깬 아침에 기어이 사고를 쳤다. 결국 그 일로 치매 4등급 판정을 받았지만, 막상 시설로 보내자니 모든 일상을 공유할 사람과의 단절이 가져올 결과가 너무나 뻔해 못 보낸다. 우리 둘 다 딱하다. "사람은 대천 한 바다만큼 속이 넓어야 하느니라" 하시던 친정아버지 말씀을 이제야 이해한다.

늙음이란 그런 것인가? 그 많던 지식은 점점 사라져가고 모든 앞뒤 정황 판단은 올스톱이다. 병의 진행을 더디게 하려고 거금? 150만 원을 주고 방콕에서 사 온 '침향'이며 홈 쇼핑에서 구매한 뇌 영양제 <포스파티딜세린>이 다 소용없이 그는 지금 한참 지나온 아기로 회귀 중이다. 인생은 수없이 되돌리기의 연속이다.

누구든지 아기가 되지 않으면 천국에 들 수 없다고 하신 하느님의 자격심사를, 평소에 큰 죄 짓지 않은 영감이니 연옥에 잠시 머물다 천국에 들지라도 음식을 입에 넣고 저작을 잊은 영아로까지 되돌리기 전에 하느님이 부르시길 소망한다.

환상 교향곡 symphonie fantastique
-베를리오즈Berlioz의

선화예중 2학년인 외손녀가 학기 말 실기시험에서 3등 했다고 제 어미가 전한다. 그것도 0.1점 차이로 2등과의 등위가 바뀌었다며 아이의 미세한 실수를 아쉬워한다.

선천적으로 음감을 타고나지 않은 아이가 그 자리에 가기까지는 손가락에 쥐가 나도록 수백 수천 번의 현을 켰을 테고, 밤 11시가 넘도록 어미는 연습실 문지기를 하면서 한 땀 한 땀 퀼트 지갑을 꿰맸을 모습이 눈앞에 그려진다.

완벽한 연주를 뛰어넘어 관객의 감동까지 끌어내야 하는 연주자의 길에 들어선 이상 앞으로도 아비는 등골이 휘게 돈을 벌어야 하고, 어미는 자신의 시간이 아예 없는 매니저 역할을 계속할 것이며, 아이는 스스로 자기 연주에 도취 될 만큼 바이올린을 품고 사랑해야 할 터이니 식구 셋의 갈 길이 멀기만 하다.

표제음악의 효시인 엑토르 베를리오즈의 '환상 교향곡'은 영감이 가장 아끼는 곡이다. 그는 신혼 때부터 전축의 턴테이블에 이 곡을 자주 걸었다. 휴일이면 으레 드볼작의 신세계며 베토벤의 운명이나 합창을, 리스트의 헝가리 광시곡이나 비제의 오페라 칼멘 아니면 아를의 여인을 들었다. 베르디의 라트라비아타나 로시니의 세비야의 이발사, 슈베르트의 연가곡 겨울 나그네 등 수많은 곡을 무시로 감상했다. 음반이 수없이 불어나고 음악의 선율이 끊임없이 흐르는 속에서 자라온 아이들 귀에는 클래식이 낯설지 않았을 터, 그래서 결국은 우리 둘째 딸이 하나밖에 없는 제 무남독녀에게 바이올린을 전공케 하는 계기가 되었으리.

160년 전통을 자랑하는 세계적인 프랑스의 국립심포니오케스트라 <스트라스부르>가 처음으로 내한하여 베를리오즈의 환상교향곡을 연주한다는 소식에 우리는 귀가 번쩍 뜨였다. 베를리오즈 브람스 생상스 말러 리하르트 슈트라우스 볼레즈 등 작곡가들의 작품을 직접 지휘하고 연주하였던 유럽 제일의 유서 깊은 정통 오케스트라가 아니던가. 더구나 우리나라의 도시 몇 군데 순회공연 일정 중 둘째 날 대전 예술의전당에 온다는 반가운 소식이다.

서울까지 가지 않고도 연주 실황을 볼 수 있는 2017년 7월 1일 저녁 7시의 표를 서둘러 예매했다. 프랑스 언론으로부터 카라

얀이 살아서 돌아왔다는 극찬을 받을 만큼 프랑스의 대표적인 지휘자 마르코 레토냐(슬로베니아 출신)가 2012년부터 음악감독 겸 오케스트라의 지휘를 맡았는데 우리나라의 낭만파 명연주자 강동석과 차이콥스키의 바이올린 협주곡을 협연한다니 최고의 음악회를 볼 수 있다는 기대감으로 이날이 오기만을 기다렸다. 더구나 우리 부부의 결혼 50주년 금혼의 멋진 이벤트로 영감이 마련한 자리여서 더욱 뜻깊었다.

마르코 레토냐의 지휘로 강동석의 차이콥스키 바이올린 협주곡을 듣는다. 여성적인 감성의 부드러운 선율이 흐르고 객석이 쥐 죽은 듯 고요하다. 저 경지에 이르려면 얼마나 많은 시간을 악기와 친해야 하는가. 불행하게도 나는 다룰 줄 아는 악기가 하나도 없어 늘 주눅 들어 사는 터라 악보를 모두 외워 연주하는 그네들이 하늘의 별만큼 높아 보이는 것이다. 가난했던 유년의 콤플렉스야 어쩌지 못하지만 그나마 다행인 것은 귀가 열려있어 강동석의 아름다운 연주를 듣는 내내 외손녀의 생각을 떨쳐버릴 수가 없었다.

음반으로만 수없이 들었던 베를리오즈의 환상 교향곡을 실황으로 직접 듣는다. 의사의 아들로 태어난 베를리오즈는 의학 공부하다 말고 24세 때 작곡으로 진로를 바꾼다. 파리에 와서 공연하는 영국 셰익스피어 극단의 해리엇 스미드슨의 연기에 매료되어 그녀를 열렬히 사랑하게 된다. 하지만 저명한 프리마 돈나가 자기를 짝사랑하는 무명의 작곡가를 거들떠나 보겠는가.

베를리오즈는 이듬해 연주회를 열고 그녀에게 잘 보이려 했지만 끝내 그녀의 마음을 사지 못하자 고민 끝에 자살을 시도한다. 그러고는 그 지옥 같은 번뇌로부터의 탈출의 경지를 음악의 형태로 표현한 것이 바로 이 <환상 교향곡>인 것이다.

제1악장 꿈과 열정. 한 젊은 예술가의 꿈의 경지—동경, 번뇌, 기쁨 등의 상상 속에 '정열의 파도'라는 마음의 병에 걸린 한 젊은 음악가가 이상적인 매력의 한 여인과 정열적인 사랑에 빠진다. 우울한 몽상 상태에서 환각적인 정열에 이르기까지의 광적인 분노와, 마음의 평안과 눈물, 종교적인 위안이 뒤섞여 흐른다. 그리고 뒤이은 제2악장은 무도회다. 황홀한 왈츠의 선율 속에 어디를 가나 사랑하는 여인의 모습이 나타났다가 스러지곤 한다. 마음이 끊임없이 괴로운 가운데 다시 연인을 찾는다.

제3악장 들판의 풍경. 두 목동의 양몰이 피리 소리가 들린다. 이 목가적 이중주로 마음이 평온해졌다가도 그녀가 나를 모른 체하면 어쩌지? 하는 불안감에 초조해진다. 천둥소리 그리고 고독, 정적이 흐른다.

마침내 단두대로 행진하는 제4악장에선 사랑을 거절당한 작곡가가 마약으로 음독자살을 기도한다. 그러나 치사량에 못 미처 무서운 잠 속으로 빠져들어 환상을 본다. 그는 애인을 죽이고 사형을 선고받아 단두대로 끌려가 처형당하는 자기의 모습을 환상으로 보고 있다. 음울하고 거친, 때로는 담담하고 밝은 행진곡 리듬에 맞춰 처형자들이 행진하고 있다. 그 행진 끝의 악상이 다시 사랑의 추억을 연주한다.

　제5악장. 마녀들의 밤의 향연과 꿈-유령, 마술사 등 온갖 요괴들이 모여 있는 무리 한가운데 젊은 예술가인 자신이 끼어있음을 본다. 예술가의 장례식에서 들리는 야릇한 신음과 오싹한 웃음, 멀리서 들려오는 거친 고함에 다른 고함소리가 서로 호응하듯 뒤 섞인다. 그 밤의 향연에 그녀가 나타나니 환희에 들뜬 요괴들, 그녀는 악마적이고 기괴한 밤의 향연에 동참한다. 그때 자신의 장례를 알리는 종소리가 울리고 마녀들의 윤무 속에 돌고 도는 연인을 본다. 품위 없고 그로테스크한 멜로디… 악마들의 온갖 잡음이 죽음을 알리는 종소리에 섞인다.

　감동, 대 감동이었다. 객석의 뜨거운 기립박수와 갈채 속에 끊임없는 앙코르로 지휘자를 불러낸다. 마르코 레토냐는 3관 편성의 80여 명 단원들을 파트별로 일으켜 세우고 청중은 그들에게 아낌없는 환호를 보냈다. 장례를 알렸던 범종을 마지막으로 소개하자 그 종에게도 힘찬 박수를 보내며 웃었다. 문화가 없는 벽촌 생활 10년의 조갈이 일순에 확 풀렸다.

　베를리오즈의 환상교향곡에 빠져 살았던 우리 집 탱이를 생각해 본다. 지휘자가 각기 다른 다섯 사람의 음반을 갖고 있을

환상 교향곡 symphonie fantastique -베를리오즈Berlioz의 | 143

만큼 그는 '환상교향곡'을 좋아했다. 80이 다된 아직도 베를리오즈처럼 환상 속에 살고 있지는 않는지…. 애써 현실을 외면하는 그와 애써 현실에 직면해 사는 내가 때론 말도 안 되는 그의 감정 사치로 마찰할 때마다 자기의 장례식 그 종소리를 듣는 환상에 사로잡혀 사는지도 모를 일이다.

유혹

"하, 어떻게 하지?"

거나하게 취해서 밤늦게 들어온 남편이 연신 혼잣말로 중얼거린다. 좌불안석이다. 뭔가 당장 결정하지 않으면 안 되는 모양이다. 무슨 문제냐고 털어놔 보라고 남편을 채근했다.

주무관청과 건축 업자의 비리를 본인만 알고 있는데 눈감아 주면 1억을 주겠다고 했다는 것. 큰맘 먹고 눈 한번 딱 감는데 1억이라, 남편은 거액의 유혹에 흔들리는 중이었다. 30년 일한 퇴직금보다 더 많은 액수다. 퇴직금을 지금 당장 일시불로 받는다 해도 이 돈에는 턱없이 못 미친다. 어쩌면 봉급쟁이가 평생 만져볼 수도 없는 목돈일 테니 기회라면 기회다. 그 앞에서 어찌 흔들리지 않을 수 있으리. 33평 아파트 한 채 값이니 나 역시 구미가 당겼다. 내가 그러자 하고 부추기기만 하면 그 돈은 당장 우리 수중으로 건너와 전셋집을 면하게 해줄 도깨비방망이다.

하나 그럴 수는 없었다. 우리는 신혼 초에 봉급 외의 눈먼 수입에 대해선 그 어떤 유혹도 뿌리치고 오로지 기자의 사명만을 잘 지키며 살자고 약속했다. 그래야 이다음 우리 아이들에게 '아무개의 새끼'라는 욕설을 유산으로 물려주지 않게 된다고.

그리고 그 약속은 여태껏 잘 지키고 있었다. 그 대신 부족한 생활비는 내가 맞벌이해 충당했다. 그런데 지금 와서 왜 그 돈이 갑자기 탐 나느냐고 물으니 "그냥!" 하면서 멋쩍게 웃는다.

"필요하면 내가 더 벌어 보탤 테니 봐줘도 괜찮은 일이라면 화끈하게 봐주세요!,"

남편은 그 한마디에 마음의 갈등을 가볍게 날려 보내며 간단히 1억 원을 포기했다.

"그래, 역시 내 마누라야!"

혼자의 의지로는 1억 원을 선뜻 포기하기가 너무 아쉬워 그렇게 말해주기를 기다렸을 것이다. 그 얼마 후, 일은 엉뚱한 곳에서 터졌다. 남편이 눈감아 주었던 일이 모 일간지에 대문짝만 하게 실렸다. 그 신문에는 남편의 이름이 맨 첫 번째로 올라가 있었다. 비리를 봐준 대가로 뒷거래했던 기자들과 관련자들이 줄줄이 구속됐다. 남편의 이름이 신문에 올랐으니 남편 회사에선 비상이 걸렸다. 남편 역시 그날로 경찰서에 불려 가 조사를 받았지만 무혐의로 풀려났다. 나는 기가 막혀 왜 불명예스럽게 당신 이름이 신문 맨 앞줄에 올랐느냐고 물으니 힘 있는 신문사 기자 이름을 팔면 봐줄 줄 알고 그랬다고 하더라는 피의자의 진

술이라고 했다. 후일 그 무혐의 때문에 안대희 중수부장이 친구 데리고 나오면 술 사준다고 해 술 얻어먹었노라고 자랑했다.

"봐요, 어른 말 잘 들으면 자다가도 꿈에 떡 얻어먹는 법, 내 덕에 큰 집 안 간 줄 아세요." 하고 농담하며 웃었던 그때가 1988년도의 얘기다.

어렸을 적, 나는 가난하게 살았는데도 돈에 별로 집착하지 않았다. 때론 그런 내가 스스로 대견해 자화자찬도 한다. 그것은, "돈은 있다가도 없고 없다가도 있는 것이니 사람을 더 귀하게 여겨라!" 하고 일러주신 아버지의 가르침 덕분이다. 그래선지 사람의 됨됨이나 인품이 고매하고 사람 냄새가 나면 남녀노소 불문하고 나는 그 매력에 푹 빠져든다.

요즘 부쩍 거액의 뒷거래로 술렁대는 사회를 보면서, 비리를 보고 자란 아이들이 죄책감도 없이 공공연하게 비리를 저지를까 겁난다. 나도 큰돈의 유혹을 가볍게 물리칠 수 있도록 남편을 만류할 수 있었던 것은, 돈보다 명예와 자존심과 사람을 더 귀히 여기라는 아버지의 가르침을 유산으로 받았기 때문이다.

남편이 1억 원의 유혹을 외면하고 7년을 더 근무하고서 받은 퇴직금은 그 돈의 39%였다. 그러나 사건을 터트리지 말고 눈감아 달라고 유혹했던 그때가 바로 기자들의 요순시대가 아니었던가 싶기도 하다.

유혹 | 147

앞으로도 먹을 수 없는 포도밭의 신포도 유혹은 끊임없이 여우의 입맛을 자극하겠지만 자기 위치를 깨닫고 돌아설 줄 아는 '여우'의 결단이 공직자들에겐 덕목으로 꼭 필요하다. 청백리까지는 아니더라도 청렴도가 자존심이기를 기대하면서 가난하고 어렵던 시절에도 황금 보기를 돌같이 하라 가르쳤던 최영 장군의 뜻이 이 사회에 더욱 만연하기를 바라는 마음이다.

하느님은 돈을 우상으로 섬기지 말고 네 이웃을 네 몸처럼 섬기며, 재물은 하늘에 쌓아야 한다고 이르셨다. 그리고 가장 미소한 자에게 베푸는 것이 곧 내게 함이라고.

The Black Madonna
흑인 성모님

비바 파파!

한국을 처음 방문한 프란치스코 교황님이 대전 월드컵 경기장에서 성모승천 대축일 미사를 집전하셨다.

제주도를 비롯한 전국의 신자들이 모여 교황님이 주례하시는 미사에 참석했는데, 운동장과 관중석은 입추의 여지 없이 신자들로 넘쳐났다.

넓은 운동장의 정중앙 앞자리에 위안부 할머니들과 세월호 유족들이 근거리에서 교황님을 뵐 수 있도록 자리를 배치했다. 우리 성당 교우들 십여 명도 3층 관중석에 앉아 먼발치에 있는 대형스크린으로 무대를 바라보았다. 식전 행사로 성악가 조수미 소화 데레사가 온몸으로 열창하는 넬라 판타지아를 들으며 전율했다. 이어 교황님이 입장하시자

"비바 파파! 비바 파파!"

신자들이 운동장이 떠나갈 듯 교황님을 연호하며 함성으로

환호했다. 교황님 뒤를 따라 전국의 사제단과 수녀들 수도자가 입장했다. 나는 대형스크린으로 교황님이 집전하시는 미사를 드리는 것만으로도 황감해 눈물이 났다. 참으로 영광스럽고 복된 자리였다. 이어 교황님의 미사가 시작되었다.

도미누스 보비스꿈(Dominus vobiscum)
주님께서 여러분과 함께.
엣꿈 스피리뚜 뚜오(Et cum spiritu tuo)
또한 사제와 함께.

참으로 오랜만에 들어보는 라틴어 미사다. 1960년 3월 20일, 나는 완도공소에서 카타리나로 세례를 받았다. 성당 마당에는 축복이라도 하는 듯 하얀 목련이 활짝 웃고 있었다.

파란 눈의 신부님은 해남성당에 상주하면서 서너 달에 한 번씩 완도공소를 방문하셨는데 그날은 공소의 잔칫날이 되었다. 새 신자들의 세례식을 미사 중에 행하고 밀떡에 포도주를 적셔 양 영성체를 처음으로 모시게 하는 복된 시간이 주어진다. 그런 교중미사가 끝나면 전 신자들이 모여 함께 음식을 나눴다.

신부님은 교리 방에 빙 둘러앉은 예비신자 만을 상대로 1:1 찰고察考를 하셨는데, 교리문답은 믿을 교리 110문제와 지킬 계명 110문제 그리고 성총을 얻는 방법 100 문제 총 320문항이었다. 그 문답 중에서 몇 문제를 무작위로 뽑아 물으면 막힘없이 대답해야 시험에 통과했다.

"천주는 누구시뇨?"
"천주는 천지를 창조하신 분이시니라"
"천주는 어디 계시뇨?"
"천주는 아니 계신 데 없이 곳곳에 다 계시니라"

이런 문답에 막히면 다음에 다시 사제가 방문할 때, 그때의 문답에 이어 물었다. 구두시험에 다 패스해야만 세례를 받을 수 있었는데 그 과정이 더러는 3년씩 걸리기도 했다. 그 철저한 교리 공부 덕택에 교리 지식이 뇌리에 박히는 효과는 참으로 컸다.

내가 세례받았던 때는 방인 사제가 드물어 파란 눈의 외국 사제들이 어눌한 한국어로 신자들과 소통하느라 애로가 많았다. 그때의 미사통상문은 라틴어를 소리 나는 대로 표기해 줘 그대로 읽으면 막힘없이 미사를 드릴 수 있었다. 성가 역시 라틴어를 우리말로 발음해 불렀다. 그런 연유로 교황님이 집전하시는 라틴어 미사가 새삼 50여 년 전의 감회에 젖게 한다.

미사가 끝나고 교황님은 세월호 유족 중에서 교황님께 당일 세례 받은 신자와 수놓은 수예품을 교황님께 직접 드린 위안부 할머니를 안아준 다음 퇴장하셨다. 낮은 자를 대접하고 위로하러 오신 프란치스코 교황님께 나는 무한한 신뢰와 존경과 사랑을 보내면서 그 자리에 함께한 것만으로도 더욱 미쁘고 감격스러웠다.

다음날은 서울 광화문 광장에서 복자 124위 시복식 미사를 집전하셨는데 TV로 생중계했다. 순교 당시의 순교자들 죄목은 '천좍쟁이'였다. 천주를 믿으면 조상의 제사를 지내지 않는 불효를 하고 이는 곧 불충이 된다는 연유였다. 거기에 남녀 7세 부동석인데 천주학쟁이들은 남녀노소는 물론 주인과 노비가 평등하게 동석해 앉으니 이런 파격이 마치 역모만큼 하극상의 전범이었으리라. 온갖 고문과 박해를 자행하며 배교를 회유했지만, 끝내 웃으며 기쁘게 순교하였던 것.

한국 순교 사화를 읽다 보면 사람이 사람을 어찌 그리 참혹한 방법으로 죽일 수 있는지 몸서리쳐졌다. 지금도 머릿속에 각인되어 있는 처형 방법은 10명 20명씩 통나무 위에 이마를 대고 엎드리게 하고 위에서 원통의 나무를 내리쳐 머리통을 박살 내 한꺼번에 참살하는 방법이었다. 그것을 고안해 낸 자가 누군지….

자기의 실책을 덮고자 천주교인들을 그토록 박해했던 흥선대원군도 아내와 며느리가 신자였음을 알고 임종 직전에 대세를 받고 운명했으니 이 아이러니를 어떻게 설명할 수 있을까.

복자품에 오른 124위는 순교한 지 200년이 지나서야 공식적으로 인정 받았으니 우리나라는 순교복자 124위와 순교성인 103위를 모시게 된 신심의 부자나라다. 그러나 실제로는 여산성지며 새남터 등에서 참혹하게 죽어간 이름 모를 무명의 순교자들이 훨씬 더 많다.

교황님은 자신의 휴가 중에 우리나라의 순교지 현장을 둘러보고 그 현장에서 시복식을 거행하셨다. "거리로 나가서 만나라"는 예수님의 가르침대로 베드로 성인의 후계자임을 입증해 보이신 것이다.

유럽을 여행하다 보면 어느 나라를 가든지 관광코스에 반드시 성당이 들어있다. 나는 마치 내 집에 들어가듯 보무도 당당하게 들어가 입구에 있는 성수를 찍어 성호를 긋고 제대 앞까지 걸어가서 장궤틀에 무릎을 꿇는다. 그리고 예수님 고상을 바라보면서 기도드린다. 미천한 저를 당신 백성으로 선택해 주셔서 감사하고 지금껏 무탈하게 지켜주셔서 감사하다고. 그런 다음 그때그때 상황에 따라 기도하다 보면 금방 코끝이 시큰하고 눈물이 난다.

그때도 그랬다. 우리 부부는 파리 시내를 관광하다가 그날이 마침 일요일이라 관광코스 하나를 접고 노틀담 성당을 찾아들었다. 불어로 드리는 미사니 알아들을 순 없지만 나는 마침 한국에서 고백성사를 보고 간 직후라 영성체를 모실 수 있어 얼마나 좋던지.

어디 그뿐인가, 스페인에 갔을 때는 사그라다 파밀리아 성당에 들어가 성당 안을 둘러보면서 400년 동안 짓고 있는 대성당의 웅장하고 아기자기한 그 대단함에 입을 다물지 못하고 찬탄했다. 가우디는 이미 고인이 되었으나 공사는 다음 건축가에게 바통 터치되고 애초 설계 도면을 바탕으로 다소 수정 보완해 가며 계속 공사 중이었다.

하느님을 아버지로 모시는 뒷배의 힘은 참으로 대단해서 성지를 순례하거나 성당 안에 들어가 잠시 묵상하고 기도드리다 보면 내가 특별한 은총 속에서 보호받고 있다는 느낌이 든다. 요즘도 성체를 받아 모신 후 자리에 돌아와 앉을 때면 알 수 없는 감동으로 가슴이 뭉클해지고 코끝이 찡해지며 눈물이 난다.

이즘의 나를 묵상해 본다. 이탈리아 시에나의 카타리나 성녀께선 프랑스에 피해계신 교황님도 로마로 돌아오게 하셨고, 짧은 생을 사시면서도 성서학자 1호로서의 업적이 대단하셨다. 그런데 나는 그 성녀의 이름으로 산 지 57년이 지났지만 온전하게 이뤄놓은 게 없으니 '하느님 보시기에 좋더라' 하는 칭찬을 언제쯤 들을 수 있을지?

요즘도 "주님! 오늘 하루도 아버지께 봉헌하오니, 아버지께서 주관하시고 살펴주시고 보호하시고 도와주소서. 또한 기쁨, 사랑 희망 평화 행복 감사 화목 가득한 하루가 되게 해주십시오" 하고 기도한다.

단 하루도 정식으로 앉아 온전히 하느님을 묵상한 적 없이 그저 달라고만 요구하는 시시때때로 쏘아 올린 화살기도의 가벼움이 그저 송구스럽기만 하다.

세모 영성체

우리 집 거실의 하얀 벽면엔 십자고상이 걸려있다.

그 아래로 삼단 장식장이 있고 그 장식장 맨 위에 올려놓은 자그마한 유백색 달항아리 하나. 그 몸통에는 빨간 십자 표시가 작은 원안에 들어있고 그 아래 **故** 김수환 추기경님의 친필 휘호가 사인과 함께 쓰여 있다.

"서로 밥이 되어주십시오."

하루에도 수십 번 그 앞을 오가는데 그때마다 그 말씀에서 생명력이 느껴지곤 한다. 서로에게 밥이 되라는 것은 희생과 봉사로 서로를 살리라는 상생의 의무와 함께 양보하고 희생하면서 서로를 아끼고 위하라는 것이니 그건 아무 조건 없는 부모 자식에게서나 가능하지 않겠는가. 그러기에 좁게는 가정에서부터 넓게는 지구촌의 모든 이들에게 권장하는 메시지다.

예수님께선 수난 전날 열두제자들과 최후 만찬을 하시면서 앞으로 일어날 일들을 예고하신 다음 빵과 포도주를 들고 하늘에 감사를 드린 후 나눠 주신다. 그것은 처음부터 인류를 죄에서 구원하러 세상에 오셨고 영혼을 구하는 밥으로 먹히러 오신 본뜻을 비로소 드러내셨다. 미사는 그런 예수님을 기리는 제사로서, 사제가 성체를 높이 들어 올리며

"보라! 하느님의 어린양 세상의 죄를 없애시는 분이시니 이 성찬에 초대받은 이는 복되도다."라고 하실 때 나는 그 거양 성체를 바라보며

"주님! 당신을 받아 모시고 그 은총 안에 오래 머물러있게 해주소서." 하고 입속으로 뇐다. 이어 들어 올린 포도주의 성작을 바라보고

"당신의 거룩하신 피가 저의 죄를 말끔히 씻어주시리라 굳게 믿습니다." 하고 고개를 깊숙이 숙인다. 그 순간 모든 잘못의 원천이 네 탓이 아닌, 내 탓임을 깊이 성찰하여 용서받으며 외롭고 힘들었던 상심도 치유 받아 마음의 평화를 얻는다.

면 단위의 시골 성당은 주일에도 미사 한대뿐이다. 그마저도 농번기엔 자리가 성글다. 더구나 평일 미사에는 신자가 손꼽을 정도여서 거양 성체를 받아 모실 기회가 종종 온다. 어쩌다 세모난 밀떡을 받아 모신 날엔 마치 삼위일체 이신 주님을 직접 영접한 듯 감격해서 코허리가 시큰해지며 울컥 눈물이 난다. 평

소에도 영성체를 모시고 자리에 돌아와 앉으면 하찮은 나를 당신의 백성으로 선택해 주신 은혜에 감사하면서 알 수 없는 감동으로 가슴이 뭉클해지곤 하는데, 하물며 사제가 높이 들어 올리신 거양 성체를 쪼개어 드시고 남은 세모 성체를 주신 날은 예수님의 각별한 사랑마저 느끼는 것이다.

신자라면 누구나 모세가 시나이산에서 받은 십계명을 지키는 건 당연한 의무다. 그런데 하지 말라는 금기보다 하라 이르신 말씀의 실천이 더 어렵다. 가장 미소한 자에게 베풀라고, 네 이웃을 네 몸처럼 사랑하라고 하신 말씀을 실행하지 못한 마음은 늘 체한 듯 얹혀있다.

예수님 식탁에 앉아 예수님 몸을 밥으로 받아 모신 지 어언 60년, 그런데도 서로 밥이 되라 하신 故 김수환 추기경님의 말씀에 아직 이르지 못하고 있으니, 설익은 내 밥은 언제쯤 먹힐 밥으로 뜸 들어 있을지.

하느님은 그런 나도 한없이 사랑하시니 그래도 마냥 뒷배 든든하기만 하다.

서로 밥이 되어 주십시오
-故 김수환 추기경님 영결미사에 부쳐

잠결에 들은 찬송가는 천사들이 천상에서 부르는 듯 성스러웠다.

나는 자리에서 슬며시 일어나 몽유병자처럼 그 소리를 좇아 긴 골목을 빠져나왔다. 캄캄한 새벽에 유난히 한길을 밝게 비춰주는 집이 있어 그 집 앞에서 걸음을 멈췄다. 큰 유리창으로 안이 환히 보이는 집은 부잣집으로 소문난 경찰서 사찰 계장의 집이었다.

집 안에는 성탄절 트리가 크게 서 있고 새벽 송을 부르던 성가대원들이 방안에 빙 둘러앉아 다과를 나누고 있었다. 그 모습이 더없이 정겹고 친근하게 보여 한참 동안을 바라보고 서 있었다. 그때 누군가가 나를 발견하고 '가라'고 손짓했다. 그러잖아도 겸연쩍던 나는 돌아서면서 생각했다. 어린아이를 봤으면 "아가, 이리 온!" 하고 반겨주며 기쁨을 함께 나눠야 맞는 게 아닌가

하고.

무안함을 스스로 달래며 집으로 돌아와 다시 잠자리에 들었다. 그것은 식구들 아무도 모르는 유년의 비밀, 아니 딱히 비밀이랄 것도 없이 지금까지 발설해 본 적 없는 얘기다. 그 후 초등학교 저학년 때 친구 따라 교회에 잠시 다닌 적 있는데 그때 외워진 찬송가 몇 소절은 지금도 입안에서 불쑥불쑥 튀어나오곤 한다.

'공중 나는 새를 보라 농사짓지 않아도/곡식 모아 곳간 안에 들인 것이 없으되/세상 주관하신 천부 새를 먹여 주시니….'

가끔 그 노래를 흥얼거리다 보면 공중 나는 새도 먹이는 분이시니 너희가 무얼 먹을까 무얼 입을까 걱정하지 말라는 하느님의 말씀과 함께 그 유년의 새벽이 기억 저편에서 딸려 나온다.

당시 천주교에선 교리를 제대로 알지 못하면 세례를 주지 않았다. 매월 벽안碧眼의 신부님이 해남 본당에서 완도공소를 방문하는 날이면 마치 잔칫집처럼 신부님께 드릴 음식이며 선물을 준비했다. 예비 신자들은 남녀노소를 불문하고 밤늦게까지 320문항에 대한 교리문답 시험을 치러야 했는데 한 번에 다 통과하지 못하면 두 번 세 번에 나눠서 통과한 후라야 세례받을 수 있었다.

문답 시험은 믿을 교리, 지킬 계명, 성총을 얻는 방법의 320문항으로 640개를 다 외워야 하느님의 백성이 되었다. 나는 이 과정을 거쳐 하얀 목련이 흐드러지게 피던 1960년 3월 21일, '성녀 카타리나'의 세례명으로 천주교회에 입문한 것이다.

그때부터 하느님은 나의 든든한 뒷배였다. 무모하리만큼 겁이 없어졌고 무엇이든 그분께 맡기기만 하면 그만이었다. 어떤 날은 공소예절을 마치고 밤늦게 귀가하다가 교우 몇이 비 오는 들판으로 몰려가 도깨비불을 확인한다며 반짝이는 발광체를 찾는 객기도 부렸고, 또 어떤 날은 아버지의 노안이 밝아진다는 효심 하나로, 도한(백정)을 아버지로 둔 친구네 집에 찾아가서 갓 잡은 돼지 생간을 사 들고 칠흑같이 어두운 밤길을 혼자 걷는 호기도 부렸다. 그럴 땐 옛날에 들은 귀신 얘기로 머릿속이 가득 차 귀신이 생生 간을 쫓아올지도 모른다는 생각으로 온몸에 소름이 쫙쫙 돋았다.

더구나 집으로 가는 길은 초등학교 운동장을 가로질러가야 빠른데 학교가 예전에 공동묘지 터였다는 얘기를 얼핏 들은 후로는 시커먼 밤바다의 철썩거리는 해조음을 들으며 학교 뒷담길 그 긴긴 담장을 끼고 마을의 희미한 불빛을 이정표 삼아 마을 어귀 갈래 길에 이를 때까지 걸었다.

"주여 어서 오소서/내 마음에 오소서/애타게도 바라니/어서 빨리 오소서
예수 없이 내 영혼/어찌 능히 살리요/이렇듯이 애원함/굽어

들어 주소서."

애써 담대한 척 성가 4절까지 되풀이해 읊조렸다. 어쩌면 입과 발과 심장이 정신없이 빨랐던 그 청소년기가 내 신심과 효심의 절정기가 아니었을까.

어린 날 새벽 송을 찾아 나섰던 그 성탄절 새벽으로부터 반세기가 훨씬 더 지난 오늘, 나는 검은 옷을 입고 우리 집 거실 TV 앞에 무릎을 꿇고 앉아 故 김수환 스테파노 추기경님의 장례미사를 드리고 있다. 추기경님의 5일 장을 치르는 동안 명동성당의 빈소 한번 다녀오지 못했고 가톨릭 문인회원이란 본분조차도 다하지 못한 채 정진석 추기경님이 집전하시는 5일 장의 마지막 영결미사를 화면으로 함께 하는 2시간 내내 뜨거운 눈물을 흘렸다. 친정아버님을 여읜 지 올해로 39년째, 은연중에 추기경님을 아버지처럼 의지하고 살았던 듯 그분을 잃은 상실감과 공허함은 마치 육친을 여읜 설움 같았다.

김수환 추기경님은 극심한 육신의 고통을 받으면서도 남을 먼저 배려하셨으니, "서로 사랑하세요. 고맙습니다."란 말씀을 항상 잊지 않으시며 안구까지 기증하고 가셨다. 매스컴을 통해 그분 생전의 행적이 보도되면서 그 사랑의 실천은 신자 비신자 할 것 없이 모든 국민에게 큰 감동으로 메아리쳤다. 하지만 그보다 더 먼저 우리 신자들에게는 평소에도 늘 따로 가르치던 말씀이 있었으니

"서로 밥이 되어 주십시오." 하는 서로에게 먹히는 삶을 권유하셨던 것. 온화한 미소와 천진한 표정이 말해주듯 평생을 사랑 나눔으로 사셨던 그 어른을 이제는 어디에서 뵐 수 있으리.

모세가 시나이산에서 받은 십계명은 별로 지키기 어려운 규율이 아니다. 그러나 반드시 행해야 하는 신자로서의 덕목인 "원수를 사랑하라, 일곱 번씩 일흔 번도 용서하라, 네 이웃을 네 몸처럼 사랑하라, 가장 미소한 자에게 베푸는 것이 곧 내게 함이라." 하신 말씀은 아무리 좇으려 해도 아직 멀기만 하다.

거실의 장식장 위엔 성모상이 놓여있고 그 옆에 故 김수환 추기경님의 어록이 새겨진 조그만 달항아리 한 점이 이제 그분의 유품으로 남았다.

"서로 밥이 되어 주십시오." -추기경 김수환-

이 말씀을 추기경님을 받들듯 죽는 날까지 받들고 살리라 마음먹는다.

남매의 5월 일기
－평화방송 다큐멘타리

　은혼銀婚을 시작으로 해마다 구혼 여행을 해외로 나갔다.
　하느님께, 당신이 지으신 아름다운 세계를 볼 수 있도록 날씨를 축복해 주시라고 기도했다. 그러면 하느님이 지으신 그 아름다운 세계를 글로 쓰겠다고 약속했다. 그리고 캐나다의 로키를 예찬한 수필『로키표 빙수』로 1993년 여름 창작 수필 신인상으로 등단했다. 그 후부턴 신기하게도 여행 가는 곳마다 날씨가 쾌청해 자연을 가슴 벅차게 볼 수 있었는데, 버스에서 내리면 오던 비도 그쳤고 버스를 타면 다시 비가 오는 기이한 일도 참 많았다.
　난생처음 버스를 타고 공무원 시험을 보러 갔던 열아홉 촌뜨기가 심하게 토하며 시작한 탈것의 단련은, 비행기를 타고도 거뜬해져 60여 개 나라의 멋진 풍광과 문화를 접할 수 있었으니 유서 깊은 유럽의 성당들을 둘러보고 견문을 넓힐 수 있도록 해

주신 것은 오직 하느님의 특별한 은총이었다고 밖에는 달리 설명할 길이 없다.

인천 남동공단에 입주해 있을 때 인천의 중소기업 대표들과 판문각을 넘어 개성공단으로 투자 상담차 갔다. 남한의 한사람 인건비로 30명을 고용할 수 있다는 차이를 그때 알았다. 또 중소기업 중앙회장인 P의원과 취재기자들과 전국 중소기업 CEO 40여 명이 중국 철령鐵嶺에 투자 상담차 갔을 땐 당서기장과 휘하의 관료들과 함께한 만찬 자리에서 자라 쓸개 술의 에메랄드빛에 반했고, 상다리가 부러질 만큼 융숭한 대접도 받았다. 또 연변의 중소기업 백화점 개점식에도 참석했는데 중국어 연설을 우리말로 통역하느라 오래 걸렸다. 우리나라 상품이 진열된 매장을 둘러보고 나오는데 수많은 고객이 운집해 있다가 몰려들어 개점 2시간 만에 모든 물건이 동났다는 후문도 들었다. 윤동주 시인의 용정중학교며 독립군들이 마셨다는 용두레 우물터며 선구자들의 말발굽 소리가 들리는 것 같은 일송정에도 가보았다.

인천의 여성 기업인들과 중국 쪽으로 백두산을 오르면서는 하느님이 반드시 천지를 보여줄 것이라는 내기를 하기도 했다. 사흘을 기다렸어도 못 보고 간 사람들이 많다는 천지를, 하느님은 단 30분 머무르는 동안에 환하게 보여주셨다. 이다음에도 해외여행 올때는 반드시 조 사장을 대동해 오자고 농담할 정도였지만 나는 안다. 하느님이 지으신 아름다운 세계를 보여주신 이유를.

2000년도에 ㈜바네스 법인을 설립하고 33주년 구혼 여행을 요르단으로 떠났다. 이스라엘을 돌아보는 성지순례였다. 시나이산을 오르기 위해 새벽 2시에 쌍봉낙타 등에 올라앉아 두 시간을 올라갔다. 낙타에서 내려 잠시 휴게소에 들러 따끈한 차 한 잔으로 고산의 한기를 달랜 다음 헬퍼의 도움을 청했다. 구불구불한 산길을 오르는 동안 숨이 막혀 심장이 멎을 것 같은 상황에서, 헬퍼는 내 손을 잡아끌거나 엉덩이를 받쳐 밀어 올리며 두 시간을 걸어 올랐다. 잠시 숨을 고르느라 서 있을 그때였다.

"아직 멀었다. 내게로 오는 길이 그리 쉬운 줄 알았더냐?" 하시는 말씀이 귓가에 들려왔다. 순간 이곳에서 심장마비로 죽는 일은 없겠구나 하고 안심이 되면서 아직 할 일이 더 남아 있다는 뜻으로 받아들여졌다. 법인을 설립하고 하느님을 사장님으로 모시고 지배인으로 일하겠다고 자처했으니 그동안 수고했다는 상급으로 시나이산으로 불러주셨다고 생각했는데 되레 야단맞은 기분이었다. 가파른 산길을 2시간을 걸어 올라 모세가 십계명을 받은 시나이산 정상에 섰다. 붉게 물든 새벽하늘의 여명이 너무도 휘황하여 황홀했다. 해맞이할 자리를 잡고 앉아 떠오르는 태양을 향해 한참을 기도한 후 헬퍼를 찾으니 오간 데가 없었다. 사방을 둘러봐도 보이지 않았다. 기이한 일이다. 날이 밝은 후 내려오는 하산 길에도, 하산 후에 모이는 카타리나 수도원 앞에서도 그는 끝내 나타나지 않았다. 요르단 사람으로 보였던 콧대가 오똑하고 큰 눈에 눈빛이 강렬한 가무잡잡한 30대쯤의 젊은 남자 그는 정녕 뉘셨을까?

2011년 5월 25일, 영국 맨체스터에서 열린 유네스코 세계기록유산 심사위원들은 5.18민주화운동 기록물 전체를 만장일치로 유네스코 세계기록유산으로 등재한다고 세계에 공표했다. 꿈같은 현실에 가슴이 벅찼다.

1980년 5월 18일부터 5월 28일까지 목포에서 5.18 광주사태를 겪으면서 쓴 내 일기장과 남편 최건(동아일보 목포 주재)의 취재 수첩이 유네스코 세계기록유산으로 등재되다니 꿈만 같았다. 그뿐만 아니라 친정 오빠 조한유 씨(베드로)의 일기장도 유네스코 세계기록유산이 되었으니 우리 시댁과 친정 모두 가문의 영광이요 경사다.

그동안 정부 모르게 뜻있는 분들이 추진한 일이었다. 유네스코 심사위에서는 인쇄물이 아닌 생생한 육필 기록물을 보강자료로 요구해 그 기증자를 찾느라 애쓴 5.18 아카이브 설립 추진위원회 사무처장 홍세현(크리스터폴)씨의 공로였다. 그가 백방으로 수소문 끝에 주이택 씨(윤공희 대주교님 기사)와 당시 여고생이던 주소연 씨의 일기장, 동아일보 광주 주재기자 김영택씨의 취재 수첩 등 6명이 30년간 보관하고 있던 육필기록을 기증받아 영문으로 번역하여 유네스코 세계기록유산 심사위원회에 보냈다. 그리고 이듬해 5월에 심사위원들의 만장일치로 심사위를 통과, 세계만방에 선포하기에 이른 것이다.

　유네스코 세계기록유산이 되기까지의 비화는 접어두고라도 우리의 육필 기록이 5.18 광주 민주화운동 기록물 전체를 유네스코 세계기록유산으로 등재하는 마중물 역할을 했으니 이 얼마나 보람된 일인가. 그런데 일기장 4권과 취재 수첩 2권의 기증자 6명 중 5명이 가톨릭 신자라는 사실이다. 30년이 흐르는 동안 육필 기록이 거의 멸실된 시점에서 우리 부부가 장수로 귀촌한 3년 후에 우리 집에 와서 육필기록물을 가져간 것 또한 설명하기 어려운 아이러니다.

　이는 성서학자 1호가 되신 카타리나 성녀의 기질이 결코 나와 무관하지 않은 것 같기도 하고, 어쩌면 하느님의 뜻과도 무관하지 않은 것이라 견강부회도 해본다.

　우리 남매의 일기는 2016년 광주 평화방송에서 <남매의 5월 일기> 다큐멘터리로 60분의 전파를 탔고 그 공로로 제작자 김선균(라파엘)PD는 언론인 대상을 받았다.

　늘 주눅 들어 살아왔던 나의 부족함도 때로는 하느님의 도구로 쓰일 데가 있다는 사실을 위안으로 삼으며 낮은 나를 높여주신 하느님, 나의 하느님께 찬미와 흠숭 영광을 바친다.

뉘셨을까 그이는

여름날의 꼭두새벽, 사위는 어둡고 하늘엔 별빛이 총총했다. 옆 사람의 얼굴도 분간키 어려운 어둠 속에서 손전등 하나로 쌍봉낙타에 차례로 올려 앉히는 베두인의 익숙한 손놀림으로 내 차례가 되었다. 낙타의 등은 사람이 타고 앉긴 옹색했지만, 나는 최대한 낙상을 면하기 위한 자세를 취했다. 바로 앞서 출발한 남편의 낙타와 내가 탄 낙타의 간격이 벌어지지 않도록 하는 데만 온통 신경을 썼다.

"영혼은 낙타가 걷는 속도로 움직인다."라는 사막의 속담처럼 뚜벅뚜벅 산길을 오르는 속도가 여일하다. 한참을 오르다가 낙타 등에서 올려다본 밤하늘은 지상으로 가장 낮게 내려앉아 비취색의 아름다움으로 칠흑의 어둠과 조우遭遇하고 있었.

두어 시간을 올라 새벽 4시쯤 산 중턱 어딘가에서 내렸다. 그곳에는 기념품을 파는 매점들이 불을 밝히고 있었는데 방금 도착한 앞사람들로 가게마다 북적였다. 우리 부부도 잠시 따끈한 차로 몸을 녹였다. 산 중턱까지는 하느님으로부터 모세가 십계명을 받은 현장을 간다는 설렘으로 낙타의 등에 앉아 사막의 냉기와 피로쯤 참을 수 있었다. 그런데 앞으로도 두어 시간을 더 걸어 올라야 한다는 말에 나를 도와줄 젊은 미남 '헬퍼' 한 사람을 청해 눈인사하고 그의 곁부축을 받으면서 출발했다. 해발 2천 미터가 넘는 고산의 기압에 숨쉬기도 힘들었다. 오르면 오를수록 심장이 터질 것 같았다. 한참씩 가다 서기를 반복하며 숨을 골랐다. 홀로 오르기도 좁고 험한 가파른 길을, 헬퍼는 뒤에서 밀어 올리거나 앞에서 팔을 잡아끌며 도왔다. 남편이 걱정스러운 얼굴로 내 보폭을 맞추며 기다려 주었다. 그는 의외로 고산에 잘 적응하고 있었다. 그때, 하느님의 말씀이 내 귀에 들려왔다.

"그래, 내게 오는 길이 그리 쉬운 줄 알았더냐, 아직 멀었다!"

몇 해 전이다. 감히 꿈도 꿔본 적 없는 법인 (주)바네스 (주님께 반했습니다)를 설립하고 인천 남동공단에 제조공장을 겸한 복합건물 300평을 신축했다. 본인 소유의 사무실이나 자가 공장이 없는 여성 CEO들 11개 업체가 <여성 협동화 사업 조합>을 설립했다. 자기 자본 30%에 정부 지원 70%를, 3년 거치 5년 상환으로 융자받는 조건을 중소기업청과 중소기업 진흥공단이 주선해 줘서였다. 그에 앞서 나는 하느님께 훼방 놓아달라고 빌었다. 개인 사업도 벅찬데 법인까지는 정말 자신이 없었다. 그래도 꼭 해야 하는 일이라면 "하느님이 사장님 하시면 저는 지배인 하겠습니다." 하고 마음으로 빌었다. 그런데 훼방은커녕 정말 좋은 위치에 당첨된 것이다. 1층에는 소파 전시장과 피부관리실을, 옆으론 소파 공장 시설을 앉혔다. 그리고 2층은 넓은 사무실을 꾸몄다. 건물이 완공되자 주말을 이용, 부푼 꿈과 함께 신축사무실로 이사했다.

새 건물에 처음 출근한 월요일 오전, 사원들은 저마다 자신들의 책상 정리에 여념이 없었다. 그때, 불과 1m 간격으로 우리 공장과 바짝 붙어있는 옆 공장에서 검은 연기가 피어올랐다. 가슴이 철렁 내려앉았다. 건물의 화재보험도 미처 들기 전인데 불이라도 옮겨 붙으면 큰 낭패였다. 즉시 119에 신고했다. 이내 소방차가 달려와 우리 주차장에 세우고는 수도전에 호스를 연결해 진화를 시작했다. 우리 건물에도 쉴 새 없이 물줄기를 뿜어댔다. 오후 4시가 넘어서야 소방관들은 모두 철수했고 우리 공장도 무사했다. 참으로 하느님께 감사하며 가슴을 쓸어내렸다. 공장을 신축하는 내내 자금이며 크고 작은 걱정거리들이 정말 신기하게도 해결되었다.

건설경기와 부동산 경기침체로 인해 가구 업계가 모두 불황이다. 그런데도 이듬해에 제화製靴부를 신설했다. 시집간 큰딸이 국내에서 발행되는 바자, 보그, 엘르 등 여러 외국 잡지에 '구두 디자이너'로서 주목받고 있어 개인사업자로 적자에 허덕이고 있는 아이를 그대로 주저앉히기가 아까워 키워주고 싶은 어 미의 욕심에서였다.

　예쁜 여성 수제화를 만들어 몇 군데의 백화점에 입점시키고 회사의 대리점에도 공급하자니 숨이 찼다. 그러나 처음부터 고용 창출이 목표였고, 노사공동체로서 이윤이 창출되는 시점부터 아무도 모르게 나누겠다는 정신으로 하느님의 지배인을 자처했던 것. 그래서 하느님께서는 수고했다며 이 먼 곳까지 불러 잠시 휴가를 주신 것이라고 착각하고 있었는데 그게 아니었다. 다시 생각해 보니 아직 멀었다는 의미는 앞으로도 할 일이 남아 있다는 뜻과 지금 당장 여기서 심장마비로 죽는 일은 없을 것이란 생각이 들었다.
　시나이산 정상에 섰다. 하늘 가득 아름다운 여명이 황홀하게 퍼지면서 새벽이 희붐하게 밝고 있었다. 시나이산 정상에서 이토록 감격스러운 햇귀의 해돋이를 볼 수 있다는 게 믿어지지 않았다. 떠오르는 태양을 마주하고 머리를 숙였다. 콧등이 시큰해지며 눈물이 났다. 나는 크고 작은 소원을 빌기 시작했다. 먼저, 회사와 사원들의 안녕과 축복을, 그리고 간암으로 투병 중인 성규씨와 자궁암 수술 후 힘들어하는 친구 덕희와 뇌수술을 받은 베드로 형제님의 완치를 진심으로 빌었다. 그 밖의 이런저런 작은 소망들을 입속으로 뇌고 있는 사이, 해는 눈부신 빛살을 현현하게 방사하며 쑤욱쑥 올라왔다. 앞으로 해야 할 일에 대해서도 이런저런 계획을 세우며 산정에서 한참 동안을 머물렀다.

이젠 하산길이다. 옆 사람의 얼굴도 내려가는 지형도 훤히 볼 수 있는 밝은 아침이 되었다. 그런데 그 사람이 보이지 않았다, 눈이 크고 콧날이 우뚝하고 가무잡잡한 잘생긴 30대쯤의 요르단 헬퍼, 그는 대체 어디로 간 걸까? 나는 그를 찾느라 계속 두리번거렸고 하산길 내내 뒤를 돌아봤지만 아무 데서도 나타나지 않았다. 큰일 났다. 수고비를 줘야 하는데 이름조차 모르니 그가 나를 찾지 않는 한 방법이 없다. 처음 떠났던 떨기나무가 있는 카타리나 수녀원 앞에 일행들이 모두 모여들었다. 그런데 거기에도 그는 끝내 나타나지 않았다. 괴이쩍었다. 지금도 그때를 떠올리면 죄인의 마음이 든다. 참으로 불가사의한 일. 혹 예수님이 나를 지극히 가엾게 여기신 나머지 젊은 헬퍼로 오셔서 도와주신 것은 아니었는지….

이젠 모든 일 훌훌 털어버리고 햇살 넉넉한 산골에 내려와 가끔 평일 미사에도 참례하면서 소소한 일상도 감사하며 살지만, 그때의 그 기적(?)은 아직도 헷갈리고 있다.

뉘셨을까 그이는.

낮아져라!

전국에 계엄령이 선포된 1980년 5월 16일 저녁.

목포역 광장에는 3만여 명의 시민이 모여 민주화를 위한 범시민 촛불시위를 한 후 평화롭게 시가를 행진했다. 남편은 취재를 핑계 삼아 그 대열에 합류했다고 했다.

5월 18일엔 광주에서 시위 학생들을 군인들이 과잉 진압하면서 인명피해가 크게 발생했다. 같은 날 목포에서도 전의가 감지되어 혹시 모를 장기전에 대비해 생필품을 비축하려고 마트에 갔다. 쌀가게 들러서 쌀 한 가마 배달을 의뢰하고 마트에서 기본양념과 식품을 사고 약국에 들러 해열제며 진통제 등 비상약을 사고 있을 때 "전두환이 물러가라 울라울라"를 복창하며 시가지를 뛰는 데모대를 만난 것이다.

5월 20일 오후, 광주전화국 통신 과장 오빠와 전화하다 "지금 공수부대가 이리로 오고 있다. 다음에 통화하자." 그 말을 끝으로 광주와의 소통이 열흘 동안 완전두절되었다. 그때부터 광주는 무장한 군인들이 시위대를 대검으로 찌르고 총을 쏘며 강제 해산시켜 인명피해가 커졌고 이에 격노한 시민들이 몽둥이를 들고 시위에 합세한 것이다.

국영방송에선 연일 폭도들의 폭동이라며 유언비어에 속지 말라고 했다. 모든 교통이 두절된 광주는 완전 고립무원이었다. 나는 그 열흘 동안 보고 들은 모든 정황을 그대로 하느님께 호소하는 일기를 썼다. 남편은 시시각각의 현장을 취재해 시청 행정 전화로 본사에 송고하다가 나중엔 그것마저 차단되자 불발된 기사로 취재 수첩에 남아 있었다.

계엄군의 진압 작전이 펼쳐진 27일 새벽에 도청 부근에 사는 친구 사돈 부부가 500발의 총성을 세다가 더는 못 세고 중단했다고 하더라며 친구가 나중에 전해주었다.

5월 28일, 남편은 본사에서 내려온 지방부 차장과 함께 취재차에 사기를 꽂고 광주 상무대 현장을 방문해 늘비한 시체를 확인하고 돌아왔다.

그 후 보안사에 불려 갔다 온 남편이 우리 집에 도청 장치가 되어 있을지 모르니 말조심하라 입단속을 시켰고 기록물은 모두 태워 없애라고 했다. 하지만 나는 오히려 장롱 밑 깊숙이 내 일기장을 던져 넣었다. 남편은 보안사에 여러 차례 불려 다녔고 보안사는 친정 오빠까지도 불러 조사했다. 그런 후 6개월의 대기발령 끝에, 1980년 11월에 완전 해직당했다. 기자들에게 일괄

사표를 받아놓고 밉보인 사람에겐 돌려주지 않았으니 그렇게 잘린 기자가 무려 7백9십여 명, 전무후무한 일이었다. 하루아침에 직장을 잃은 남편이 5년을 방황하는 동안 나는 오락실을 운영하여 아이들의 코 묻은 돈으로 생계를 꾸려갔다.

그때 한 달간을 세실리아 언니와 함께 매일 아침 10시에 성당에 가서 감실 앞에 무릎 꿇었다. 날마다 기도하면서 때로는 뭘 잘못했느냐고 하느님께 묻고 따지면서 울기도 했다. 감실을 바라보며 묵상하던 어느 날 '낮아져라!' 하신 말씀이 들려왔다. 그랬다. 쥐뿔도 없는 게 교만했다. 남편은 5년을 복직을 기다렸으나 가망이 없자 그제야 기대를 접고 1985년 4월에 서울 종로에 있는 삼양사 편찬실 차장으로 취직하여 목포를 떴다. 그리고 그 6개월 후 우리도 당장 전학이 안되는 아이들 둘을 시어머니께 맡기고 인천으로 이사했다.

낯선 인천의 스산한 겨울이 가고 3월이 되었다. 날마다 신문의 구인란을 뒤적였다. 그리고 찾아간 곳이 한방 화장품 외판사원 모집이었다. 나름 콧대가 높았던 나에게는 사고의 대반전이 필요했다. 낯선 곳이니 아무도 몰라본다는 것 하나로 3일간의 교육을 받고 외판원 일을 시작한 첫날, 큰딸아이를 데려오기 위한 **뺑뺑이**를 돌리려고 학교 추첨장으로 갔다. 인천의 중고등학교에 결원된 숫자만큼만 채우는 좁은 문이었다. 교실은 남녀

열두 학년의 학부모로 넘쳐났다. 여고 1학년 대기자는 열세 명인데 결원은 2명뿐, 순간 하느님께 화살기도를 드렸다. 저보다도 아이를 맡아준 댁의 사정을 봐서 데려오게 해주시라고 간청했다.

일곱 번째로 나가 뺑뺑이를 돌렸다. 마음이 다급해 빨리 돌리니 불발 세 번 만에 핑크 알이 튕겨 나갔다. 당첨이다. 순간 감격의 눈물이 주르르 쏟아졌다. 여고 1학년 신학기 시작 한 달도 채 안 됐는데 당첨된 것이다. 1년을 기다렸다는 한 어머니는 몹시 부러워했다. 그날은 아파트단지의 가가호호의 벨을 눌러 문을 열어준 댁에 들어가서 난생처음 화장품 두 개를 팔고 나왔다. 아파트 문을 닫고 돌아서는 순간 뒤통수가 마치 불 담아 부은 듯 화끈거렸다. 나도 할 수 있다는 자신감의 희열이었다.

점심도 굶은 채 추첨장으로 갔는데 딸애를 데려오는 뺑뺑이까지 당첨되었으니, 하느님의 은혜를 실감하는 날이기도 했다. 집에 오기 바쁘게 고상 앞에 서서 거푸 다섯 번 큰절을 올렸다.

입사 3개월 만에 판매실적 1위에게 주는 금배지를 달았다. 그러나 그렇게 수입을 올리기보다는 직접 운영하여 나처럼 갑자기 힘든 과정을 지나는 사람들을 도와주고 싶었다. 업무 전반을 익히고 나서 1987년 3월, 1년 만에 순수자력으로 사무실을 열었다. 남편도 그해 가을 삼양사를 사직하고 다시 동아일보 인천 주재 기자로 복직했다.

우리 본사에서 시행하는 교육은 아무리 신언서판身言書判이 출중해도 영업 못 하면 꽝 된다는 세뇌 교육이 전부였다. 장사와 사업은 매우 다른 데다 사장의 역할이란 게 밑천 없이 맨몸으로 부딪혀 돈 버는 방법을 가르치는 일이니 애로가 많았다. 쫄딱 망하고 빈손으로 찾아든 완전 생배추 같은 스스로 잘난 여인들에게 자존심 내려놓는 정신교육으로 숨죽여 겨우 겉절이로 일선에 내보내는 일이니 나만 잘한다고 될 일이 아니었다.

많이 부족 했다. 늘 목말랐던 공부, 나는 1992년 3월 숭실대학교 중소기업대학원의 WAMP 여성 최고경영자과정을 수료했다. 그렇게라도 경영을 배우고 싶었다. 인천에서 승용차를 몰고 학교 가는 시간이 늘 설레었고 강의를 듣는 내내 행복하고 뿌듯했다. 그때 강사로 출강하신 전 이한빈 국무총리가 앞으로 10년 후엔 운전, 컴퓨터, 영어 못하면 '물러서거라!' 하는 뒷방늙은이 대접받는다면서 세 가지는 꼭 배우라고 하셨다. 나 역시 공부하기 싫어하는 젊은이들에게는 지금도 그 말을 꼭 일러준다.

"여인아! 내가 네 의중을 보노라." 하신 말씀처럼 하느님은 그대로 행하셨다. 사업을 시작한 후 몸으로 봉사할 시간이 없어졌으니 적으나마 물질로 봉사하겠다고 하느님께 약속드리고 목포에서 수녀님들이 운영하는 '경애원'에 매달 10만 원씩 14개월을 보내다가 중단했다. 매출 부진이 이유였지만 실은 사업자금 1천만 원을 빼내 울진 영덕에 3천 평의 임야를 샀기 때문이다.

낮아져라! | 179

금방 팔아준다던 중개업자가 3년 만에야 나타나 산을 처분해 주었다. 그날 받은 10%의 계약금 220만 원 전액을 그대로 목포 경애원으로 송금했다. 수녀님은 계좌를 묻는 내게 어려우면 안 해도 된다고 하셨지만, 나는 하느님께 진 빚이라며 갚았다. 그와 때를 같이해 본사가 부도 위기에 처해 전국의 지사장들에게 상을 걸었다. 선입금하면 리베이트로 물품을 주겠다는 것. 기회였다. 산을 처분해 받은 잔금 2천만 원을 그대로 송금했고 상으로 받은 물품은 운영에 많은 도움이 되었다.

사업이 어느 정도 안정되자 강화도에 짓는 가톨릭 신학교 건축헌금으로 두 평 값 500만 원을 신립 했다. 그리고 대전 대덕연구단지에 고층아파트 48평을 분양받았다. 살고 있던 인천의 아파트를 처분하고 대전으로 이사할 계획을 하고 있었기 때문이다. 인천 사무실은 그대로 운영하면서 대덕단지에 전문마사지실 '스킨프라자'를 오픈, 15명의 미혼여성을 채용하여 마사지 기술을 가르쳤다. 그때부터 인천과 대전을 매일 운전하며 오르내리느라 소득 없이 몸만 분주했다. 한데 난데없이 스킨프라자에 도둑이 들었고 일찍 출근한 사원을 겁탈하려다 미수에 그친 사건이 발생했다. 이어 경리가 금전 사고를 친 게 발각되었다. 범인을 잡고 보니 경리가 남자친구를 끌어들여 저지른 공범이었다.

하느님의 뜻이 아니라고 판단하고 대전사업장을 정리해 다시 원점으로 돌렸다. 그때까지 신립만 해놓고 입금 못 했던 건축헌금을 둘째 딸아이 결혼자금으로 들어둔 곗돈을 타서 완납하고 나니 마음이 홀가분해졌다. 세월이 한참 흐른 뒤 당시의 손해액을 계산해 보니 매달 500만 원씩 3년 치였다. "와, 무서운 하느님!" 웃음이 나왔다. 들어온 수입에서가 아닌 들어올 수입의 차단이었다. 하느님께 약속한 것은 뭐든 그 어떤 것이든 꼭 지켜야 한다는 것을 그렇게 깨달았다.

콜롬비아 보고타로 어학연수를 보냈던 막내딸의 귀국 일정에 맞춰 1993년 12월 31일 남미 5개국 23일 일정의 여행을 떠났다. 막내딸 마중을 나간 것이다. 새해 벽두에 브라질과 아르헨티나 칠레를 거쳐 페루 공항에서 1년 만에 숙녀가 된 막내를 얼싸안았다. 여행객들의 스페인어 보조 가이드가 되어준 막내와 페루의 유적지며 멕시코의 과달루페 성당을 방문, 묵주를 들고 무릎걸음으로 슬행膝行 참배하는 세계의 순례객도 보았고, '칸쿤'의 그 멋진 해변에서 몸을 적시는 모녀만의 망중한의 추억도 만들고 귀국했다. 그 후 매출실적 우수상으로 뉴질랜드와 호주를 다녀오기도 했다. 남편의 실직에 한이 맺혀 오로지 고용 창출에 역점을 두고 전력투구한 보람으로 1997년 초유의 IMF도 웃으며 넘겼다.

'낮아져라!' 하신 말씀은 새 그릇으로 만드느라 담금질해 두드린 하느님의 큰 뜻이었고 참사랑이셨다.

성모님께 바치는 글

앞산 솔밭에서 날아온 노란 송홧가루가 산지사방에 풀풀 날리고, 해당화의 그윽한 향기가 미풍에 실려와 코끝을 간질이는 5월입니다.

삼라만상은 흔전만전 핀 아름다운 꽃들로 치장했으며, 대지는 초록이 더욱 짙어가는 싱그러운 계절에 어머님께 삼가 글월 올립니다.

어머니!

저의 영원한 안식처요 고향이신 어머니를 입속으로 가만히 불러볼 때면 늘 코허리가 시큰해지고, 알 수 없는 그리움과 슬픔으로 제 눈가에는 이슬이 맺히곤 합니다. 언제 어느 때 불러봐도 좋기만 하신 내 어머니!

그러니까 정확히 2010년 전 성모님께서 예수님의 어머니가 되신 후, 아드님 예수께서 우리 죄를 대신하여 희생 제물로 십자가에 못 박혀 돌아가셨을 때, 어머니의 상심이 얼마나 극심하셨는지를 자식 넷을 키워본 어미가 되고서야 조금 알았습니다.

성모님께선 천상의 모후가 되셨음에도 이 땅의 모든 이의 영원한 어머니로 남아 주시어, 보잘것없는 제가 감히 어머니라 부를 수 있도록 해주신 그 영광과 은혜에 그저 감읍하옵니다.

어머니!

자식을 위해서라면 모든 걸 아낌없이 다 털어 주고 빈껍데기만 남았어도 더 못 줘서 안타까워하는 게 모정임을 이제 압니다. 자녀들이 장성하여 각자 자기 일을 하느라 어미를 찾아주지 않으면, 얼마나 보고 싶고 외롭고 허전하고 서운한지요.

저 역시 성모님께 그러했으니 이 불효를 어찌합니까. 열 손가락 깨물어 안 아픈 손가락 없다 하셨듯이 당신을 어머니라 부르며 매달리는 세계만방의 자녀들로 인해 날마다 얼마나 상심이 크신지요. 기쁜 일 보다는 안타까운 일들이 더 많은 게 인간사라, 전쟁으로 천재지변으로 또는 크고 작은 온갖 사고와 수난으로, 당신의 자녀들이 아우성칠 때면 어머님의 마음은 늘 찢어지게 아팠을 것입니다. 우리들의 세상사가 오죽이나 안타까우셨으면 파티마의 세 목동에게 세 번씩이나 발현하셔서 낙태하는 태아들을 위하여 기도하라 이르시고, 이 땅에 전쟁이 불식되고 세계평화가 빨리 오도록 묵주기도를 많이 하라고 하셨을까요?

저는 "파티마의 기적"이라는 영화를 보고서야 그 사실을 비로소 알았습니다. 공산정권이 모두 무너지면 한동안 평화가 올 것이며, 그 후 지구의 종말이 올 것이라는 예언처럼, 러시아의 공산정권이 무너진 때로부터 서서히 그때로 접어들었다는 생각을 해보곤 합니다. 성모님이 파티마의 광활한 언덕 그 하늘에 나타나시어 세 목동에게 발현하셨을 때, 12살이던 소녀 루치아는 수녀가 되어 파티마에서 조금 떨어진 도시 코임부라의 한 수도원에서 94세를 일기로 이태 전에 생을 마감하였다는 얘기를 포르투갈 현지에 가서 들었습니다. 그때 성모님이 발현하셨던 파티마의 그 광활한 언덕에는 지금 큰 성당이 세워져 있고, 그 넓은 경내를 세계 각국에서 모인 순례자들이며 관광객들이 당시의 기적을 느끼려고 날마다 모여들고 있었습니다.

저희 부부는, 결혼 25주년인 은혼 때부터 1년에 한 번씩 결혼기념일을 전후해 해외여행을 하고 있었는데 지난 2006년 해외여행 지는 포르투갈과 스페인 모로코 3개국이었습니다. 그런데 첫날 도착하여 여장을 푼 곳이 바로 파티마였습니다.

성모님의 발현지이니 미리 거리 구경이나 하자고 신자들 부부 세 가족이 나섰는데 아니, 이게 웬일입니까? 하필이면 그날이 당신께서 세 목동에게 두 번째 발현하셨던 6월 13일이었고, 그날을 기리기 위해 그 장소에 세워진 성당 마당에서는 성모의 밤 행사를 성대하고 거룩하게 진행하고 있었습니다. 우리는 허둥지둥 초를 사 들고 세계 여러 나라에서 모인 신자들의 대열 속으로 끼어들어 촛불을 밝히고 앉았습니다.

신부님의 입당으로 행사가 시작되고 각 나라에서 온 관광객 중에서 한 사람씩 뽑아 각자 자기네 모국어로 묵주기도 5단을 바쳤습니다. 우리 일행 중 한 가족은 남성 레지오 꾸리아 단장을 15년이나 맡아 하신 훌륭한 교수님이었고, 저희와 함께한 아녜스 언니네도 언니가 고등학교 2학년 때부터 시작하여 단 하루도 거르지 않고 묵주기도를 50년 넘게 바치고 있다고 하였습니다. 이 두 부부는 성모님께서 불러주실 만한 내공이 충분했지만, 저희 부부는 그동안 성모님께 드린 공덕이 하나도 없으니 그 자리에 앉아있는 것이 오히려 송구스러웠습니다.

묵주기도가 끝나고 성모상을 메고 성당 경내를 도는 뒤를 따르며 저는 또 한 번 놀랐습니다. 그곳은 오래전에 제가 꿈에서 봤던 광활한 언덕 바로 그곳이었기 때문입니다. 이건 우연이 아닌 필연으로 성모님이 우리를 특별히 불러주신 걸 깨달았습니다. 순간 얼마나 기쁘고 감격스럽든지요. 그때의 그 벅찬 감동을 저는 지금도 잊지 못합니다. 다음날 관광코스에 들어있는 루치아 수녀님의 생가를 방문하여 수녀님의 질부가 퍼주는 우물물을 한 컵 받아 마시고는 인간적인 욕심으로 다시 줄 서서 페트병에 또 한 컵을 받아와 우리 아이들에게 조금씩 나눠 먹였습니다.

어머니!

그동안 저는 어머님의 품을 떠나 25년을 대도시로 외롭게 떠돌면서 욕심으로 품었던 거품 같은 세상 것 다 정리하고, 이제야 어머니 앞에 섰습니다. 이곳 장수가 고향도 아니고 연고지도 아닌 사고무친이지만 뭔가 알 수 없는 하느님의 섭리가 이곳까지 저를 불러 내리지 않았을까 하고 생각해 봅니다. 앞으로 할 일이 있을 거란 생각도 함께요.

주님께선 그동안 저에게 호화롭고 존귀하게도, 미천하고 보잘것없게도 만들어 모두 겪어보게 하셨습니다. 그리고 필요하면 언제든지 주셨고 필요치 않으면 거둬 가셨으니, 제가 뼈를 묻을 생각으로 들어온 가엾은 저의 영혼도 영화롭게 거둬 주실 것을 믿습니다.

제가 늘 그렇게 살아왔듯이 앞으로도 알아서 부리실 것이고, 필요가 다하면 저를 주님 앞으로 불러 품에 안아주실 것을 확신합니다.

어머니! 좋으신 내 어머니!

모든 세파 다 겪고 지쳐서 돌아와 어머님의 품에 안기고 보니 어머님의 품이 얼마나 다숩고 안온한지를 알겠습니다. 항상 세상일이 먼저였고 어머니의 안부는 늘 뒷전이었던 불효를 더는 저지르지 않는 딸이 될 것입니다. 젊어서 어머니 품을 벗어났다가 다 늙어서 돌아온 이 못난 딸 카타리나는 이제 남은 생을 저의 영원한 안식처요 고향이신 어머님 품 안에 머물면서 어머니의 크신 사랑에 맛 들이겠나이다.

　아멘.

2010년 5월 27일

당신의 딸 조 한금 카타리나가 올립니다.

(장계 성당 성모의 밤 행사 때 낭독 원고)

보리수와 금메달, 그리고

 땄다. 매일 아침 보름 동안을 따고 또 땄다.
 가지가 휘도록 매달린 초록 노랑 빨강 열매 중에서 검붉게 잘 익은 완숙만을 골라 땄다. 어릴 때 자랐던 완도에선 파리를 포리라 했고 마치 파리가 똥 싼 것처럼 몸통 전체에 점점이 박힌 하얀 무늬의 작은 열매를 포리 똥, 또는 파리똥이라고 했다. '성문 앞 우물 곁에 서 있는 보리수'와는 일찍이 노래로 친했지만, 포리 똥이 보리수 열매인 것은 먼 훗날 알았다. 그런데 늘그막에 우리 집 울타리에서 그 열매를 거두리라곤 꿈에도 생각 못 했다.
 순전히 하느님이 지으신 농사다. 나는 토종 묘목 한 그루 심었을 뿐인데 10여 년이 지나니 몸통의 세를 불린 나무가 욕심껏 열매를 매달았다. 자잘한 열매들은 마치 뉴질랜드 와이토모 동굴 속의 반딧불이처럼 늘어진 실 끝에 매달려 있다. 참 예쁘다.

농익어야 떫은맛이 덜어져 새콤달콤해진다. 해마다 20kg쯤을 거뒀는데 올핸 웬일로 그 곱절이 달렸다. 높은 곳의 가지는 힘껏 잡아당겨도 부러지지 않고 낭창낭창 휘어진다. 농익을수록 금방 으깨지니 이내 설탕과 1:1로 효소를 담근다. 기관지 천식 해소와 설사 번열에 좋다니 오래 묵힐수록 효능이 있을 것이다. 올핸 수확량이 많아 잼도 만들어봤는데 손 가는 것에 비해 양이 적었다.

몇 해 전 블루베리 50주를 텃밭에 심었는데 시난고난 다 죽고 열댓 주 남았다. 서양의 귀화 목이라 성질이 까다로워 지난해에는 아예 큰 고무통에 피트모스로 심어진 나무 열 주를 더 들여왔다. 꽃이거나 작은 열매 때 솎아주어야 씨알이 굵어진다는 걸 경험한다. 몸에 좋다는 보라색 열매를 익는 대로 조금씩 거둔다. 알아서 잘 크는 우리의 토종 보리수와는 너무나 대조적이다.

그러고 보니 모든 열매는 딴다고 한다. 고추 오이 가지 호박 참외 수박 등의 채소에서부터 복숭아 포도 살구 자두 등 여름 과일이며 사과 배 감 밤 대추 호두 등 가을 열매도 모두 딴다. 우리 일상에서 따는 것이 어찌 열매뿐인가. 꽃도 따고 돈도 딴다. 오로지 따기 위해서 하는 노름은 패가망신 지름길이지만 불로소득의 허황한 기대심리로 중독도 된다. 게임이나 주식 증권 심지어 부동산 투자까지도 따기 위해 한다. 사람이면 누구나 이익을 내고 싶은 마음이 근본적으로 깔려있어 그 '딸 것'의 유혹을 뿌리치지 못한다.

그런데 온 국민이 기뻐하는 "땄다"가 있으니 전 세계가 열광하며 지켜보는 가운데서 기필코 따야 하는 것이 메달이다. 4년마다 나라를 바꿔가며 열리는 세계올림픽에선 사력을 다해 따려는 목표가 금메달이다. 국가의 지원과 선수 개인의 피나는 훈련과 기량 연마로 최종 국가대표가 되고 각국 선수들과 실력을 겨뤄 세계 일인자가 되는 수확이니 값지고 값지다.

요 며칠 35도가 넘는 찜통더위로 밤에도 숨이 막히는 시간에 프랑스 파리 올림픽경기를 보면서 우리 민족의 우수성을 마음껏 기꺼워한다. 조그만 나라 그것도 반쪽나라에서 어찌 그리 대단한 실력이 나오는지 자랑스럽기 이를 데 없다.

나이 어린 선수들이 따내는 메달이 장하고 자랑스러워 환호와 박수를 보내며 기뻐한다. 세계의 열강 대열에서 단연 우뚝 선 양궁의 10연패는 36년간 그 자리를 지켜온 신화다. 한국에 금메달을 주기 위한 올림픽이라는 얘기가 나올 정도라고 한다. 펜싱이며 사격 탁구 배드민턴 태권도며 역도 등 개인기가 뛰어난 종목이 우리나라의 위상을 높였다. 금메달 5개가 목표였다는데 금메달 13개 은메달 9개 동메달 10개로 세계 8위에 우뚝 섰으니 정말 정말 대단하고 자랑스럽다. 앞으로도 4년마다 따낼 메달이 대한민국이라는 나무에서 파리똥처럼 파랗게 노랗게 빨갛게 계속 익어가고 있다.

그런데 나는 세상에 실체가 없는 하느님 나무를 마음 안에 심었으니 그 나무는 사시사철 온갖 열매가 다 익어있어 언제고 따낼 그릇만 있으면 된다. 국가 간의 전쟁이나 나라 안의 정쟁, 사회의 불안이나 가정불화에는 초록의 평화를 따야하고, 한없는 열정으로 도약하고 싶을 땐 노란 희망을 딴다. 인품이 고매해지려면 보랏빛 감사를 따고 모두에게 나눠줄 열매는 빨간 사랑이다.

하느님은 언제든 필요한 만큼 따서 쓰도록 모든 열매를 다 익혀 두셨는데 아직 그 열매들을 다 따지 못해 아쉽기만 하다.

그대, 노래되어 오신 날

가톨릭 성가와 예술가곡으로 함께하는 '힐링 음악회.'

성당 출입문 입구에 간단한 다과를 마련해 놓고 교우 몇 분과 수녀님이 교우들을 반갑게 맞으며 팸플릿을 나눠준다.

장수군민을 위한 고품격 음악회 '밤과 꿈'에 초대한다는 인사말을 겸한 팸플릿을 받아 든 신자들이 하나둘씩 자리를 메운다. 군민을 위한 잔치라는 취지와는 달리 비신자는 별로 보이지 않았다.

저녁 8시가 되자 바리톤 가수 한동훈(다미아노) 선생이 연미복 차림으로 반주자와 둘이 제대 앞 단상으로 올라가 90도로 인사한다. 반주자가 피아노 앞에 앉기 바쁘게 이병기 작시 이수인 곡의 '별'을 노래한다.

바람이 서늘도 하여

뜰 앞에 나섰더니
서산마루에 하늘은 구름을 벗어나고

산뜻한 초사흘 달이
별 함께 나오더라.
달은 넘어가고 별만 서로 반짝인다.

저 별은 뉘별이고
내 별 또 어느 게요
잠자코 홀로 서서 별을 헤어 보노라.

 감동이다. 얼마 전, 8살 외손녀 클레어가 제 어미한테 배웠다며 음정 박자 가사까지 정확하게 불러 나를 감탄케 했던 애창곡이다. 박수갈채가 좁은 성당 안을 가득 채우면서 가수와 청중은 이내 하나가 된다.

 마이크를 잡은 그는 작년의 장계 성당에 이어 두 번째의 장수 방문이라고 자기를 소개했다. 광주 가톨릭신학대학을 중퇴하고, 경희대 음대 성악과를 졸업한 후, 독일의 바이마르 국립음대에서 음악 공부를 마쳤다는 것. 지금은 핀란드의 헬싱키에 정착하여 국립오페라단원으로 활동하고 있는데, 작년에는 '투란도트'의 중요한 역할을 맡기도 했다는 그의 말에 관객 모두는 아낌없는 박수를 보냈다.

핀란드는 피오르와 호수와 산에 둘러싸여 있는 숲속나라다. 그 숲속의 외딴집에서 외로움과 처절하게 사투했노라는 그의 말에 코끝이 찡하다. 밤에는 달빛과 별빛을 보고 자연과 교감하며 불렀다는 밤Yo, 달빛Glair de lune, 밤과 꿈Nacht und Traume을 한 곡 한 곡 가사를 먼저 읊어주고 노래한다. 눈을 감고 그 시어들을 떠올리면서 차츰 꿈속 같은 여름밤에 도취 되어갔다. 이어, 가톨릭 성가 59번 '주께선 나의 피난처'를 온몸으로 부른다. 노래로 사제직을 수행하는 그의 모습에 울컥 눈물이 났다.

주께선 나의 피난처
의지할 곳 주님뿐
풍파가 심할지라도
내게는 평화 있네

메마른 우리 영혼에
새 생명 주옵시며
주안에 영원한 안식
누리게 하옵소서

성당 안이 숙연했다. 모두가 아는 성가지만 한 사람도 따라 부르는 사람이 없다. 온몸으로 부르는 기도에 누가 감히 끼어들 수 있으랴. 그는 이어 박화목 작시 윤용하 곡의 보리밭 시어를 낭송했다.

보리밭 사잇길로 걸어가면 뉘 부르는 소리 있어 나를 멈춘다.
옛 생각이 외로워 휘파람 불면 고운 노래 귓가에 들려온다.

"이 곡을 작년에 신청한 분 오셨나요?" 우리 부부는 손을 번쩍 들었다.
"예, 어르신!"
그는 만면에 웃음을 띤 채 노래를 부르기 시작한다. 아주 작은 미성으로 아주 굵은 저음으로 마치 모노드라마처럼 신들린 듯 열창하는 그 노래는 가사 하나하나가 살아 움직인다. 노래가 끝나자, 나는 웃고 있는데 눈물이 주르륵 볼을 타고 흘러내린다. 기립박수를 보냈다. 남편도 일어서서 힘찬 박수를 보냈다. 그는 웃으며 90도로 우리에게 절했다. 이렇게 감동한 '보리밭'을 그 누구의 노래로도 들어본 적 없다. 청중과 가수는 이미 혼연일체로 뜨겁게 무르익었다. 이어 가톨릭 성가 18번 '주님을 부르던 날'이 들뜬 장내를 조용히 갈앉힌다.

　　이 마음 다하여 기리오리다
　　성소 앞에 엎드려 천사 앞에서
　　당신께 노래하리라
　　후렴: 주님을 부르던 날
　　　　당신은 내게 응답하셨나이다

　　어지심과 진실하심 우러러보며

당신 이름 찬양하오리니
내 영혼 힘 도와주셨네.

당신 오른손으로 구해주시고
나를 위해 시작한 일 마치시리니
영원히 버리지 마소서.

절절했다. 우리 모두의 기도요, 평소의 염원이지만 그는 더 특별한 호소력으로 간절하게 불렀다. 이어 김동명 작시 김동진 곡 '내 마음'을 부르면서 자기 마음도 슬쩍 노래 위에 얹어놓는다.

내 마음은 호수요
그대 노 저어 오오
나는 그대의 흰 그림자를 안고
옥같이 그대의 뱃전에 부서지리다.

감미로운 노래에 취해 마음이 편안하고 행복하다. 이게 힐링이다. 그는 가톨릭 성가 2번 '주 하느님 크시도다'를 끝 곡으로 우리 모두의 마음을 하느님께 봉헌했다.

주 하느님 지으신 모든 세계
내 마음속에 그리어 볼 때
하늘의 별 울려 퍼지는 뇌성
주님의 권능 우주에 찼네

후렴: 내 영혼 주를 찬양하리니/주 하느님 크시도다
　　　내 영혼 주를 찬양하리니/크시도다. 주 하느님

어느 해 여름, 우리 부부는 미국의 그랜드캐니언과 브라이스 캐니언을 거쳐 후버 댐을 가던 길이었다. 후버 터널을 막 통과했을 때, 그 끝에 펼쳐진 자이언캐니언을 보기 위해 잠시 버스에서 내렸다. 중년남성인 현지 가이드가 '주 하느님 크시도다' 성가를 알면 다 같이 부르자고 했다. 나는 그 첫 소절을 부르다가 울컥 목이 메고 눈물이 쏟아져 더는 노래를 부를 수가 없었다. 헌걸찬 남자의 기상이 그랜드캐니언이라면 아기자기하고 부드럽고 섬세한 브라이스 캐니언은 아름다운 여성의 모습이다. 그런 두 모습을 다 갖추고도 자기만의 위용을 지닌 웅장한 경치의 자이언캐니언을 보는 순간 하느님이 지으신 대자연의 풍광에 압도되어 아무 말도 할 수 없었다. 이 성가를 부를 때마다 그때의 뭉클했던 감동이 되살아나 늘 새로운데, 끝 곡으로 불러주니 참으로 감사해 기립박수로 답례했다. 모든 청중도 기립박수로 뜨거운 갈채를 보냈다.

한동훈 선생을 앙코르로 서너 차례 무대에 더 불러 세웠지만, 여름날 연미복을 입고 한 시간이 넘도록 온몸으로 열창하느라 땀을 뻘뻘 흘린 그를 더는 염치없어 놔줄 수밖에 없었다.

그야말로 '힐링 음악회'였다. 선생은 장계 성당에서 오신 교우 10여 분과 함께 기념사진을 찍자고 청했다. 남편은 미리 준비해

간 음악 이야기가 실린 산문집 <겨울나무가 던지는 그림자>를 사인해 드렸다.

　그렇게 아름다운 미성으로 온몸으로 열창한 바리톤 가수, 그를 사제로 쓰지 않고 음악가의 길을 허락하신 하느님의 깊은 뜻을 알 것 같았다.

　이번에는 내가 가곡 '명태'를 내년 곡으로 신청하고 돌아서며 감동의 '한여름 밤의 꿈'에서 깨어났다.

흑인 성모님

시골집에 내려가 있는 남편이 전화했다.

가톨릭 문인회원 수첩에서 주소를 본 회원 한 분이 찾아와 하룻밤 묵어갔노라고.

사람 사는 집에 사람 찾아오는 일이야 흔히 있는 일이지만 그분과의 만남은 좀 특별했다. 고향이 남원인데 가는 길목이니 한 번 들르고 싶다고 전화한 며칠 후 우리 집에 와서 자고 갔다는 것이다. 건설업을 하는 그가 주고 간 시집 「길에 쌓이는 시간들」에 비친 모습은 건설업자가 아닌 '타고난 시인'이더라고 했다.

나는 인천 남동공단 산업단지로부터 땅을 불하받고 공장 신축 견적서를 여기저기서 받아보던 중이었다. 특수법인 한국여성경제인협회 인천지회 회원사 중 무등록 공장이나 임대 사무실을 쓰는 11개 업체가 시작한 협동화 사업은 자기 자본 30%에 정부자금 70%를 융자받아 건물을 짓는 조건이었다.

　오랫동안 유통업을 해온 나로서는 새로 제조업을 시작하는 일 자체가 버겁기도 하려니와 은근히 겁나 내심으론 자격심사에서 떨어지기를 바랐다. 그래서 하느님께 훼방 놔달라고 기도했다. 그래도 그대로 진행된다면 그것은 순전히 하늘의 뜻이니 하느님이 사장님 하시면 나는 지배인 하겠다고 했다. 그런데 훼방은커녕 되레 좋은 위치까지 배정받았다. 그런 와중에 가톨릭 신자인 건설업 사장이 스스로 우리 시골집을 찾아들었다는 것은 필시 무슨 숨겨진 뜻이 있을 거란 생각이 들었다. 그 며칠 후 남편이 꿈을 꾸었는데, 누군가가 공장을 다 지어놓고 우리를 차로 데려다주더라며 그분을 한번 만나 보라고 권했다.

　Lee 사장이 우리 집을 처음 방문하면서 멕시코 과달루페 성당의 '기적의 흑인 성모님' 액자를 들고 왔다. 이 또한 예삿일이 아니었다. 7년 전 내가 남미를 여행했을 때, 멕시코의 과달루페 성당 지하에서 천에 새겨진 '기적의 흑인 성모'님을 처음 보았고, 그 기적에 대한 소개를 지난해에 상재上梓한 기행 수필집 『눈으로 가고 발로 보고』 남미 편에서 슬행膝行 참배하는 신자들의 신심 이야기를 곁들여 쓴 바 있는데 그 성모님의 액자를 들고 오다니⋯.

　멕시코의 과달루페 성당은 기적을 바라는 세계의 신자들이나 자국의 신자들이 묵주를 들고 기도하면서 수많은 계단을 무릎걸음으로 올라 기적의 흑인 성모께 자기의 소원을 빌면 들어주는 곳으로 유명하다. 그 고행의 슬행 참배를 보면서 나는 신자로서 양심의 가책을 느꼈었다. 그런데 그 기적의 성모님이 액자로 우리 집에 오신 것이다. Lee 사장은 3년 전부터 매일매일 묵주기도를 드리는데 기적 같은 일들이 자주 일어난다면서 간밤에도 좋은 꿈을 꾸고 우리 전화를 받았다고 기뻐했다.

이번 일에 어떤 필연의 숨은 뜻이 있는 것 같았다. 그가 돌아간 즉시 액자에 친구親口하면서

"당신께선 이 집에 오신 특별한 뜻이 있을 터이니, 이제로부터 모든 걸 알아서 하십시오."

하고 중얼거렸다.

그렇다. 내 기도는 늘 중얼거림이다. 시도 때도 없이 마치 옆사람과 얘기하듯 중얼거린다. 화장실에서건 잠자리에서건 장소 불문 시간 불문으로 화살기도를 한다. 그리고 온전히 나를 맡기며 주관하시라고 청한다. 사람마다 생김새가 다르듯 자기 마음속에 모신 하느님 또한 수천수만의 모습이리라.

내 하느님은 나에게 맞춰진 '맞춤 하느님'이시라 버릇없어도 잘 봐주시는 너그럽고 편안한 분이다. 그런데도 효도 한 번 못 해 봤으니, 이제라도 큰맘 먹고 효도하리란 생각으로 공장을 설계하던 중에 기적의 흑인 성모님이 우리 집에 불쑥 액자로 오신 것이니 뭔가 특별한 뜻이 있을 것 같았다.

그 며칠 후, 건국 이래 처음으로 여성가족부가 발족해 여성가

족부 장관 취임을 축하하는 KBS 열린 음악회의 녹화가 있던 날이다. 기업 하는 우리 몇몇도 그 자리에 초대되어 갔다. 각계각층의 여성들이 입장해 있어 여권 신장을 한눈에 확인하는 기분 좋은 자리였다. 녹화에 앞서 영부인이 입장할 때까지 리허설로 사회자가 관객과 호흡을 맞추고 있었다.

그때, 내 몸의 모든 기가 스르르 빠지면서 숨이 가쁘고 손발이 차게 식는 게 아닌가. 당황한 나는 심상치 않음을 예감하고 얼른 자리에서 일어나 옆자리에 함께한 장 사장께 병원에 가야 할 것 같다고 조용히 얘기하고 밖으로 나왔다. 놀라서 따라 나온 장 사장이 우황청심환을 주었다. 나는 정신을 놓지 않으려고 안간힘을 쓰면서 안내대에 가서 구급차를 불러 달라고 부탁했다. 그 사이에 장 사장은 한국여성경제인협회 S 회장과 우리 지회 K 회장을 황급히 불러 내렸다. 그분들이 내 손을 주무르면서 걱정스럽게 지켜보았다. 영부인 도착과 함께 음악회는 곧 시작될 텐데 나 때문에 마음 쓰는 게 너무 미안해 안심시켜 자리로 돌아가시라 했다. 그 10 여분 후 나는 구급차에 실려 여의도 성모병원 응급실에 누웠다.

아이들이 달려올 때까지 장 사장이 내 보호자가 되어 입원 절차를 마치고 내 옆을 지켜주셨다. 산소호흡기와 링거로 위기를 모면하고 다음 날 퇴원했지만, 그 소문은 삽시간에 주변으로 퍼져 수많은 이들의 걱정과 사랑의 격려 전화를 받았다. 과연 이렇게 사랑받아도 되는가 그럴 자격이 있는가? 나를 돌아보는 귀한 시간이었다.

심장과 신경계의 정밀검사를 통해 '공황장애'라는 병명을 알아냈고 6개월간 통원 치료를 받으면서 건강을 추슬렀다. 무엇보다도 다행인 것은, 내게 마음 써준 모든 분에게 마음 써줄 기회가 아직 남아있다는 것에 감사했다. 게다가 하느님께 효도 한번 해보겠다고 일을 벌여 놓은 상태에서 일어난 일이니 이미 다 알고 계신 하느님께선 그래서 '기적의 흑인 성모님'을 우리 집에 급파하셨는지 모르겠다.

아우구스티노 사장이 공사를 맡아 5개월간 모든 공정을 훌륭하게 잘 마무리해 주었다. 그동안 여러 가지 이변이 자주 일어났고 앞으로도 하느님의 기적은 계속되리라 믿는다.

이제 회사 운영은 하느님이 하실 것이고, 나는 지배인으로서 성심을 다할 것이니 미련한 관리자가 되지 않도록 하느님의 의중을 빨리 알아차리는 지혜 주시기만을 간절히 바란다. 내 임무가 끝나면 그땐 조용히 불러 가실 것이다.

그날이 언제일지 아는 바 없지만, 그때까지는 그동안 신세 진 많은 분에게 내가 진 빚을 다 갚고 홀가분하게 갈 수 있도록 '흑인 성모님'이 늘 함께하시리라 믿는다.

(2001년 여름)

Primordial Innocence or Earthly Eden?
태초의 순수인가 지상의 낙원인가

반딧불이는 은하수처럼

뉴질랜드를 이 땅에 남은 마지막 파라다이스라고 한단다.

1840년 영국과 마오리족이 맺은 와이탕이 조약 이후 영국 정부는 한꺼번에 이곳으로 1,200명을 이민 보내면서 뉴질랜드라 명명했다는 것.

과연 지상의 낙원답게 티 없이 맑은 파란 하늘과 활짝 펼쳐진 남태평양의 초록 바다, 거기에 하루도 노는 날없이 열심히 일에 매달리다 모처럼 풀려나온 사람들의 파란 마음까지 함께하니 그 좋아하는 모습이 마치 물 만난 고기 같았다.

이들은 전국에서 뽑혀온 맹렬 여성들로 모든 일에 관심과 성취욕이 대단하다. 놀 때 화끈하게 놀고 일할 땐 개미처럼 일한다. 그래서 그들모두는 상당히 안정된 경제력을 갖고 있다. 그 가운데는 교사의 아내로 영업사원부터 시작한 경영자도 있었는데 맨손으로 이룬 10억 원 이상의 저축은 많은 사람의 부러움을 사면서 사원들의 본보기가 되었다.

　우리 본사에서는 1년에 한 번 영업실적을 평가, 상위권의 경영자와 영업사원들에게 해마다 해외연수 특전을 주고 있다. 한 해 동안 열심히 일한 이들에게 더 잘하라고 베풀어 주는 보너스다. 그래서 모두가 한 가족 같은 우리는 작년의 호주에 이어 올 해 뉴질랜드로 오게 된 것이다.

　맹그로브 나무가 짜디짠 바닷물에서 자라는 나라. 국토 전체가 공원이요 휴양지인 뉴질랜드는 땅이 넓고 공기가 오염되지 않아 생수가 필요 없다. 그것만으로도 이미 천국이다.

　드넓은 초원이 융단처럼 펼쳐져 있고 그곳에서 양 떼들이 한가로이 풀을 뜯고 있었다. 도심지 안에서는 1,240평당 소 한 마리나 양 다섯 마리를, 도심 밖에서는 3천 평당 같은 수의 가축을 의무적으로 방목해야 한다니 이 얼마나 먹을 것 넉넉한 가축들의 천국인가.

　후카 폭포 전망대 앞에서 대단한 기세로 밀려 나가는 물살을 물끄러미 들여다보고 있자니 내가 금방 그 물에 빨려들 것만 같다. 높이는 별것 아닌데 넓은 계곡으로 곤두박질치며 쏟아져 내리는 폭포의 위력은 참으로 대단했다. 작은 물방울들 수억이 합쳐져 있어도 그들은 다 함께 섞여 흐른다. 평지를 흐를 땐 아름다운 파란 물빛이다가 낭떠러지로 떨어지면서 하얀 포말을 일으킨다. 물이 물길로만 흐르지 않고 공중으로 날아볼 수 있는,

물방울로서는 자기를 가장 아름답게 표현할 수 있는 기회 무지개로 뜨는 최상의 순간이다. 공중곡예의 그 무서움과 부딪치는 아픔까지 감내한 상처투성이인 물방울은 또다시 합쳐져 어디론가 물길에 순응하면서 흘러갈 것이다. 나는 그 모습을 우리 인생 여정과 견주어 보다가 돌아섰다.

노스섬의 해안들은 참 아름다웠다. 그러나 그보다 더 아름다운 곳은 와이토모 동굴이었다. 이 동굴 안에 반딧불이가 산다고 해서 몹시 의아했다. 일반적인 상식으로는 1급수 물의 주변 환경에서 그것도 한여름 밤에 꼬리의 발광체가 빛을 발하는 것인데 동굴 속에서 더구나 4월에 그런다니 이해가 되지 않았다.

세상은 참으로 오묘한 하느님의 조화 속이다. 종유석의 동굴 안에 불도 꺼놓은 채 깜깜한 곳에서 배가 기다리고 있다가 손전등 하나로 안내했다. 타고 내리는 것은 물론 동굴 안의 밧줄을 잡아당기면서 배가 앞으로 나갔다. 카메라 촬영은 절대로 엄금이며 말도 크게 못 하게 해 옆 사람과 귓속말로 소곤거렸다.
캄캄한 수면 위로 배가 미끄러지듯 나가자 드디어 여기저기서 "와!" 하고 조용한 탄성이 수없이 터져 나왔다. 동굴 천장 가득 **빽빽**하게 매달린 거미줄 같기도 하고 가는 실 같기도 한 3~5cm의 벌레들이 늘어뜨려져 있는 게 아닌가. 그것들은 마치 크리스마스트리에서 작은 램프가 점멸하며 반짝이듯 모두가 빛을 내며 쉼 없이 서로 교대로 반짝이고 있었다.

참으로 환상적이다. 은하수의 밤하늘을 축소해 놓은 듯 깜깜한 천장에 붙어 반짝반짝 빛을 발하는 발광체들. 그것들은 동굴 속의 습도와 채광과 온도에서만 살 수 있는 환경지표 곤충이라니 얼마나 신비로운가. 고개가 아프도록 천장을 치올려 보며 모두 감탄하고 또 감탄하는 사이 그 황홀경의 연출은 아쉽게도 금방 끝났다.

동굴의 길이가 설사 길었다고 해도 아마 짧게 느껴졌을 그런 비경이었다. 오죽하면 20세기 독설가 버나드 쇼가 지구상의 8대 불가사의로 이 동굴의 반딧불이를 꼽았겠는가.

무주에서도 해마다 반딧불이 축제를 하지만 길러서 잠깐 하는 행사이니 그것과는 비교할 바가 아니다. 본시 반딧불이는 시골 천변에 소를 매어두면 소가 주변의 풀을 뜯어 먹고 물가에 배설하게 되는데, 그 배설물을 먹고 1년 동안 자란 유충이 맑은 물속에 알을 낳아 그것이 부화해 '개똥벌레'가 되고 캄캄한 밤하늘을 날면서 꽁지의 발광체가 빛을 발하는 것이다. 그러나 지금은 소를 개천가에 매어두지도 않을뿐더러 그런 환경이나 생태계가 모두 변하거나 파괴되어 그 흔한 반딧불이가 희귀종이 되어 천연기념물로 지정되었으니 그 벌레를 잡아 불을 밝히고 책을 읽었다는 형설지공의 고사는 전등불이 밝은 지금으로선 실로 꿈같은 얘기다.

와이토모 동굴에서 빠져나온 우리 일행은 이동하는 버스 안에서 코와 코를 서로 두 번 부딪혀 인사한다는 마오리족의 인사법을 일러 받았다. 서로 어깨를 붙들고 코와 코를 맞대는 이 인사법은 한 번은 방문국의 주인에게, 한 번은 내방객의 손님에게 하는 예의 표시란다. 장난기 많은 남자들은 젊은 여자와 입술이 닿기를 바라며 코를 꾹 누른다고 해서 한바탕 웃었다.
　마오리 용사들이 한국전에 참전했을 때 그들은 고향을 그리며 로토루아 민요 포카레카레아나를 불렀었는데, 전쟁이 끝나고 그들이 돌아간 후 그 곡에 가사를 붙여 부르게 된 것이 지금 우리가 부르는 연가라고 한다. 전선에서 가족들을 그리워하며 불렀을 것을 생각하니 새삼 안쓰러운 마음이 들었다.

　그들의 전통춤은 다소 익살스러웠다. 남자들만 추는 춤동작인데 힘껏 손뼉 장단을 치거나 맨발을 굴러 박자를 맞추면서 큰 소리로 사설을 하고, 벗은 상체를 자기 손으로 때리면서 혀를 길게 늘여 빼고 눈을 크게 부릅떠 무섭게도 해 보였는데, 본래 이 몸짓은 적을 위협할 때 취하는 동작이라고 한다.
　1천 년 전, 남태평양의 폴리네시아에 살고 있던 마오리족의 한 용감한 항해자가 부인과 함께 카누로 항해하다가 아름다운 이 섬을 발견하고 고향으로 돌아가 자기를 따르는 부족들을 모두 인솔해 와서 터를 잡고 살다 보니 지금에 이르렀다는 뉴질랜드. 큰 공처럼 둥근 바다를 바라보며 해변의 노천카페에서 커피

잔을 앞에 놓고 전국에서 뽑혀온 세일즈우먼들과 남녀 지사장들 그리고 우리 사원 몇이 잠시 망중한을 즐겼다.

 오늘 여기 뽑혀온 사원들 대다수는 나름대로 아픈 사연들을 안고 있지만, 자기의 불행을 행운으로 반전시켜 전화위복을 만들어 낸 자랑스러운 주인공들이니 그들 모두가 내 사원인 양 한없이 고맙고 대견스러웠다.

 지상의 마지막 낙원이라는 이곳은 정년퇴임 후의 노인들이 편안한 노후를 보내기 위해 찾아드는 섬나라라고 한다. 최고의 휴양지임을 자부하는 영국풍의 이 나라는 앞으로도 남태평양의 드넓은 푸른 바다와 함께 사람 사는 따뜻한 이야기들을 계속 엮어나갈 것이다.

에게해海의 노인과 바다

여명의 햇살로 출렁이는 새벽 바다는 참으로 아름다웠다.
하느님이 해를 밤새도록 바다에 담가 우려낸 색소가 푸른 바다에 번지니 형언하기 어려울 만큼 환상적이다. 새벽이 밤의 꼬리를 아직 물고 있어 검은빛이 남아있는 데다 여명의 붉은 빗살이 바닷물에 섞이니 이 물빛의 신비스러운 조화를 어찌 다 표현할 수 있으리.
나는 그 유혹에 이끌려 아직 자는 남편을 깨워 해변으로 나갔다. 백사장에는 나보다 더 부지런한 사람들이 먼저 나와 해 뜨기 전의 안개 낀 해변과 친하고 있었다.
바닷물은 밤새 혼자서 모래톱 위를 들락거리며 놀다가 새벽잠이 들었는지 잠잠하게 누워있다. 이 큰 바다가 그야말로 명경지수다. 우리 부부는 맨발로 백사장을 걸으면서 발바닥에 닿는 모래의 보드라운 감촉을 즐기며 밤 내내 모래톱 위로 밀어 올려진 조개껍데기를 줍기도 하고 이따금 잠든 바다에 발길질해 깨워보기도 한다. 그러는 동안 꼬리만 남은 밤이 도마뱀처럼 꼬리를 자르고 달아나자, 바다는 얼른 태양을 헹궈 하늘로 밀어 올린다. 해는 하늘을 향해 키 대기를 하며 쑥쑥 자라더니 점차 뜨거워진 빛살을 현현하게 방사선으로 펼쳐 지구를 껴안는다.

터키의 작은 마을 에게해의 아이발릭 해변에서 호텔을 등 뒤로 하고 서서 이마에 손을 얹어 빛을 가리고 바라보는 수평선은 공처럼 둥글었다. 언제나 바다를 보면 느끼는 일이지만 하늘과 바다는 한 형제 같다는 생각이다. 바다는 피부색이 하늘과 늘 동색이니 말이다.

길게 심호흡해 오존을 실컷 마신다. 그러고서 함께 온 일행 몇 분과 모래 위에 주저앉아 상쾌한 기분으로 이런저런 얘기를 나누다가 일어서려던 그때, 작은 고깃배 한 척이 우리 앞으로 미끄러지듯 들어와 닻을 내린다. 잡아 온 생선이 궁금해 배 안을 기웃대니 우리 부부 하는 양을 보던 늙은 어부가 웃으면서 갑오징어 새끼 두 마리를 손바닥에 올려놓고 보여준다. 회를 좋아하는 남편이 노인에게서 그걸 받아 들고 칼을 찾는다.

70세쯤 되었을까. 노인은 칼이 없다며 주머니칼을 꺼내준다. 남편은 갑오징어의 등뼈를 빼고 바닷물에 먹물을 씻어 칼로 썬 다음 언제 담아왔는지 기내에서 챙겨온 쌤플 고추장을 꺼내 찍어 먹으면서 연신 맛있다고 한다. 나도 한 점 먹어본다. 맛있다.

싱싱하기도 하려니와 에게해의 작은 해변에서 갑오징어라니 그것만으로도 이미 낭만의 맛이 일품이다. 더 먹고 싶어도 노인의 수확은 그것이 전부인가 보았다. 그는 빙긋이 웃으며 우리를 지켜보고 나서 주머니칼을 챙겨 담는다. 그의 얼굴에는 별 욕심 없이 살아온 듯한 여유로움이 있다. 일할 수 있는 건강을 주신 것만으로도 알라신에게 감사할 것 같은 이웃집 맘 좋은 할아버지의 그런 편안함이었다.

남편은 물건값에 비해 후하다 싶은 액수를 노인의 손에 쥐여주니 노인은 한사코 손을 뿌리치며 거절한다. 몇 번의 실랑이에도 아랑곳없이 웃으며 손을 흔들고 뱃머리를 돌려 미끄러지듯 다시 바다로 빠져나간다. 우린 그 배가 보이지 않을 때까지 손을 흔들면서 지켜보고 서 있었다.

겨우 한둘이나 앉을까 싶은 작은 배에 그물이래야 고작 냇가에서 금방 던졌다가 걷어 올리는 천렵이나 할 만큼 작은 것이다. 그것도 터진 걸 손질하기 바쁘게 이내 나가는 게 아닌가.

처음 본 이방인에게 자신의 아침 노동을 털어준 노인이 한없이 고맙고 미안했다. 우린 에게해의 추억을 만들었지만, 그 노인에겐 그게 수입의 전부가 아니었는지….

비록 노인과 주고받은 정담은 없었어도 사람 사는 동네의 모습은 똑같다는 생각이 들었다. 노인은 별 것 아닌 조그만 새끼 오징어 두 마리를 주고 무슨 돈이냐 싶어 오히려 쑥스러워 얼른 자리를 비켰는지도 모른다. 그러나 노인은 처음 본 우리에게 자기의 후한 마음을 주었고 우리는 거저 준 사랑을 맛본 것이다.

그 옛날 바다의 신 포세이돈은 에게해의 깊은 바닷물 속에서 영원히 무너지지 않은 으리으리한 황금궁전을 짓고 살았다. 그리고 볼 일이 생기면 청동 바퀴의 황금마차를 끌고 궁전을 나와 물 위를 내달렸다. 황금 갑옷을 입고 황금 갈기의 말이 이끄는 마차에 앉아 넓은 바다를 내달으면 깊은 바닷속의 온갖 괴물들이 솟아올라 즐겁게 뛰놀고 바다는 흥겨워 길을 터주었다. 그러면 마차는 마치 공중을 날듯이 가볍게 물 위를 달렸다.

그렇다. 여기가 바로 그 포세이돈이 지배하는 에게해가 아닌가. 나는 운運을 나누어주는 라케시스 여신이 포세이돈과 함께 이 노인의 남은 생애 동안 그물을 던질 때마다 만선이 되게 해 달라고 마음으로 빌어드렸다. 그리고 밤새도록 애썼지만 고기 한 마리도 잡지 못한 시몬의 두 배에 그물이 찢어질 만큼 엄청나게 고기를 잡게 해주신 예수님의 겐네사렛 호수에서의 기적이 이 노인에게도 일어나게 해주시길 예수님께도 빌었다.

이제 막 잠에서 깨어나 철썩대는 바다와 하직 인사를 하고 헤밍웨이의 <노인과 바다>를 떠올리며 우리는 숙소인 호텔로 걸음을 옮겼다.

쿠사다스 해변의 춤의 향연

 경사가 완만한 아름다운 쿠사다스 해변이다.
 언덕 위에 그림처럼 예쁘게 지은 호텔의 객실에 앉아 철썩이는 파도 소리를 듣는다. 서녘 하늘에 지는 노을이 터키 여인들의 미모만큼이나 아름답다. 은혼銀婚을 계기로 해마다 결혼기념일을 전후해 구혼 여행이란 핑계로 떠나온 여행이지만, 나만이 특혜를 누리는 것 같아 아이들을 비롯한 주변 두루두루 미안하고 부담도 된다.
 소아시아의 아름다운 코발트 빛 에게해에 와있는 것이 꿈만 같다. 천혜의 자연을 문화보다 더 사랑하는 나는 어디든 풍광 좋은 곳이면 홀딱 반해 헤어나지 못한다. 거기에 금상첨화라고 나 할까, 사람들의 멋에까지 반한 것이다. 우리는 호텔에서 그리 멀지 않은 바닷가로 나가 그 맑디맑은 바닷물에 다리를 걷어 올리고 들어가 바위에 붙은 성게 몇 마리를 건져 올렸다. 제주도에서 성게미역국을 먹던 생각이 나서 지나가는 한 청년을 붙들고 먹을 수 있는 거냐고 물어보니 어깨를 으쓱해 보이며 모른다는 시늉을 한다. 동서양의 먹거리 문화가 이렇게 다른가 싶었다.

저녁을 먹고 산책에 별 흥미 없어 하는 남편을 앞세워 노천카페로 갔다. 그곳엔 단체나 가족 단위 친구나 연인들끼리 구경나온 관광객들로 가게마다 초만원이라 앉을 자리가 없었다. 그들은 한결같이 밤바다의 파도 소리를 들으며 술에 취하고 분위기에 취해 있다. 환한 조명 아래 야외무대를 설치해 놓고 관객을 모으느라 한창 바쁜 사회자는 밴드의 팡파르와 함께 관광객을 향해 인사한 다음 이벤트인 춤 경연이 있으니 신청하라고 광고한다. 나는 남편의 팔짱을 끼고 차분하게 객석의 돌층계에 털썩 주저앉아 지금부터 무대에서 일어나는 모든 일을 하나도 놓치지 않고 볼 양으로 잔뜩 기대하며 무대를 응시하고 있었다.

춤의 향연. 종류도 다양한 모든 춤을 아마추어인 관광객을 통해 구경하는 것은 대단히 흥미로운 일이다. 춤 경연이 시작되자 무대에 올라선 몇 쌍의 신청자가 저마다 자기네 실력을 최대한 발휘해 1등을 하겠노라고 호언장담한다. 그 가운데는 노부부도 끼어 있다.

왈츠다. 처녀 적에 직장 동료와 함께 대천의 해변으로 여름휴가를 갔을 때, 그 지역에서 유지로 사는 이종 오빠가 우리를 춤추는 곳으로 안내했다. 생전 처음 들어가 본 카바레에서 주인

마담과 오빠가 추는 왈츠를 구경했다. 나르는 듯 사뿐한 동작의 원무를 보고 너무나 멋스러워 나도 배우겠다고 했더니 안 된다고 말렸던 바로 그 춤. 가벼운 몸동작의 노부부를 보니 환상적인 춤이라고 생각했던 처녀 때 일이 떠오른다. 오랫동안 호흡 맞춰 산 세월만큼 숙성이라고 할까 세련됐다고 할까 깝죽대지 않는 아름다운 모습의 춤을, 노부부를 통해 맛본다. 관중들의 박수가 평점의 기준인데 이 부부에게 갈채가 쏟아진다.

다음은 탱고다. 각 나라에서 온 또 다른 신청자로 무대는 채워지고 절도 있는 몸짓이며 고갯짓이 감탄을 자아낸다. 몇 해 전 탱고 춤을 너무나 멋스럽게 추는 아르헨티나 노천극장의 무희들에게 반해 부근의 벼룩시장에서 탱고 음악의 CD를 사려고 '탱고'라는 발음을 열 번을 더 해도 못 알아들어 결국 <라 쿰파르시타>의 첫 소절을 흥얼대 보이고서야 "아, 땅고!" 하던 생각이 난다. 이번에는 젊은 한 쌍에게 박수가 쏟아졌다. 플라멩코 차례다. 우리 막내딸이 대학에 들어가자마자 열심히 배워 학교 축제 때 무대에 섰던 춤. 화려한 드레스는 입지 않았으나 몇 쌍이 노천극장 야외무대의 빙 둘러앉은 관객들과 호흡을 같이해 손뼉 장단으로 하나가 되었다. 다음은 람바다. 8쌍이 무대로 뛰어 올라왔다. 허리를 어디까지 뒤로 젖혀야 저 라인을 통과할 수 있을까. 그러나 그들의 몸은 유연했다. 젊은이들답게 젊음을 맘껏 발산하는 모습이 건강해서 좋았다. 람바다는 단연 젊은이의 춤이었다.

아프리카의 한 청년이 무대에 뛰어오르더니 짐바브웨의 춤이라며 브레이크 댄스를 춘다. 이제 객석과 무대가 따로 없을 만큼 분위기가 무르익어 돌계단에 있는 젊은이들도 모두 춤을 따라 추었다. 구경은 무대 밖 곳곳에서도 할 수 있었다. 이어서 발리 배꼽춤의 차례가 되자 무대에 오른 젊은 남자들은 숫제 상의를 벗고 있는 대로 배꼽을 흔들어 보이며 열심히 관능 춤을 춰댄다. 재미있고 신선하다. 발리에 갔을 때 발리 여인들의 민속춤을 보며 어찌 저리도 상 하체가 따로 움직일까 하고 감탄하며 경이롭게 보았던 생각이 난다.

춤 경연이 막바지에 이르렀다. 마카레나다. 사회는 관객들을 모두 일어서라고 한 뒤 다 같이 따라 하라고 시켰다. 우리나라에서도 지금 한창 유행하고 있는 춤이다. 남편과 나는 마지못해 일어서서 주변을 둘러봤다. 아는 사람이 아무도 없으니 그 동작을 따라 하려는 용기가 생겼다. 그런데도 왜 그리 쑥스러운지 우린 서로를 쳐다보며 웃었다. 한 번도 부부가 같이 춤춰본 적 없어 어색한 건 당연하다. 우린 삼십 년을 함께 살면서도 이런 즐거움과는 거리가 멀었다. 그나마 젊은 날에는 남편이 내 앞에서 탈춤을 추어 나를 웃겼고, 나는 캉캉 춤을 흉내 내어 그를 웃긴 적도 있었으나 언제부턴가 그마저도 접어 버렸다.

춤은 감정의 정직한 표현이다. 이 세상에 가무가 없었다면 얼마나 삭막했을까. 신명 난 가락에 들썩여 보는 어깨춤이며 막춤이 우리 농촌의 춤이라면, 도시에서는 그렇게 신명 날 일이 별로 없어 처세를 위한 사교춤을 배워 추는 것이 아니겠는가. 춤 문화가 잘못 정착되어 댄스 교습소의 탈선이 문제가 되기도 했지만 말이다.

　모두 춤을 춘다. 아이와 어른 구분 없이 앞자리 옆자리 할 것 없이 전부 일어서서 무대의 춤꾼들을 따라 하며 기꺼워한다. 우리 부부도 서투나마 생전 처음 팔을 올려 여기 찍고 저기 찍으며 마카레나를 따라 췄다. 프로처럼 잘 추진 못해도 그냥 즐거우면 되는 것. 뭐든 익숙해지면 자연스러운 것이니 항상 새로운 것에 도전할 필요가 있다. 어쨌건 지구촌 여러 나라의 멋쟁이들과 어울려 난생처음 부담 없이 즐겼던 기꺼운 시간을 뒤로하고 남편과 어깨동무하고 호텔로 돌아왔다.

백조의 호수
―키로프 발레단의 공연을 보다

　귀촌하기 전까지는 결혼기념일을 전후해 외국 여행을 떠나곤 했다.
　은혼銀婚에 시작한 구혼 여행은 부부가 각자 자기의 일터에서 열심히 일하고 얻은 여름휴가였다.
　결혼 35주년에는 9박 10일의 북유럽을 택했는데, 첫날 러시아 투어를 시작으로 핀란드 스웨덴 노르웨이 덴마크를 돌아 다시 러시아에서 마무리하는 일정이었다. 돌이켜보면 그때가 내 전성기로 세계사를 직접 몸으로 공부하여 안목과 견문을 넓힌 시간이었다.

　상트페테르부르크로 향하는 비행기를 타기 위해 공항으로 이동하는 모스크바의 이른 아침은 새벽처럼 사위가 어두웠다. 도로 옆 자작나무 숲의 진초록 잎들이 비에 젖어 발하는 빛 때문이었다.
　사물의 먼지를 말끔히 씻어내고 들뜬 것 갈앉히며 갈증을 풀어주는 비는 언제부턴가 내게는 서정이었다. 비 오는 날엔 내 안에서도 비가 내려 우수에 젖곤 한다.
　상트페테르부르크에 도착해 여름 궁전을 찾아들었다. 300만 평의 드넓은 정원이 팔 벌려 환영한다.
　삼손이 사자의 아가리를 찢는 도금상 앞에 섰다. 러시아가 스웨덴과의 전승을 기려 세운 것인데 삼손은 러시아를 상징하고 사자는 스웨덴을 의미한단다.
　정원 한편을 지나는데 갯내가 물씬 풍겼다. 내륙의 정원에서 갯내라니? 의아해 돌아보니 발트해의 운하가 여름 궁전의 정원과 잇대있다. 언제든지 배가 발트해로 출항할 수 있도록 해로海路가 연결되어 꽤 낭만적이었다.
　여름 궁전은 황제들의 별장이다. 3백만 평이나 되는 넓은 정원 안에 자연을 다채롭고 화려하게 꾸며 놓았다. 볼거리가 많은데도 주어진 시간 안에 주마간산으로 구경하고 11시에 뿜어 올린다는 멋진 분수도 못 본채 돌아서려니 몹시 아쉬웠다.

　카잔성당 내부를 잠시 들러보고 넵스키 대로를 걸었다. 그리스 정교회인 이사크 성당은 이런저런 사유로 네 차례나 성당을 옮겨지었다는데 지금은 한쪽을 박물관으로 쓰고 있다. 러시아는 세계에서 제일 큰 아름다운 호수 3개가 있는 물의 도시다. 바이칼호, 라도가호, 네바강. 그중에서도 네바강은 일명 금은 강으로 금빛 은빛 검정 초록 파랑 등의 다섯 색채로 바뀐다고 하여 여자의 강이라고도 한단다.

내가 러시아 여행을 그렇게나 희망했던 것은 키로프발레단의 공연을 현장에서 직접 보고 싶어서였다. 네바강 상류에 있는 호텔에 여장을 풀고 저녁 식사를 일찍 마친 일행 몇이 택시를 타고 알렉산드르 극장으로 갔다. 러시아의 작곡가 차이콥스키의 <백조의 호수> 전곡을 키로프발레단의 발레로 보기 위해서다.

악장마다 스토리가 있는 공연을 보는 내내 소원을 푼 행복감으로 최고의 힐링이 되었다.

어깨선이 아름다운 발레리나들 모두가 우아한 백조의 모습으로 춤을 추었고 그중에서도 마법에 걸린 오데트 공주와 지크프리트 왕자의 춤이 단연 돋보였다.

다음 날 일찍 잠에서 깨어 호텔 객실의 창문을 열었다. 그때 네바강의 다리가 들리면서 큰 배가 그 밑을 통과하는 모습이 눈에 들어왔다. 생각지도 않은 색다른 풍경 하나 덤으로 챙겼다.

160년의 유서 깊은 스몰린 성당을 찾았으나 외부만 둘러보았다. 성당 완공 후 한 번도 미사를 드리지 못한 저주받은 성당으로 더 알려진 곳이다. 당시 신축을 맡았던 사제가 빚에 쪼들리다 못해 목매달아 죽은 때문. 지금은 유명해진 스몰린 합창단의 공연장으로나 쓰고 있지만 성당으로서 축성 받지 못한 사연이 너무 가슴 아팠다.

북유럽을 돌고 와서 러시아 여행을 다시 이었다. 상트페테르부르크에 있는 로마노프왕가의 예르미타주 겨울 궁전을 찾았다. 겨울 궁전에는 총 300만 점의 작품들이 소장되어 있었는데 그중에서도 특히 음악의 방, 가구의 방(자작나무 뿌리 탁자가 일품), 공주의 방이 아름답고 특색있게 꾸며져 있었다. 양탄자의 방에는 금화를 깔고 그 면적만큼만 짰다는 카펫이 전시되어 있었는데 일생에 단 한 개만 짠 카펫으로 더 유명하다는 일화를 전해준다.
　예카테리나 대여제의 방은 상아를 조각하여 섬세하게 치장했으며, 노란색 공작석으로 기둥을 세운 식당은 호화롭기 그지없었다. 체리 빛의 비단 방은 접견실로서 금과 카메오 원석을 모자이크해 꾸며놓아 기품 있고 고급스러웠다. 차 대접을 받는 사람들의 기분도 우아해질 것 같았다.
　궁전 안에 있는 모든 그림은 1995년 5월에야 지하 창고에서 꺼내 일반에게 공개했는데 그중에서도 피카소의 그림 50여 점은 지금도 특별히 이중으로 포장하여 소장하고 있다고 한다.

　화가들의 방에 들어섰다. 마티스의 방에는 「댄스와 음악」이 고갱의 방에는 「과일을 든 여인」이 고흐의 방엔 「밤의 하얀 집」이 세잔의 방에는 「녹색 옷의 여인」이 걸려있다.
　모네의 방에는 「정원 속의 우산을 든 여인」을 걸었다. 특히 색채의 마술사라 불리는 르누아르 방엔 「부채를 든 여인」과 「여

배우」「채찍을 든 소년」을 걸었고, 트라이온의 「새벽으로 가는 길」은 여명 빛을 통과한 투명한 양의 귀가 내 눈길을 사로잡았다.

램브란트는 성서에 기인해 「돌아온 탕아」를, 라파엘의 성화 「카인과 아벨」은 형이 아우를 죽였다기보다 선과 악의 상징이었다는 해석이다. 이 작품들은 계절을 달리해 바뀔 것이다.

예카테리나 대여제의 방은 기둥을 금으로 치장해 더없이 호사스러웠다. 거기에 프랑스에서 제작해 들여왔다는 황금마차와 은으로 만든 생활 도구까지 왕가의 기품과 권위와 사치를 유감없이 보여주었다.

배포와 안목이 뛰어난 예카테리나 대여제, 그녀는 15세기의 그림 「예수 수난」을 비롯해 스페인풍의 대형그림 등 4천여 점을 수집해 소장하고 있었는데 나라에 고급 유산을 물려준 공로로 러시아 국민에게 존경받는다고 한다. 그 대접 마땅히 받을만 하다는 생각이 들었다.

180여 명의 장군을 접견했다는 장군의 방도 둘러본다. 1905년의 러시아 혁명 때는 배가 고파 빵을 달라고 시위하는 군중을 향해 무차별 발포하여 그 자리서 2천여 명이나 죽인 대 참살도 자행했다니 끔찍하다.

블루와 그린 엘로우 레드 블랙 등 말라카이트인 공작석으로 치장한 모든 방은 더할 나위 없는 화려함의 극치였다. 이 방 저 방 구경하는 내 눈과 마음은 그 극치의 사치를 유감없이 누렸는데 이런 지하자원이 하나도 없는 빈약한 우리나라와 견주니 부러움과 함께 시샘으로 배가 아팠다.

5개국 세계사를 활자가 아닌 체험으로 읽은 9박 10일의 몸의 독서, 마지막 밤은 국빈들을 모신다는 칼라스타야 호텔에 들어 피곤을 뉘었다.

그리고 2007년을 끝으로 구혼 여행도 함께 귀촌했다.

학생들의 천국

핀란드 하면 동계올림픽의 헬싱키가 먼저 떠오른다.

우리와 어순이 같아 더욱 친근하게 느껴지는 핀란드는 크고 작은 호수가 6만여 개가 넘는데 천연의 자생림 안에 자리 잡고 있다. 대통령 임기 6년의 직선제며 국회 200석 가운데 무려 72석을 여성이 차지하고 있고 여성 대통령 '타르야 할로넨'의 정부란다.

핀란드의 군사 지도자요 대통령을 지낸 '만네르하임' 장군의 이름을 딴 만네르하임 거리를 걸었다. 헬싱키 시내 남북으로 뻗은 5.5km의 중심가다.

핀란드는 학생 복지가 잘 되어 있어 학생회가 부동산을 소유할 수 있고 거기서 생기는 수입으로 돈 없는 학생들을 공부시키며 미술학도의 스케치 여행 비용까지 대준다니 학생들의 천국이다.

유럽에 나오면 체리 먹는 재미를 빼놓을 수 없다. 체리를 먹으면서 해변의 노점상도 구경하고 도로 중앙선 경계로 심어진 화단의 희고 붉은 해당화 향에도 취하며 건들 거리다가 버스에 올랐다. 전쟁 박물관 Sotamuseo을 먼발치로 통과하고 헬싱키의 암석 교회 '템펠리아우키오'에 들어섰다. 핀란드의 대표적 건축물로 마치 UFO와 같은 모습을 한 최첨단의 교회다.

천장을 동판으로 댔고 파이프오르간이 천장까지 잇닿아 있다. 유타주의 몰몬 교회만큼은 아니었어도 암석 교회의 파이프오르간이 한눈에 들어왔다. '남은 일정도 즐겁고 유익한 여행이 되게 해주십시오.' 기도하고 돌아섰다.

시벨리우스 아카데미는 장 시벨리우스의 출신학교다. 이 나라의 음악가 시벨리우스는 '핀란디아'로 유명한데, 핀란디아는 시벨리우스가 34세 때 러시아의 압제를 받는 국민의 고통을 그린 교향시로 헬싱키에서 열린 애국적 모임을 위해 작곡했다. 핀란디아는 '눈 뜨다'란 의미로 이 곡은 우리의 애국가만큼 국민에게 사랑받는다고 한다.

러시아의 '알렉스 깝'이 핀란드 말을 최초로 사용하도록 허용한 공로로 그의 동상을 야외 공연장에 세웠는데 12세기 이전에는 핀란드란 나라는 없었단다.

스웨덴의 속국으로서 십자군에게 전쟁을 배웠고 함께 러시아에 항전했다. 600년간 스웨덴의 지배를 받았으나 박해는 없었고, 러시아가 스웨덴을 침공 120여 년을 러시아의 지배하에서 살았다. 1905년 러일 전쟁으로 러시아가 일본에 패망하자 그 틈을 타 핀란드에도 슬슬 혁명의 바람이 불었다. 이때를 이용한 러시아가 강국임을 외부에 알리기 위한 제스쳐로서 핀란드의 독립을 허용했다는 것.

러시아가 핀란드에 그 비용을 청구했을 때 국민이 합심 갹출해 갚았는데 그로 인해 러시아의 신망을 얻은 핀란드는 러시아라는 큰 시장을 얻게 되었다. 특히 금속공업이 발달한 핀란드는 유명한 Nokia 전자 회사가 헬싱키에 있는데 러시아는 모든 전자제품 주문을 핀란드에 몰아줘, 핀란드가 부강하게 되었다니 윈윈의 모범을 보여준 예라 하겠다.

스웨덴과 러시아의 지배에서 벗어난 핀란드는 350년의 전통을 자랑하는 헬싱키법대에 여학생이 많기로 유명한데 능력 위주의 평가 그 공정성 때문이라고.

사우나로 유명한 핀란드는 자작나무 가지를 뜨거운 물에 넣어 나무의 향기가 물속에 유입되게 하고 그렇게 함으로써 자작나무 가지는 더욱 부드러워져 그 나뭇가지로 온몸을 때려도 아프지 않다는 것. 우리의 사우나 문화와는 사뭇 다르다. 헬싱키는 밤 11시가 넘어야 해가 진다.

실자라인은 헬싱키에서 스톡홀름으로 가는 16시간 승선의 초호화 유람선이다. 전체 높이 12층이고 길이 200m 이상이요, 5만톤 이상을 선적한다는 대형 유람선 실야심포니 Siljasymphony 호에 다 저녁때 승선했다.

백야에 그 선상에 서다

　헬싱키에서 스톡홀름으로 가는 거대한 크루즈 선을 탔다.
　길이 203m 넓이 315m 차량 400대와 버스 60대를 선적할 수 있다는 58.400t급 페리호 실야 라인SILJA LINE. 정원 2,852명이 먹고 자는 물에 떠가는 호텔이다. 고급 동네 하나가 통째로 들앉은 모든 시설 구석구석을 기웃거려 본다. 레스토랑이며 쇼를 보고 춤추는 클럽에 영화관과 오락실까지 있는 초호화 유람선이다.
　면세점에 들러 버버리 운동 모자 하나 사 쓰고 갑판 위로 올라갔다. 지구가 둥글다는 것을 실감하며 망망대해를 바라본다. 한없이 넓은 원형의 지구본 안에 들앉은 기분이다. 심포니 Symphony호는 미동도 없이 마치 한 마리 우아한 백조처럼 물 위를 떠간다. 수평선의 하늘과 바다가 동색이니 그 모호한 경계를 흘러가는 구름이 구분해 준다.

밤 11시가 넘었는데도 해가 지지 않는다. 신기하다. 말로만 듣던 백야. 하늘에 모닥불을 피운 듯 타들어 가는 저녁놀이 황홀하다. 그 멋스러운 일몰의 장관에 한없이 취한다. 자정이 지나 어느 지역을 통과하는지 부슬부슬 내리는 빗방울들이 바닷물에 수없는 동그라미를 그린다. 객실로 내려와 샤워하고 침대에 누웠다. 작은 롤링이 느껴져 어지러워 잠을 이룰 수가 없다. 캄캄한 밤바다나 보자고 다시 남편과 함께 갑판으로 올랐다. 모두가 잠든 깊은 새벽, 바다가 숨 쉬느라 물살이 일렁인다. 망망대해를 바라보며 생각에 잠긴다. 9박 10일의 북유럽 5개국 탐방 길. 러시아를 거쳐 핀란드의 헬싱키에서 스웨덴으로 가는 뱃길이다. 지난날의 고단함을 보상받은 느낌이다. 꿈꾸던 크루즈여행을 할 수 있는 오늘에 감사한다. 뜬눈으로 밤을 지새울 수 없어 다시 객실로 내려와 잠을 청했다.

뱃고동 소리에 놀라 눈을 떴다. 기착지가 가까워진 모양이다. 밖으로 나와 인근의 섬들을 둘러본다. 어촌인지 별장인지 구분할 수 없는 여유로워 보이는 촌락들을 배는 간간이 잡아당겼다 놓았다 반복하면서 지나간다.

스웨덴 스톡홀름은 기원전 5~7천 년 전에 소수의 인구가 정착했는데 구석구석을 돌아다니던 바이킹족이었고 북 게르만족으로서 가톨릭이 들어오고부터 더 발전했다고 한다. 지금은 영세 중립국으로 한때는 국민소득이 4만 3천 불까지 올라간 부유

한 나라다. 맞벌이 부부가 88%며 중산층이 두껍고 광공업이 발달해 쉐보레나 볼보가 스웨덴제며 유명한 아스트라 제약회사가 있고 그보다 더 유명한 잉그리드 버그먼과 그레타 가르보가 이 나라 태생이다.

아침 9시 50분, 드디어 노벨상의 도시 스웨덴의 스톡홀름에 도착했다. 16시간의 긴긴 항해 끝에 육지에 올랐다. 스웨덴 관광이 시작되었다. 먼저 중세 시대 왕실의 군함 '바사호'를 본다. 1628년에 향이 있는 참나무로 축조해 150명을 태우고 처녀 출항한 직후 전복되어 50명이나 수장된 비운을 맞았단다. 330년간 수장되었던 배를 인양해 복원했는데 오래도록 모래 속에 파묻혀선지 목재들이 썩지 않아 거의 원형에 가까웠다고 한다. 그걸 보수해 1990년부터 전시 중인데 세계에서 다녀간 관광객만도 연간 1억 명이 넘고 지금은 중세 시대의 귀한 자료로 바사호를 보기 위해 찾아든 관광객의 명소가 되어 국익에 크게 이바지한다는 것.

세계적인 조각가 칼 밀레Carl Milles의 자택에 조성된 조각공원 밀레 정원을 방문했다. 만종으로 더 유명한 밀레는 1875년에 태어나 1955년 80세에 세상을 떠났다. 그는 가난한 집에서 태어나 프랑스에서 유학한 초상화가로서 종교적인 영감을 받아 성서적 조각을 많이 했다는 설명이다.

목욕하는 수잔의 조각상도 이 정원에 있었다. 개인들 정원에 있던 작품들을 모두 수집해 밀레 박물관을 꾸몄고 정원에 있는 악기를 든 조각품은 아가페의 사랑을 '신의 손'이나 '바다의 천사상' 청동 조각은 인체의 근육을 잘 표현했다.

바이킹족의 '어부 상'은 밀레 50세 생일을 기념해 학생들이 만들어서 선물해 준 것이라고 한다. 예술은 길고 인생은 짧다는 말을 입증이라도 하듯 조각 작품과 음악이 한데 어울린 박물관의 전시물들은 밀레의 사후를 더욱 빛내주고 있었다.

밀레의 부인 올가는, 모차르트의 아버지가 쓰던 파이프오르간을 친정아버지가 선물로 받아 사용하다가 다시 딸에게 물려주어 그걸 전시했는데 그래서 더욱 전통 있고 기품 있는 명소로 한몫을 거들었다.

800만 개의 벽돌로 지었다는 시청사를 방문했다. 로맨틱 형식과 고딕 양식으로 축조된 멋진 건물이다. 유럽은 거의 강을 끼고 시가지가 양쪽으로 형성되어 있어 이탈리아 센강처럼 멜라렌호수를 낀 양쪽 시가지가 번화하다.

스웨덴의 민예품들은 대체로 말馬을 소재로 만든 것들이 많았고 특히 기를 살린다는 크리스털이 준보석으로서 사랑받고 있었다. 국회의사당이 왕비의 거리에 있고 버샤(스웨덴을 독립시킨 왕 이름) 거리를 왕의 거리라고 했다.

한림원의 최종 심사를 거쳐 매년 12월 10일에 수여하는 노벨

문학상 시상식 자리에 남편과 함께 나란히 서본다.
 문학 하는 사람으로서 가장 탐나는 자리, 감히 관광객이 아닌 수상자로 서보고 싶은 욕심이 생긴다.

하콘 왕자의 사랑

스톡홀름에서 출발한 기차는 5시간 후에 노르웨이 오슬로의 중앙역에 도착했다.

새벽 01시 40분, 한국은 08시 40분이다. 집에 있는 아이들에게 안부를 물은 다음 몇 시간 눈 붙이고 일어나 오슬로 관광을 시작했다.

오슬로 창립 900주년을 기념하여 1950년에 지었다는 시청사의 대회의실을 둘러본다. 故 김대중 대통령이 노벨평화상을 수상한 장소요 조수미 씨가 축가를 부르던 곳이다. 또 남편의 영세 대부 故 윤규옥 박사의 손자 알렉스가 전국 대학생 한국 대표로 그 수상식에 참석했을 때, 할머니가 특별히 맞춰준 멋진 연미복을 입고 배석했다는 곳이어서 더욱 정이 갔다.

노르웨이의 하콘 왕자(28세)는 레스토랑에서 일하던 연상의 미혼모와 결혼하여 잘살고 있다고 가이드가 일러준다. 여염집에서도 어려운 일을 왕가에서 허용하다니 그 파격이 놀랍다. 선진국다운 진정한 인권 국가라는 생각이 들었다.

여름엔 온도가 15도로 낮아져 따듯한 그리스나 스페인으로 여름휴가를 떠난다고 한다. 그래서 비즈니스는 여름철을 피해서 해야 한다는 것.

북구 스칸디나비아반도는 여성들의 일자리가 많아 여성 장관도 여럿이라 한다. 선진국일수록 여성의 능력을 활용한다. 우리 남북한 3배의 면적에 인구 고작 450만, 수도 오슬로 인구 55만이라니 넉넉한 땅 부자나라의 여유가 부럽다.

세계적인 조각가 구스타프 비겔란드를 기리는 '비겔란' 야외조각공원을 둘러본다. 생전의 작품 200여 점이 전시되어 관람객을 맞는다. 그의 작품들 대부분이 인간 내면의 감정을 나타내고 있다. 비겔란 공원에서 가장 대표적인 작품은 121명이 뒤엉켜 정상으로 올라가려고 하는 인간의 본성을 잘 나타내준 작품이다. 그는 모든 작품을 시에 기증하고 죽었는데 그의 통 큰 쾌척이 사후의 그를 영원히 살리고 있었다. 에르바를 뭉크의 절규는 세계가 다 아는 명작이요, 에르바를 그리그의 솔베이지 송을 누가 모르랴.

해상 무역 활동이 활발하고 조선 기술이 뛰어난 스웨덴, 덴마크, 노르웨이가 모두 바이킹 활동에 참여한 국가들이다. 바이킹 박물관엘 들렀다. '오세벼르고' 선은 왕실 배로서 서기 800년경에 건조되었는데 매우 단조로운 구조의 배가 사고 후 50년 만인 850년에 인양될 당시, 50세의 여왕과 30세의 시녀 2구의 시체가 배 안에서 발견되었다고 한다. 산소를 차단하는 점토층에 묻혀 있어 시신 보존이 좋은 상태였다고. 바이킹족들은 염도가 있는 모래에 왕을 묻는 전통으로 시신이 거의 멸실 되고 없다는 것.

천혜의 휴양림들이 도로 양쪽으로 늘어선 그 삼림 안에 그림 같은 집들이 타운을 이루고 있다. 공기가 맑아 산림자원이 풍부한데 특히 적송이 많아 목재의 가공업이 발달했고 눈비에 약한 목재여서 페인팅 사업이 더 크게 발전했다고 한다.

티리테어 호수의 수자원을 이용한 수력발전으로 남아도는 전력은 주변 국가들로 수출하는데 천혜의 자원을 이용한 부의 혜택은 국민에게로 돌아간단다. 그래선지 스키로 유명한 휴양지 파게르네스 마을엔 오두막 식의 별장이 많이 있는데 지금도 화려한 히떼Hytte를 짓는 중이었다.

버스로 이동하다 보면 작은 통나무집 지붕 위에 흙을 얹어 풀이 자라는 노르웨이식 전통가옥이 많이 보인다. 색다르다. 왜 지붕 위에 흙을 얹어 풀을 키우느냐고 물었더니 추위를 막는 보온 효과가 뛰어나고 여름엔 단열효과로 시원해서라고 한다. 그런데 지붕을 덮을 때 자작나무 껍질로 덮으니 자작나무 껍질은 도르르 말리는 성질이라 무거운 잔디를 덮음으로 지붕을 보호한다는 걸 나중에 알았다.

농업에 종사하는 사람에게는 정부 보조가 많고 장남이나 장녀에게 승계해 주며 밭 작목으로는 감자와 밀을 그리고 염소를 방목하여 치즈와 우유를 생산하는데, 농사에 뜻이 있는 사람은 반드시 농사 교육 이수 후에 자격을 주는 정책이란다.

사회보장제도는 한 자녀당 출산비 300만 원을 보조하며, 18세가 될 때까지 양육 보조비로 교육비를 지원해 주기 때문에 입양을 업으로 삼는 사람도 있다는 것. 다섯 자녀만 있으면 돈 벌지 않고도 충분히 먹고 산다니 그래서일까, 한국 입양아가 약 7천 명이나 된다고 한다.

정년이 67세지만 원하면 70세까지도 일할 수 있게 해주며 공직 생활 중에 받았던 봉급의 최고액에 기준, 그 액수의 66%를 연금으로 지급해 준다고 한다. 게다가 산유국이어서 석유 기금을 조성하여 국민의 먼 미래를 국가정책으로 대비한다는 것. 그런데도 이들의 평균수명은 남자 78세 여자 80세로 나쁜 식습관으로 인해 암 발병률이 높다고 했다.

어쨌건 국민 개개인의 이로움에 맞춤한 복지정책이다. 우리나라도 이런 선진 정책 좀 수입해 오면 얼마나 좋을까. 25년 동안 사업하면서 국가에 꾀나 많은 세금을 냈지만 내가 낸 세금에 대한 혜택은 없었다. 캐나다만 해도 본인이 낸 세금만큼 연금을 주니 연금이 아까워 귀국 못 한다는 얘기를 관광업을 하는 한국인 사장에게 직접 들었다. 우리나라도 영세사업자나 개인사업자에게 본인이 낸 세금만큼의 연금을 주어야 한다는 생각이 든다. 거둘 세금은 가산금을 불리고 불려서 끝까지 받아내고, 줄 것은 나 몰라라 하는 정책이 언제쯤 시정될지 요원한 일이다.

바이킹만의 특별한 건축양식으로 지은 스타브 교회(브르근드)를 본다. 스타브 교회는 1150년에 건축된 북유럽에서 가장 오래된 목조교회로서 서유럽으로 약탈 나간 바이킹족이 서유럽 문화와 함께 기독교를 들여와서 지은 850년이 넘은 건물이다. 마을과 교회는 불가분의 관계로 공원묘지가 옆에 있는 교회에서 묘지를 관리한다. 화장해서 매장한다는 이곳에는 산 이와 죽은 이가 공존하고 있었다.

협곡에서 흘러내리는 폭포가 군데군데 눈에 띈다. 산 정상의 평원엔 아직 잔설이 하얗다. 해발 600m가 넘는 묘사 지역의 호수를 지난다. 산이 호수에 그림자를 드리웠다. 고요한 수면 위에 누워있는 산, 가끔 물고기가 수면 위로 올라와 작은 동그라미를 그린다. 지세가 험하면 물살도 숨 가쁘다. 깊은 내륙으로 들수록 산 정상 그 평원의 잔설도 장관이다. 고랭지 촌락의 특성을 모두 갖춘 라르다디 마을, 마치 우리 동네 산세 같은 린드스트롬 호텔에 들어 하루의 피곤을 씻는다.

다음날 이른 아침 신선한 공기를 마주하고 뜰에 서니 해당화 붓꽃 금낭화 라일락이 웃으며 반긴다. 마치 우리 집 정원 같았다.

초록 심장
―노르웨이 탐방기

노르웨이는 피오르의 나라다.

산 정상에 쌓인 1,000m 높이의 눈이 눈사태로 무너지면서 좁은 협만이 생기고 그 곳으로 바닷물이 들어와 눈 녹은 물과 짠 물이 섞이면서 환상적으로 아름다워진다고 한다. 이렇게해서 생긴 협만을 피오르라고 한다.

세계에서 가장 긴 터널 24.5km를 버스로 통과한 뒤 두 번째의 라드랄 터널도 지나 코팡겔에 도착했다. 송네 피오르와 아울랜드 피오르를 보기 위해서다.

페리호 선상에서 두 시간여를 피오르를 보고 감탄하며 그 아름다운 풍광에 도취했다. 여행은 그런 맛이다. 하느님이 지으신 세계의 오묘함을 경탄하며 즐기는데 갑자기 돌고래 가족이 헤엄치다 물 위로 머리를 불쑥 내밀었다. 관광객 모두가 환호하고 열광한다.

폭포가 흐르고 호수가 흐른다. 흐르는 것이 어디 물뿐이랴. 구름이 흐르고 세월이 흐르고 나도 따라 흐른다. 빙하가 녹아 비경을 이루는 요스테달 호수는 연녹색의 초원이 물 위에 얼비쳐 물빛이 더욱 곱다. 그 호면 위에 크고 작은 산봉우리들이 편안하게 누워있다. 신록의 풀빛과 호면의 물빛이 동색인 산세 순한 이곳 사람들은 성품도 그러하리라.

고전음악 축제가 열린다는 스케이 마을을 지나는데 비옥한 땅에서 한가로이 목초를 뜯던 소와 염소 떼들이 버스 앞에서 도로를 가로질러 다른 풀밭으로 향한다. 그야말로 방목이다.

에메랄드빛의 계곡물이며 별장처럼 보이는 가옥들이 평화롭다. 노르웨이어로 울빅피엘은 '산맥을 넘어'란 뜻이란다. 빅은 만을, 만은 물을, 그리고 달은 계곡을 말한다. 울빅피엘 산맥을 넘어 인빅 마을의 오밀조밀하고 아름다운 집들을 먼발치로 보면서 인빅 피오르와 올덴 피오르를 지났다. 이 지방은 물맛이 좋아 올덴이라는 상표로 생수를 판다고 한다.

유럽의 푸른 눈이라고 불리는 브릭스 계곡의 빙하를 보기 위해 마차를 타고 올라갔다. 정상에 오르니 브릭스달 빙하의 호면 위에 산이 물구나무서있다.

초록빛 물에 손을 담근다. 금방 초록 손이 된다. 시리다. 눈 녹은 물이 작은 폭포로 흐르는 곳에 가서 청량한 물 한 컵을 받아 마신다. 오랜 세월이 응축된 얼음물이 일만 근심을 녹여 신선이 된 기분이다. 아름다운 에메랄드빛 물에 마음을 담그니 심장도 초록으로 물들었을 것만 같다.

초록 심장! 녹색의 피가 전신을 돈다면 모든 근심 걱정 피로도 사라져 평화로울 것이라 상상하니 유쾌하다.

스티린으로 가기 위해 올덴 피오르 길을 다시 돌아와 갈림길에 섰다. 로스티린은 해발 1,800m나 되는 험한 지형이지만 스키의 긴장감을 즐기기에는 만점인 곳.

휴양지로서 관광객을 위한 많은 숙박 시설이 있는 로웬 마을이나 스티린 산맥의 그로틸리를 지나는 산정에는 군데군데 별장이 자리하고 있었다. 이 지역의 상류층은 덴마크에서 이주해 온 사람들이라 덴마크 언어를 쓰고 있지만 이곳이 유럽의 오지라서 자신들의 콤플렉스를 극복하기 위해 프랑스문화에 심취해 산다고 한다. 스웨덴과는 문화와 경제정책을 공유하며 좋은 이웃으로잘 지낸다는 것. 국립공원에 우뚝우뚝 솟은 붉은 적송도 숲과 그렇게 어울려 잘살고 있었다.

1994년 동계올림픽 개최지였던 릴레함메르를 향해 가고 있는 버스는 노르웨이에서 가장 큰 호수 '묘사'와 줄곧 동행했다. 론다에서 네르하로 가는 예리피에브 산 뒤편 동네에서는 극작가 헨리크 입센이 이곳을 배경으로 희곡 페르퀸트를 썼는데 페르퀸트를 기념하기 위해 해마다 페르퀸트와 에드바르 그리그가 곡을 붙인 음악극 솔베이지 송을 공연한다고 한다.

버스는 한 시간 반을 달려 오전 10시에 릴레함메르에 도착했다. 릴레함메르는 노르웨이 남부 내륙의 오플란 주에 있다. 시가지가 한눈에 조망되는 산 정상의 스키 점프대에서는 동계올림픽에 출전할 선수들이 열심히 연습하는 모습이 보인다.
 북유럽의 산악풍경이 장수 우리 동네와 비슷해 더욱 친근감이 간다. 길가에 가로수로 심은 흰 해당화가 나를 반겨줘 처음 보는 흰 해당화의 그 청순한 모습과 향기까지 사랑으로 눈과 마음속에 오래도록 품는다.

진정한 이웃
—덴마크 코펜하겐의 이모저모

　노르웨이 오슬로에서 덴마크 코펜하겐을 향해하는 호화유람선은 물결의 출렁거림으로 롤링이 있어 어지러웠다. 미동도 없던 때와는 사뭇 다른 바다의 몸짓이다. 덴마크의 조상인 바이킹족은 이런 악천후와 얼마나 많이 싸워 이곳에 정착했으며 이 넓은 땅을 차지해 후손에게 물려주었을까를 생각하게 했다.
　7월 첫날, 페리호는 의연하게 덴마크를 향해가고 있었다. 그렇게 소망했던 멋진 선상 여행은 전날 오후 5시에 출항해 다음 날 아침 6시인데도 계속 가고 있으니 13시간을 항해 중이다. 아직 3시간을 더 가야 한다.
　비가 내린다. 갑판에서 비를 맞는다. 하늘이 잿빛이니 바다도 잿빛이다. 파고가 높은 망망대해를 바라보다가 문득 지나온 내 인생의 에움길을 보는 것 같아 상념에 잠긴다. 내 뜻과는 무관하게 강한 생활력으로 확실하게 홀로서기는 했으되 자수성가

보다는 공주 대접받고 살면서 판사가 되고 싶었다. 갑판에서 내려와 2002년 월드컵 결승전을 본다. 독일과 브라질, 승자와 패자의 엇갈린 표정을 보면서 결승전까지 못 가고 4강에 머문 우리나라를 아쉬워했다.

지금까지 거쳐 온 나라들을 떠올려 본다. 산밑이거나 산속에 그림 같은 집을 짓고 드문드문 사는 핀란드, 넓은 정원에 아기 눈높이의 집을 짓고 놀이기구를 설치하여 동화의 꿈을 실현해 주는 스웨덴, 레스토랑에서 일하는 미혼모와 사랑에 빠져 왕위와 사랑을 평형대에 올려놓은 노르웨이의 용기 있는 하콘 왕자와 그 사랑을 존중 해준 파격적인 왕가, 모두 부러운 모습들이다. 그러나 감칠맛이 빠져 조금 싱거워 보였다.

큰 바다의 큰 생선이 맛이 없듯 인생도 그러리라 싶다. 우리 연안의 작은 생선들은 부대끼며 살아선지 깊은 맛이 있다. 삶도 그러하리라. 신산辛酸의 아픔을 모르고서야 어찌 인생의 깊이를 다 안다고 할 수 있으리. 삶이 온통 단맛뿐이라면 상대를 배려하는 마음도 역지사지의 환치도 지혜도 모자랄 것 같다.

지구가 둥글다는 지동설을 실감하며 돌아다닌 10여 일. 달리는 버스에서조차도 지구가 공처럼 둥글다는 것을 실감한 지평선이었다. 선상에서 보는 수평선은 띠를 두른 듯한 섬과 구름이 하늘과 바다의 경계를 구분해 주지 않으면 그대로 둥근 공 속에 머물러 있는 착각을 하게 했다. 하늘빛이 파랗게 물들면 물빛도 파랗고 아름다웠다. 하늘과 바다는 서로를 비춰주는 거울이다. 태양이 바다에 활력소를 넣으면 물빛은 더욱 파래져서 윤슬로 반짝여 화답했고 석양 노을에 물든 바다는 금빛 찬란하게 출렁여 주었다. 아름다운 조화다. 긴긴 항해 끝에 덴마크의 수도 코펜하겐에 도착했다.

아말란 궁을 찾아들었다. 대인이 사는 땅이라고 덴마크라 한단다. 노블레스 오블리주 세계 4위의 경제부국이다. 이 나라의 국민은 실버스푼을 입에 물고 태어난다고 한다. 복 받은 사람들. 후손에게 부를 물려주는 일이 국민 정서라니 부자나라에 사는 사람들은 정신도 부자다.

발트해와 연결된 해양성기후의 바다. 게피온 분수대를 지나 인어공주 상이 세워진 바닷가로 가본다. 안데르센의 동화 인어공주를 모티브로 하여 칼스버그 맥주회사 2대 사장인 칼 야콥슨이, 실제 모델 앨런자윤서(18세)의 1.5배 크기로 세웠다는데, 바위에 앉아 먼바다를 바라보고 앉은 인어상이 너무나 볼품없이 빈약해 허망했다. 그야말로 썰렁 명소, 벨기에의 '오줌 누는 소년'에 이은 2번째였다.

덴마크는 6.25 전쟁 때 우리나라 참전국으로서 큰 병원선 유틀란트 호를 보내준 나라다. 이 병원선은 170명의 의학도를 파견했지만 안타깝게도 그중 47명이나 전사했다. 코펜하겐 대학의 의대생들이었다.

1911년에 세계 최초의 인슐린을 만들었고 백신이란 말도 덴마크에서 처음 시작되었다고 한다. 1998년에는 당뇨백신을 만들고 현재도 임상 중이며 유방암 백신은 '노보노르딕' 제약회사가 제조해 시판 중이란다. 주가가 뛸 만큼 전망이 밝다고 한다. 이 학교에는 알레르기 학과가 18개나 있고 킹 돔에 있는 암센터 팬암 연구소는 세계에서 가장 크다는 것. 당뇨 리서치 센터에 우리나라의 정석원 교수가 합류했다는 말이 반갑다. 이렇듯 의학 선진국인 덴마크는 전 세계의 건강을 책임지고 있다고 해도 과언이 아니란다. 여성들이 일할 수 있도록 탁아시설이 뛰어나고 여성 36%가 정계에 진출하여 여성만을 위한 법을 만든다고 한다.
　상공부 장관의 아들이 마약을 했는데 정치 이슈화하지 않고 가족사의 비극으로 간주, 같이 아파하는 인간미를 보여주었다니 뭐든 상대 흠잡는 우리네 정치판보다 한 수 위라 부럽다. 육신의 병뿐 아니라 정신의 병과 아픈 마음까지를 보듬어 줄줄 아는 진정한 이웃이라는 생각이 들었다.

　시내의 양옆을 흐르는 크리스천 4세 운하. 왕궁이었던 크리스천 버그는 국회의사당이 되어 국가를 움직이는 원동력의 건물로 그 몫을 다하고 있었다.
　시청광장을 통과해 국회의사당의 정문을 통과해 본다. 9명의 여성장관 중 6명이 만삭으로 출산휴가 중이어서 공식 휴가 1년을 대비해 그 공석을 메꿀 프리랜서 장관을 뽑는 중이라고 한다. 20~40대의 다양한 젊은 여성들을 장관으로 기용하는 능력 위주의 정부가 부럽기만 하다. 젊은이들을 애 취급하는 우리나라로선 꿈같은 얘기다. 부자가 더 부자가 되고 싶은 욕망이 아니라 부자여서 마음까지도 나눠주는 진정한 부자나라를 보면서 우리나라도 머지않은 장래에 꼭 그렇게 되기를 소망한다.

실존주의 철학자 소렌키에르게골SorenKierkegaard은 약혼녀에게 위자료를 주고 파혼했는데 구속과 속박을 하지 않기 위한 진정한 사랑에서였다니 철학자답다.

도시미관을 살린 탐미주의로 가로등이 전선에 종처럼 매달려 있어 그 아이디어가 돋보였다.

이야기 아저씨 안데르센 동상 앞에서 기념사진 한 컷의 포즈를 취해본다.

태초의 순수인가, 지상의 낙원인가

"아니 이 여름에 웬 눈(雪)이…?"

눈이 휘둥그레진 사이에 차는 어느새 화이트샌즈 비즈니스 센터 앞에 멈춰 선다. 천연기념물인 뉴멕시코의 화이트샌즈 입장권을 끊고 경내로 깊숙이 들어갔다. 검은 아스팔트 길이, 바람이 흩뿌린 하얀 모래로 살포시 덮여있어 마치 살얼음의 빙판 길로 보였다. 차는 이 착각의 빙판길을 미끄러지듯 전속력을 내어 안으로 질주한다.

가도 가도 끝이 없는 광활한 백사장이 설원처럼 펼쳐진 장관을 보며 자연의 신비와 경이에 넋이 나가 마치 퉁겨지듯 우리는 차 밖으로 나와 탄성을 질렀다.

"와!, 야호!"

하얀 모래다. 아니, 고운 소금이다. 아니 그보다 더 입자가 가는 흰 설탕이다. 나는 신발을 벗어 양손에 들고 쏜살같이 벌판을 향해 내달렸다. 모래를 발로 걷어차며 달린다. 발목까지 빠지는 흰 사막에 수없이 발자국을 찍으며 광활한 대 설원으로 있는 힘껏 질주해 본다. 끝이 없다. 나는 마침내 구릉을 향해 엉금엉금 기어오르기 시작했다. 정상을 향해 꼭대기로 꼭대기로만 치오르다가 그만 제풀에 지쳐 털썩 주저앉고 만다. 정상이 보이질 않는다. 아니 정상이 따로 없다. 고만고만한 구릉의 백사장일 뿐.

이 넓은 공간의 정상을 정복(?)하고 지평선을 바라보고자 한, 어리석은 한 인간의 하잘것없는 만용이 부끄러운 순간 하늘을 우러른다. 구름으로 덮인 하얀 하늘과 백사장의 하얀 땅을 쪽빛 하늘이 경계를 이룰 뿐 시공을 초월한 한 공간 안에 나는 한 점 먼지로 있음을 깨닫는다.

한 움큼 모래를 쥔다. 보드랍다. 이 보드라움은 곧 손가락 사이로 시냇물이 되어 흐른다. 쥐었던 뿌듯함과 흘려버린 허전함이 잠시 교차한다. 그러나 이내 홀가분한 빈 마음이 되어 가슴 저 밑바닥에서 치솟는 괴성을 지르며 언덕 아래로 데굴데굴 구르기 시작했다. 그리고 거의 동물적인 충족감으로 마음껏 기꺼워한다. 내 어디에 아직 이토록 해맑은 순수가 남아 초로의 나이도 잊은 채 즐거워할 수 있는지 오히려 신기하다. 채색되지 않고 절제되지 않은 내 감정의 순수와 내가 만나는 순간이다. 때 묻지 않은 영혼의 순수가 원초적인 순백의 사막 한 자락을 깔고 뒹굴며 두 원초의 순수가 합치되는 순간, 천국은 죽어서 가는 곳이 아니라 바로 이럴 때의 마음이 천국임을 나는 깨닫는다.

화이트샌즈, 그 끝없이 펼쳐진 백사장의 연금술사가 되어 때문은 내 영혼을 연마해 순백의 본래 모습으로 환원시켜 놓는 순간 나는 어느새 문 없는 천국에 들앉아 있었다.

상전이 벽해되고 벽해가 상전 되던 그 옛날 이곳은 바다였단다. 하느님이 이따금 불공평한 것을 뒤집어 골고루 공평하게 만드시던 그때, 인간을 연마시키는 곳으로 신이 만들어주신 선물이다.

아침 햇살로 눈 부신 흰 모래는 수없이 별을 만들어 하늘에 띄우고 있다. 지상에서 이렇게 무수히 띄워 보내는 이 별들이 어쩜 캄캄한 밤하늘의 미리내가 되어 흐르는지도 모르겠다.

사막의 바람은 거셌다. 흰 모래를 흩날려 아무리 모래 위에 옮겨놓아도 그저 모래 위에 수북이 쌓일 뿐이다. 그 모래밭에 송곳처럼 뚫고 나온 유커가 마치 사막에 꽂힌 깃발 인양 군데군데 솟아있다. 우린 흩날리는 모래바람을 피해 급식이 허용된 레스트에어리어로 나왔다. 그리고 밴van으로 바람을 막고 어렵사리 라면을 끓여 찬밥을 말아 아침을 먹으며 화이트샌즈 사막 한복판에서 한국의 흰 쌀밥 밥알을 흘린 최초의 한국인이란 진기록 하나를 남긴다.

대낮엔 모래가 열을 받아 발 디딜 수조차 없는 열사가 된다는데 우린 운 좋게도 아침 일찍 들어와 다행이었다는 기사 겸 가이드 미스터 박은 미국 46개 주를 안내하며 돌아봤지만 이런 곳은 처음이라며 되레 우릴 고마워했다.

나는 떨어지지 않는 발걸음을 애써 돌리며 화이트샌즈의 백설탕 같은 흰 모래를 양말 한 짝에 가득 퍼 담았다. 천국을 그리는 내 주변의 이웃들에게 한 줌씩의 천국을 나누기 위해서.

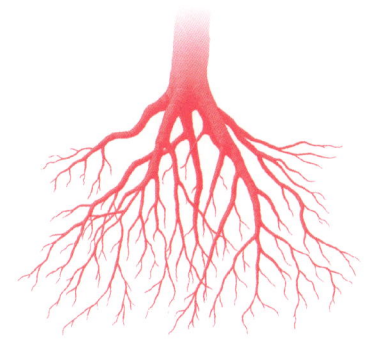

Heirs of the Wandering Peddlers
벤데돌이의 후예들

해바라기는 이글거리고

 아무리 역마살이 많다지만 남편은 좀 별났다.
 이번엔 '코치텔' 여행상품을 골라와 내 의사를 타진했다. 나는 먼저 구미에 당기는 나라인지, 날짜와 비용은 괜찮은지를 검토해 보았다. 코치텔이라는 생소한 여건이 다소 무리가 있을 듯싶긴 했지만 우선 비용이 저렴하고 좀 색다른 방법의 여행 경험을 하는 것도 재미있겠다 싶어 동의하고 말았다. 그러나 젊은이들이나 하는 배낭 여행이 나이 든 우리에겐 여러 가지로 적합지 않아 과연 괜찮을지 우려되기도 했다.

 여행은 미지에 대한 설렘이 어지간한 고생쯤 감내하게 한다. 유럽 7개국을 14일간 버스에 앉은 채로 국경을 넘나들면서 버스 안에서 먹고 자는 특별한 경험이라 돈 주고 사서 하는 고생이 시작되었다. 네덜란드 암스테르담과 벨기에의 브뤼셀을 거쳐 프랑스 파리로 다시 스위스의 융프라우와 루체른을 들렀다가 이탈리아의 밀라노와 베로나로 간다. 이탈리아 베네치아에서 북상하여 오스트리아의 인스브루크와 퓌센을 거쳐 마지막 밤을 독일의 하이델베르크에서 보내고 다음 날 프랑크푸르트에서 귀국하는 결혼 32주년의 구혼 여행이다.

네덜란드 하면 풍차와 튤립이 연상되고 꽃을 수출하여 먹고 사는 나라라는 생각을 머릿속에 담고 있어선지 한번 방문해 보고 싶었다. 운하를 끼고 발달한 물의 도시, 대지는 항상 촉촉하여 식물을 잘 자라게 하고 그 식물은 소가 뜯어먹어 넉넉한 우유를 생산해 내고 그것은 다시 치즈로 가공하여 판매하면 경제에 보탬이 되는 풍요로울 수 밖에 없는 천혜의 조건이다. 더구나 21세기는 작은 나라가 큰 나라에 대응해 이기려면 지적소유권의 경쟁력 아니면 살아남기 힘들다는데 이미 꽃으로 세계시장을 공략한 이 나라는 천혜의 입지 조건을 최대한 활용해 일찌감치 자리를 굳힌 셈이다.

시내로 뻗은 전찻길을 따라 여기저기 기웃대다가 '섹스뮤지엄' 간판을 보고 내 장난기가 동해 남편을 채근하여 표를 끊었다. 이곳에선 무엇이 공공연한 상품이 되는지 그게 궁금했다. 그런데 입구에 들어서자마자 문지기로 서 있던 밀랍 인형의 바지가 자동으로 쑥 내려가더니 남성의 성기가 불쑥 일어서서 깜짝 놀랐다. 그것만으로도 이곳 분위기를 대충 짐작하고 깔깔 웃으며 돌아서서 남녀의 사랑에 관련된 전시장을 둘러보았다.

중세 때 십자군 전쟁에 나간 기사들의 아내가 패용했다는 정조대가 걸려 있는 곳에 발길이 머물렀다. 남편들이 전쟁에 나가면서 열쇠를 가져가 열 수도 없었다는 저 무거운 정조대를 입고 여인들이 지켜야 했던 것은 몸이었을까. 마음이었을까. 아니, 그게 아니다. 진정으로 지키려 했던 건 남성들 자신의 불안을 잠근 기구라는 생각에 절로 실소가 나왔다.

암스테르담의 중심지 딤 광장 주변에 가볼 만한 곳들은 그리 멀지 않은 거리에 모여 있었다. 안네 프랑크의 생가에 들어갔다. 1944년 8월 4일 15세로 게슈타포에 발각되어 아우슈비츠의 가스실로 보내질 때까지 안네와 그 가족들이 조마조마 마음졸이며 2년씩이나 숨어 살았던 구석구석을 살펴본다. 그 불안하고 불편한 고생을 안네와 그 식구들은 어떻게 견뎠을까를 생각하니 유대인을 학살한 나치의 전율할 만행은 인류의 역사에 그저 의문부호를 찍게 할 뿐이었다.

고흐의 미술관에 들어갔다. 고흐뿐만 아니라 네덜란드 출신의 화가들 작품도 전시되어 있었는데 그 가운데서 단연 고흐의 그림이 뛰어났다. 저토록 물감으로 짓이겨야 했던 그의 감정은 끓는 열정이었을까, 아니면 가난에 대한 울분 같은 것이었을까.

그가 그림을 그리지 않았다면 그렇게 표출한 이글거리는 저 광기를 어떻게 다스렸을까?

참으로 강렬했다. 한 밭 가득 해바라기가 펼쳐진 하늘의 이글거리는 태양과 그 태양의 향방을 따르는 누런 색채의 해바라기와 까만 씨앗의 여묾까지를 강한 붓의 터치로 짓이겨 놓은 유화는 어쩌면 화가 자신의 심리 상태가 저러했을지도 모르겠다는 생각이 들었다. 강렬한 욕구 불만을 그는 그렇게라도 풀어내지 않으면 안 됐을 것 같은 느낌이 전달 되어왔다.

그림들의 연대를 보니 고흐는 그림을 그려 생계를 유지했던 듯 5년 동안 다작했고 그 시기에 그린 작품들이 많이 걸려 있다. 그의 화풍을 좇는 화가들 작품도 같이 걸려 있었지만 고흐의 마음속에서 끓고 있는 감정은 역시 고흐만의 화풍으로 그들 것은 어설픈 흉내 내기로 내 눈엔 보였다.

브뤼셀로 남하하는 길에 풍차가 있는 작은 마을의 치즈 공장에 들렀다. 가내수공업 공장이다. 규모가 꽤 큰 매장도 갖추고 있다. 이것저것 썰어놓은 치즈 조각을 일행들은 집어 맛본다. 나는 우유와 치즈와 친하지 않아 관심이 없는데도 몇 조각 골고루 맛을 보니 그런대로 괜찮아 우리 아이들 선물로 몇 개 챙겨 담았다.

벨기에의 브뤼셀에 도착해 중앙역 부근의 중심거리를 찾아 걸었다. 16세기 르네상스 시대의 건축양식 건물들이 광장에 명물로 들어차 있다. 그 광장에 접한 노천카페는 자리가 모자랄 만큼 많은 사람이 삼삼오오 모여 앉아 얘기꽃을 피우느라 한창이다. 건물 사이로 난 작은 통로에는 상가들이 죽 늘어서 있는데 그중에서도 손뜨개 레이스의 섬세하고 세련된 물건들이 눈길을 끌어 밖에서 한참을 구경하다 가게 안으로 들어갔다. 컵받침의 소품부터 큰 식탁보에 이르기까지 욕심난 물건들이 많았는데 너무 비싸 눈요기로만 만족해야 했다.

<오줌 누는 소년>을 찾아 광장의 또 다른 길의 좁은 통로를 빠져나가 찾고 보니 "에게, 저거야?" 허망하기 짝이 없다. 작은 남자아이가 구부정하게 서서 오줌을 누는 작은 청동상이다. 1619년 제롬 뒤케누아가 제작한 "꼬마 줄리앙"이라고도 부르는 이동상은 프랑스가 약탈해 갔다가 루이 15세가 약탈을 사죄하는 뜻으로 프랑스 후작의 화려한 옷을 입혀 돌려보낸 뒤 유명해졌다는 것. 60cm 꼬마 줄리앙의 옷은 국가의 국빈들이 방문할 때 가져와 입히는 것이 관례가 되어 600벌이 넘는 옷이 있는데 유럽의 썰렁 명소 중 하나라고 한다.

우리는 버스를 타려고 돌아오는 길에 노천카페에서 커피 한 잔을 마시며 아르바이트로 연주하는 거리의 악사들 음악을 들었다. "이곳이 유럽이구나!" 하고 그 정취에 젖어보기도 하면서….

시가지와 좀 먼 길에 세워둔 우리들의 숙소 캠핑 그라운드. 코치텔의 버스에 15명이 타고 이동한다. 별로 비좁진 않지만, 구성원이 여러 가족이고 또 다 같이 버스에서 잠을 자야 하니 신경이 쓰일 수밖에. 남편의 코 고는 소리를 부디 자장가로 들어주면 좋으련만 그것 때문에 잠 못 이뤘다는 사람이 있을까 봐 조심스러웠다.

끼니때는 식탁이 되고 밤에는 침대가 되는 코치호텔의 첫 밤은 그렇게 깊어 갔다.

베르사유궁의 뒷골목 풍경

신혼때다.

유리 케이스에 담긴 보라색 드레스의 프랑스 인형을 전축 위에 장식으로 올려놓았다. 결혼식 때 선물로 받은 인형을 날마다 보면서 딸을 낳으면 그 인형처럼 눈이 예뻤으면 좋겠다고 생각했다. 그리고 임신하자 그 인형의 눈을 태교로 보았다. 그래서였는지 딸을 낳고 보니 정말 눈이 예뻤다. 큰딸아이 출생 때의 까마득한 얘기다.

숭대 기업대학원 동기들이 처음 영국을 거쳐 프랑스를 방문했을 땐 환상적인 도시일 거라고 잔뜩 기대했다가 그 유명한 센강의 탁한 물과 강폭을 보고 얼마나 실망했던지 허망하기까지 했다. 그러나 남편과 다시 찾은 파리는 그 이름만으로도 로맨틱한 사랑이 절로 이뤄질 것 같은 곳이다.

센강을 끼고 양쪽으로 번성한 도시의 경관이며 아름다운 조각의 건축물들을 유람선을 타고 강을 따라 흘러가면서 볼 수 있어서 충분히 낭만적이었다. 석양 햇살을 등에 지고 노을이 강을 붉게 물들이는 시간의 유람선 관광은 참으로 멋스러웠다.

노천카페의 휘황한 야경은 감미로운 음악과 부드러운 언어와 레드와인의 사랑으로 무르익고 있었는데 그 거리를 지나 에펠탑의 찬란한 조명을 바라보며 샹젤리제 거리에서 개선문을 거쳐 콩코드광장까지 남편과 팔짱을 끼고 걸었다. 무성한 마로니에 잎만큼이나 풋풋한 여름밤의 낭만이 부부의 기분을 고조시켰다.

다음 날 아침 일찍 버스는 관광객 일행을 몽마르트르 언덕에 내려주고 짧은 시간 안에 빨리 보고 돌아오라 재촉했다. 우리는 잰걸음으로 숨이 턱에 차게 구릉지의 비탈길을 올라 사크레쾨르 성당 마당에 들어섰다.

비잔틴 양식의 1백 년이 채 되지 않은 웅장하고 아름다운 성당 앞마당에 서서 누천 년 역사를 간직한 파리 시내를 한눈에 굽어보며 숨을 골랐다. 언제나 여행 중에 느끼는 거지만, 가톨릭이 국교인 나라에서는 주로 성당을 통해 건축양식이며 다양한 문화를 접하게 된다. 그때마다 나는 마치 주인이 제집에 들어가듯 보무도 당당하게 성당 안으로 들어가 장궤틀에 무릎을 꿇고 기도한 후에 성당 안을 둘러본다.

이날도 누가 부르는 듯 성당 안으로 성큼성큼 들어가 무릎을 꿇고 기도했다. 공교롭게도 막내딸 영인이가 전국 섬유 대전에 참여하여 종일 패션 실기시험을 치르는 날이어서 아이의 입선을 비는 기도를 올리고 쫓기듯 나와 몽마르트르 언덕으로 내려왔다.

　이곳은 두 번째 방문이니 이번만은 짬을 내어 거리 화가에게 내 초상화 한 점 그려 가리라 단단히 벼르고 왔는데 그럴 시간이 주어지지 않아 몽마르트르 언덕 주변 가게들만 대충 둘러보는 걸로 만족해야 했다. 그 대신 아침 일찍 서두른 덕에 센 강에 내렸을 땐 노트르담 성당의 미사에 참여할 수 있는 시간이 주어졌으니 아주 특별한 행운을 얻은 셈이다. 우리 부부는 일행과 떨어져 미사에 참례했다. 여행지에서 주일 미사를 본다는 것은 좀처럼 갖기 어려운 기회다. 나는 그것만으로도 감읍하여 눈물이 핑 돌았다. 그렇지 않아도 하느님 백만 믿고 조상들의 산소를 아무 거리낌 없이 이장했는데, 몇 년 동안 크고 작은 액운이 계속 집안을 기웃거렸다. 그러나 그것이 산소를 이장해서 생긴 일이라고는 전혀 생각하지 않았다. 그런데 저승사자가 자는 딸애 얼굴을 가까이서 내려다보는 악몽으로 매일 시달린다며 늘 가위눌려 깊은 잠을 이룰 수가 없다는 것이다. 큰딸아이의 그 말에 마음이 약해진 나는 하느님께 용서해 달라고 청한 후 귀신들을 달래는 굿을 했다. 그리고 그 미신행위에 대한 고백성사만 보고 출국한 터라 노트르담 성당에서의 미사와 영성체는 특별히 하느님이 내리시는 사면의 은총으로까지 여겨졌다. 미사가 끝나자 너무나 홀가분하고 기쁜 마음이 되어 남편과 함께 길가 노점에 펼쳐진 그림이며 풍물들을 구경하면서 한가하게 퐁네프다리까지 걸었다. 이들은 예술을 사랑하는 만큼 꿈도 낭만도 문화도 자꾸 만들어 내고 그곳은 금방 명소로 자리 잡아 사람들이 붐빈다고 한다.

버스는 일정대로 베르사유궁 앞마당에 섰다. 그러나 우리 부부는 몇 년 전에 이미 각자 다녀간 곳이다. 짧은 몇 시간으로 부르봉 왕조의 방대한 호사의 극치를 다 섭렵할 자신도 없어 아예 베르사유궁 방문 대열에서 이탈했다. 그러고는 뒷골목이나 구경하자며 궁을 나왔다. 과일 가게에 들러 산딸기와 체리도 한 봉지 사고, 보석 가게 앞에 서서 눈요기도 하면서 옷 가게 앞에서는 요즘 파리 패션의 유행이 어디로 가고 있는지도 살폈다. 이 가게 저 상점을 한참을 기웃거리다 보니 어느새 노점상이 펼쳐진 벼룩시장에 발길이 닿았다.

나는 사람 냄새나는 그런 풍경을 좋아한다. 그저 우리의 숭늉처럼 구수하고 여인네 속곳처럼 편편한 것이면 무엇이든 좋다. 초행의 일행들이 베르사유궁 안에서 화려함의 극치를 눈요기할 시간에 우리는 시장의 가게에 들어가 내가 좋아하는 체리를 또 사고 길거리를 기웃기웃 구경했다.

화려한 왕궁 뒤안길에 숨어 있는 서민들의 벼룩시장. 어디를 가나 빈부 격차가 있게 마련이니 이들이 궁하면 들고나와 파는 물품 중에는 잘만 고르면 꽤 쓸 만한 것도 더러 있겠지 싶었다. 우리는 행여나 헐값에 무얼 건질 것이 있나 하고 이곳저곳을 기웃거리다 어느 손수레의 시계 점포 앞에 섰다.

일흔이 훨씬 넘어 보이는 노인이 우릴 보고 반긴다. 고물 시계에서부터 새것에 이르기까지 좌판에 벌여놓은 것들 통틀어 봐야 몇 십 개에 불과했지만, 그 노인의 직업에 임하는 자세는 프로로 보였다. 그는 자기소개의 현수막을 손수레의 벽면에 걸었는데 30~40년의 역사와 전통과 기술을 자랑하는 광고였다. 우리는 그 노인을 보며 자식들 공부도 다 끝났을 텐데 꼭 식생활 때문에 리어카 점포를 운영하는 것 같진 않아 보인다고 그의 자세에 후한 점수를 주었다.

우리 뒤로 죽 차례를 기다리는 손님들이 있어 그들에게 양보하고, 그네들의 하는 양을 지켜보면서 한켠에 서서 남자 시계를 고르고 있었다. 노인은 즉석에서 숙련된 솜씨로 시계를 빨리 수리해 주고 부지런히 잔돈푼을 받아 주머니에 넣었다. 몇 프랑을 받는지는 알 수 없으나 열심히 일하는 그 모습이 노련하고 진지했다. 어떤 시계는 부품이 없어 즉석에서 고치기 어려우니 다음 주에 나와서 찾아가라고 이른다. 아주 오랜 단골인 모양이다.

줄지어 섰던 사람들이 모두 가고 한가하게 우리 부부만 남았다. 남편이 오래된 투가리스 시계 하나를 골라 값을 물으니 2백 불이 채 안 되었다. 달러를 내놓으니 웃으면서 거절한다. 카드도 통용되지 않았다. 그야말로 영세 노점상인가 보았다. 그동안 관광객이 뒷골목의 일요일 벼룩시장을 찾는 사람이 없었던 듯, 달러에 대한 개념이 전혀 없어 얼마만큼의 프랑으로 환산할지를 아예 몰랐다. 얼마나 서민이면 달러를 못 받는가 싶었으나 달리 계산할 방법이 없어 아쉽고 서운해도 그냥 돌아섰다. 그때 문득 우리 시골집에 갔을 때 일이 떠올랐다. 그날은 진안 장날이었고 우리는 그곳을 돌아보다 자연산 송이버섯을 만났다. 할머니가 좌판에 푸성귀와 함께 펼쳐놓은 자연산 송이버섯은 꽤 모양새도 잘생긴 데다 굵기도 괜찮고 개수도 여러 개라 싸다 싶어 10만 원 수표 한 장을 내놓으니 거스를 돈이 없다는 핑계로 수표 받기를 몇 번을 망설이다가 끝내 거절하던 그 노인네를 만났을 때처럼 아쉬움이 일었다. 노인이 종일 서서 수리하고 받은 잔돈푼에 비해 고물 시계를 팔면 이익은 얼마나 챙겼을지, 그 노인도 우리를 놓쳐 아쉽고 서운했으리라.

아픈 다리도 쉴 겸 이런저런 생각을 정리하느라 베르사유 궁전 앞뜰 공원 벤치에 앉아 출출해진 뱃속을 음료수와 빵과 버찌로 채우고 있었다. 마치 일요일 오후에 동네 공원에 산책 나온 기분이었다. 사람 사는 모습은 언어만 다를 뿐 어딜 가나 똑같았다. 두 번을 다녀온 파리지만 주마간산 이긴 매한가지였다.

남편은 지금도 푸른 하늘에 소년 같은 꿈을 그리며 산다. 어쩌면 그의 그런 욕망 때문에 나는 시간과 비용만 준비되면 선뜻 따라나설 수 있으니 그 자체가 행운이라면 행운이다. 그는 다시 프랑스만을 일주할 욕심을 갖고 벼르니, 그를 따라나서는 한, 나는 또 지구촌의 사람 사는 이야기를 서툴게나마 이렇게 엮어 낼 것이다.

파티마의 그날들

이른 저녁을 먹고 시내 구경을 나섰다. 6월 13일 밤이었다. 광장에 많은 인파가 운집해 있고 그 한쪽에선 초를 팔고 있었다. 우린 영문도 모른 채 황급히 초를 사 불을 켜 들고 대열에 끼어들었다. 멀리 제대가 보였다. 인파 속을 비집고 들어가 제대 앞까지 갔다. 신부님 입당으로 성모의 밤 행사가 시작되었다. 세계 여러 나라에서 온 여성 다섯 분이 각기 자기 나라 언어로 환희의 신비 1단씩을 인도했다. 성모님이 파티마에 두 번째 발현하신 날을 기념하는 행사임을 그제야 알았다.

1917년 5월 13일, 하늘에서 성모님이 양치는 세 어린이 (히야친따8 프란치스코9 루치아11) 앞에 발현하셔서 세계평화와 낙태된 영혼들을 위해 늘 기도하라고 이르신다. 성모님은 6월 13일도 7월 13일에도 나타나셨는데 그 소문을 듣고 이를 보기 위해 몰려든 어른들 눈에는 전혀 보이지 않았다고 한다. 그 1년 후, 루치아의 사촌 동생들 둘은 유행성 독감으로 하늘나라로 떠나고 루치아는 수녀가 되어 포르투갈의 코임브라에 있는 가르멜 봉쇄수도원에서 90세가 넘도록 성모님의 발현을 증언하고 산다는 소식은 이미 들은 바 있었다.

젊은 날 목포 북교동성당에서 '한울회' 모임을 함께 했던 아네스 언니네 부부와 우리 부부가 14년 만에 만나 10박 11일의 유럽 여행을 하던 중에 생긴 꿈에도 생각 못 한 일이었다. 우연이라기보다는 이는 필시 성모님이 부르신 것으로 여겨 그 필연의 은혜에 감사드렸다. 행사가 끝나고 성모상을 어깨에 멘 행렬을 신부님과 복사 단이 뒤따르고 이어 신자들이 묵주기도를 바치며 성당 광장을 한 바퀴 돌아 해산했다.

다음 날 아침 일정은 루치아 수녀님 생가터 방문이다. 수녀님의 생질부가 우물의 자물쇠를 열고 바가지로 물을 퍼 순례객들에게 일일이 한 컵씩 따라 주었다. 오후 5시까지 우물물이 동나지 않도록 관리해야 한다고 했다. 한 모금씩이라도 나눠 마셔야 해서 한 방울도 허실이 없도록 하는 봉사라한다. 나는 컵에 물을 받아 마시다가 조그만 페트병에 붓고 다시 뒤로 가서 줄서 한 컵을 더 받았다. 집에 있는 아이들에게도 나눠 먹이고 싶은 어미의 욕심에서였다.

파티마 시내 관광을 마치고 버스에 오르자, 아침에 미사에 참석한 사람도 있다고 가이드가 말해준다. 놀랐다. 20여 명이 넘는 일행 중 신자는 우리를 포함 부부 세 팀과 여교우 한 분이다. 그런데 강남에서 온 부부가 아침 일찍 산책 나섰다가 성당의 종소리를 듣고 성당 안으로 들어가니 마침 미사 시작 전이더란다. 몇 분의 신자와 수녀님이 참석한 가운데 신부님이 양 영성체를 주셔서 그 은혜로움에 눈물이 났다고 부인이 말했다. 신비한 일이었다. 간밤에 성모의 밤 행사에 이어 다음 날 새벽 미사에서 양 영성체까지 받아 모시다니…. 그 댁은 남편이 대학교수로 15년째 남성 레지오 단장을 맡고 있다고 한다. 그러고 보니 아녜스 언니도 고등학교 2학년 때부터 시작한 묵주기도를 단 하루도 거르지 않고 50년을 이어 오고 있다지 않던가. 그렇다면 성모님이 불러서 각자의 공로대로 치하했다는 생각이 들었다.

그런데 나는 20여 년 전에 꿈에서 이곳을 본 적이 있다. 노지의 광활한 언덕이었고, 그 언덕 위로 오르는 여러 개의 돌계단이 있었다. 그 언덕과 한참 떨어진 입구 쪽의 후미진 곳에 조그만 물품 창고가 있었는데 그 안엔 허름한 책걸상이 아무렇게나 쌓여있었다. 그 안에서 뭔가를 찾다가 꿈을 깼다. 그리고 파티마에 와서 보고서야 꿈에 본 그 지형에 성당이 세워져 있는 걸 알았다. 그렇다면 네게도 필시 성모님의 뜻이 있으리라 여겨졌다. 그러나 우리 부부는 그동안 성모님께 드린 공로가 없으므로 앞으로 잘하라는 뜻으로 받아들였다.

파티마 성물 판매소에 들러 묵주 몇 개 기념품으로 샀다. 장미 향의 묵주가 작은 원형의 함에 담겨있어 귀중품처럼 보였다. 더구나 표면에는 루치아 수녀님 사진을 붙여 파티마의 기적을 입증하고 있었다.

호텔로 돌아오는 버스 안에서 남편이 통로로 미리 나와 선반의 짐을 챙기다가, 급커브를 돌던 버스의 탑승구로 굴러떨어졌다. 그놈의 조급증이 병이라고 핀잔하면서 그동안 성모님께 묵주기도 한 번도 바치지 않은 벌이라고 놀렸다. 밤새 앓는 남편이 걱정되어 골절이 아니기를 성모님께 빌었다. 날이 밝자 모로코 시내 관광 대신 병원을 찾아가 X레이를 찍었다. 그나마 골절이 아니어서 천만다행이었다. 2006년의 얘기다.

이제 하던 일 다 접고 장수로 귀촌한 지 7년째다. 하루에 미사 한 대밖에 없는 시골 성당은 모든 교우가 한 가족처럼 조촐하다.

"엄마! 부모 사랑은 이불 같은 것이어서 추우면 끌어당기고 더우면 발로 걷어찬대요. 그러니 자식들이 좀 서운하게 하더라도 그러려니 하세요."

둘째 딸 루치아가 내게 건네는 말이다. 나 역시 성모님께 '이불사랑'이나 하고 있진 않았는지 반성하며 돌아다본다.

(2014)

사랑 이야기의 거리, 세비야

신혼 때 제일 먼저 장만한 살림 1호가 네발 달린 RCA 빅터 전축이었다.

남편은 그때부터 음반을 사 모으기 시작했다. 베를리오즈의 <환상교향곡>을 필두로 돈만 생기면 레코드판을 사다 듣곤 했는데 비제의 <카르멘 조곡>도 일찌감치 판꽂이에 꽂힌 것 중 하나다. 그의 수집벽은 대단해서 현재 가지고 있는 것이 LP며 LD CD 등 4천 장이 넘고 결국은 CD에 밀려 음반구매는 중단했지만 그대신 영화 100년사의 비디오테이프를 사모아 6천여 개가 넘는다.

젊은 날엔 참 많이도 다퉜다. 돈도 돈이려니와 시간만 나면 혼자 방에 틀어박혀 오페라나 교향곡을 왼 종일 듣고 있으니 휴일이면 가족끼리 외식을 하거나 야외로 나가자고 아이들이 졸라도 들은 척도 안 하던 정말 미운 아버지요 남편이었다.

어쩌다 아이들이 음반을 듣겠다고 더러 만지는 날이면 귀신같이 알아채고 불벼락이 떨어지니 나중에는 모든 식구가 아예 거들떠보지도 않았다. 그쯤 되자 나는 남편도 음반도 다 보기 싫어 숫제 FM 방송 채널을 돌려 클래식을 들었다.

남편은 매일 아침 일찍 턴테이블의 암에 행진곡을 걸었는데 그중에서도 카르멘의 <투우사의 노래>는 아이들이 따라 할 만큼 귀에 익숙해졌다. 그러나 시어머님은 식구들이 밥 먹는 시간만큼은 조용히 하자며 "그놈의 알아듣지도 못할 닐롱낼롱 하는 소리 좀 꺼라!" 하고 역정을 내셔서 웃었던 생각이 난다. 그로부터 30년이 흐른 지금 나는 그 오페라 카르멘의 실제 무대인 세비야의 투우장에 와 있다.

과달키비르강이 코 앞에 흐르고 있는 투우장 앞 광장. 투우사 에스까밀료가 투우장 안으로 들어간다. 카르멘이 에스까밀료의 초대를 받고 광장에서 친구들을 기다리고 있을 때 돈 호세가 나타나 제발 자기를 버리지만 말아 달라고 애원한다. 그러나 이미 에스까밀료의 정부가 된 카르멘은

"이젠 에스까밀료만 죽도록 사랑할 거예요. 이것 가져가세요!"

하고 쏴붙이며 호세한테서 받았던 반지를 뽑아 호세 앞에 팽개친다. 이에 격노한 호세는 "그래 가라, 이 악마야!"

하고는 칼을 뽑아 카르멘에게 달려들고 카르멘이 놀라 군중 사이로 달아나자, 호세는 기어코 카르멘을 붙잡아 칼로 찌른다.

사랑 이야기의 거리, 세비야 | 275

그녀는 몇 걸음 비틀거리다 호세의 발아래 쓰러지고 호세는 "나를 체포하시오! 내가 그녀를 죽였소!" 하고 외치면서 카르멘을 찔렀던 칼로 자신을 찌르고 "오, 카르멘, 사랑하는 카르멘!" 하면서 사랑했던 카르멘의 시체 위로 쓰러진다.

비제의 오페라 카르멘의 마지막 장면이다.

세비야, 그 유명한 호색한 돈환이 벌였던 엽색 행각의 무대도 바로 이곳이요 모차르트의 오페라 <피가로의 결혼>과 <돈 조반니> 그리고 로시니의 <세비야의 이발사> 또한 이 도시의 사랑 이야기들이 아닌가. 햇살만큼 뜨거운 열정의 안달루시아 사람들은 앞으로도 비극이든 희극이든 계속 이곳에서 엮어나갈 것이라 생각하며 300여 년의 전통을 이어가는 투우장 관중석에 앉아 투우가 시작되기만을 기다렸다.

나팔 소리와 함께 펜스 쪽의 문이 열리고 시커먼 투우(bull)가 경기장으로 달려 나와 턱 버티고 서서 고개를 좌우로 흔들며 두리번댄다. 3인의 투우사들이 분홍색 물레타를 들고 여기저기서 소를 유인한다. 투우는 움직이는 물체를 발견하고 쏜살같이 달려가 투우사가 휘두르는 물레타에 고개를 처박는다. 투우사는 살짝 비켜서며 따돌리고 다시 또 유인해 약을 올린다. 투우는 투우사들을 향해 이리저리 달려가 보지만 그들은 유연한 몸짓으로 잽싸게 피한다. 조금 위험하다 싶으면 펜스에 잇대어 설치된 피신처로 들어가 머리만 보이게 온몸을 감추기까지. 약이 오른 투우는 그곳까지 쫓아가 식식대며 나무판자를 마구 치받는다. 실패한 소는 다시 두리번대며 움직이는 사람을 찾고 투우사는 최대한 비웃는 자세와 몸짓으로 한껏 뽐낸다. 관중석에선 올레ole!를 외치며 환호한다.

다시 나팔 소리와 함께 펜스의 문이 열리고 눈에 안대를 가린 말 위에 올라앉은 피카도르picador가 긴 창을 들고 나와 잠시 기회를 엿보다가 소잔등에 표시해 놓은 빨간 리본 쪽을 향해 7cm의 예리한 창끝으로 내리찍는다. 이에 잔뜩 화가 치민 투우가 말을 향해 달려들어 아무 데고 마구 뿔로 치받아 보지만 말의 눈은 안대로 가려졌고 온몸은 보호대를 둘러 아래 다리만 쪼끔 나와 있어 소에게 받힐 곳이 없다. 말고삐를 쥐고 앉은 피카도르가 성난 투우를 이리저리 따돌려 피하다가 경기장 밖으로 빠져나간다.

이어 세 사람의 투우사가 분홍 물렛따 대신 단창을 들고나와 호시탐탐 리본 표시의 소 잔등을 노린다. 그사이 마타도르가 빨간 물렛따 뒤에 긴 칼을 숨긴 채 발을 굴러 소를 유인했다. 단창잡이는 리본 표시가 있는 소잔등에 창을 힘껏 내리꽂는다. 투우의 등에선 검붉은 피가 흘러내리고 관중석에선 올레로 환호한다. 소는 몹시 흥분해서 보이는 대로 쫓아가 마구 달려든다. 두 번째의 단창을 그 자리에 또 꽂아 4개의 창이 소가 걸을 때마다 움직인다. 다시 기회를 노려 세 번째가 단창을 꽂자 단창 6개가 등에 꽂힌 소는 배로 거친 숨을 몰아쉰다. 투우는 서서히 기력이 떨어지면서 윤기가 흐르던 검은 털에는 핏자국이 선연해진다. 소는 또다시 사력을 다해 물렛따를 향해 질주하고 마타도르는 물레따로 요리조리 피하면서 소를 유인해 심장을 정조준하여 칼을 꽂고 돌아서서 최대한 거만한 포즈를 취한다. 관중석에선 올레가 터져 나온다.

  육중한 검은 소가 몇 번을 비틀거리며 그 자리에서 오락가락하더니 무릎을 꿇는다. 그리고 흙바닥에 모로 눕자 말을 타고 나온 피카도르가 죽은 소를 끌고 사라진다. 투우사와 투우가 한 판 대결로 오늘 죽어야 할 소는 6마리다.

  나팔 소리가 들리니 펜스 쪽에서 시커먼 소가 기세도 등등하게 또 등장한다. 아까와 똑같은 행동의 반복이다. 이번에는 마타도르의 물렛따가 투우의 콧잔등에 걸려 따라 올라가면서 투우사의 몸이 소 앞에 그대로 노출되었다. 순간 관중석에는 긴장이 감돌았다. 소는 기회다 싶었는지 고갯짓하면서 땅바닥에 넘어진 투우사의 온몸을 닥치는 대로 뿔을 갖다 댄다. 그러자 마타도르는 몸을 최대한 벌레처럼 도르르 말아 소의 뿔과 뿔 사이에 들어가도록 자세를 움츠렸다. 다른 투우사들이 순식간에 달려 나와 소의 관심을 다른 데로 돌리고 물레따로 유인하는 사이 소에 받힌 투우사가 잽싸게 일어나 관중석을 향해 무사함을 손을 흔들어 보여준다. 그랬구나. 투우사의 몸집이 한사코 작아야 했던 이유가 바로 거기 있었구나.

  넘어졌던 그는 몸을 추슬러 자세를 바로잡고 긴 칼과 함께 빨간 물렛따로 소를 다시 꼬여낸다. 그리고 모욕을 당한 만큼 갚는 자세로 소를 노렸다. 급소를 찔린 소가 앞발을 꿇고 온몸으로 가쁜 숨을 몰아쉬면서 한참을 고통스러워하다 픽 쓰러졌다. 그렇게 죽은 소는 또 말에 끌려 나갔다. 그걸 보니 그만 일어서고 싶었다.

원형 경기장에 빙 둘러앉은 수많은 관중. 정작 그들이 보고자 하는 건 소의 죽음이 아니다. 생과 사의 한판 대결에서 사납고 거친 소를 사람이 얼마나 지혜롭고 용감하게 다루며, 얼마나 정확하게 단번에 소의 심장에 칼을 꽂아 고통 없이 죽게 하는가를 보고자 함일 것이다. 투우사들은 담대한 척하지만 실은 물렛다로 소를 따돌리고 나서 관중을 향해 돌아선 순간이 제일 무섭다고 한다. 언제 달려들지도 모르는 소 앞에서 등을 보이고 여유있게 손을 흔들어 보이고는 있지만 기실 하나뿐인 목숨을 담보로 하는 한판 대결이니 마타도른들 왜 두렵지 않겠는가.

그래서 마타도르에게 등급이 매겨지고 소의 귀 1개나 2개를 아니면 귀 2개와 꼬리까지도 잘라 상으로 주는데 이것이 마타도르에겐 최고의 영예인 동시에 인기와 부를 얻는 일이라고 한다.

수많은 군중이 원형 경기장을 메운 오후 8시. 해는 저녁노을과 임무 교대를 하고 노을은 서서히 밤을 불러내는데 3번째의 투우가 등장했다. 그런데 이 소는 도대체가 시큰둥이다. 잔뜩 약을 올려도 조금 쫓아다니다 딴전을 피워 투우사의 애를 먹인다. 관중은 올레 대신 "에-" 하고 야유를 보낸다. 운이 없는 투우사다. 아무리 기술이 뛰어나도 소가 응하지 않으면 안 되는 것이란다. 서너 번의 실패 끝에 투우는 결국 죽어 나갔지만, 급소인 심장에 칼을 정확히 못 꽂는 마타도르의 실수에 야유를 보내 그의 기를 죽인다. 앞으로도 죽어 나갈 소가 3마리 더 남았는데 우리들의 정서에는 정말 맞지 않았다. 남자들마저도 두 번 볼 게 못 된다며 한마디씩 내뱉고 자리에서 일어섰다. 경기장 밖은 땅거미가 자취를 감추고 구아달끼비르 강도 서서히 어둠 속에 묻히기 시작했다. 정열의 도시 안달루시아의 세비야는 이제 플라멩고의 열정의 밤으로 이어질 시간이다.

  사랑의 거리 세비야. 앞으로도 전설 같은 수많은 사랑 이야기를 만들어 낼 것이고 검은 소는 어차피 잡아서 공급할 물량을 투우사와 투우의 볼거리로 연출하여 쇼로 전통을 이어갈 것이다. 검은 소는 붉은 태양 아래서 돈을 벌며 붉은 피를 계속 쏟을 것이고 관객은 그에 열광하며 투우장을 찾을 것이니 그렇게 해마다 4만여 명의 관광객이 스페인을 살릴 것이다. 스페인의 부가가치를 높이는 투우가 있는 한 투우사의 기술도 영원히 전통으로 주목받을 수입원이 될 것이다.

820캐럿의 다이아몬드

　이수일과 심순애의 신파극에서 순애가 사랑을 버리고 돌아설 수 있었던 것은 순전히 김중배의 다이아몬드 반지 때문이었다. 부의 상징인 값비싼 보석 다이아몬드는 여자라면 누구나 갖고 싶은 금강석이다.
　브라질의 리우데자네이루에서 가이드의 귓속말에 이끌려 여자들 몇이 다이아몬드 가공공장에 갔다. 아마존의 정글에서 누천년의 세월 동안 지층 속에 퇴적된 광물질들이 압축되어 여러 가지 아름다운 보석이 된다는 설명이다.
　다이아몬드 원석인 돌덩어리를 광산에서 채취하여 연마하고 가공해 보석으로 만들기까지의 전 과정을 슬라이드로 보여주었다. 모든 공정을 다 보고 나니 고매한 인품의 값비싼 사람이 되기까지는 혹독한 시련을 거쳐 이겨낸 인생 역정과 같단 생각을 하게 한다. 매장으로 나왔다. 찬란한 빛을 발하는 명품 목걸이며 반지 귀고리 팔찌 등이 진열장 안에서 반짝이며 엄청난 몸값을 불러 모두가 눈요기로만 그쳤다.

나는 여행을 떠나면 단거리는 물론 장거리의 장기 일정이라도 1천 달러 이상 가져가 본 적 거의 없다. 굳이 외국에 나가서 돈 쓸 일이 무어냐는 알량한 애국심이 구실이지만 사실은 능력이 없다는 게 더 솔직한 고백이리라. 그래서 내겐 항상 그림의 떡이요 또 별로 욕심난다는 생각을 해 본 적 없으니, 그것은 아버지가 어릴 때부터 '뱁새가 황새 쫓다간 가랑이 찢어지는 법'이라고 아예 욕심의 싹을 잘라 버렸기 때문이다.

그런데 다이아몬드보다 더 비싼 보석이 '어과마린'이란 걸 리우데자네이루에서 처음 알았다. 생소한 이름에 구경조차 해 본 적 없는 광석이다. 속이 환히 들여다보이는 파란 물빛보다 더 짙은 불루의 그 희귀함 때문인지 브라질 여인들은 그걸 더 사랑한다고 한다.

결혼 25주년 때, 남편은 결혼할 때 못해 준 다이아몬드 반지가 마음에 걸렸던지 캐나다 5박 6일의 여행과 반지 중 하나를 골라잡으라 제안했다. 아들의 결혼식 때도, 시골에 조립식 집을 지을 때도 한 번씩 거론됐던 그 돌. 그러나 나는 흔쾌히 집 짓는 데 보태쓰라고 선심 쓰고 말았지만 가끔은 몇 캐럿쯤의 반지 하나 있으면 좋겠다는 생각을 가져본 적은 있다.

그런 내가 정작 820캐럿의 다이아몬드를 소유하고 나니 목숨이 열 개라도 부지하기 어려울 것 같아 그냥 영국의 대영박물관에 잘 모셔두고 와버린 것이다.

안개의 회색 도시 런던. 일찍이 박권상 씨의 <영국을 생각한다>를 읽고 그 나라의 복지정책이며 교육제도의 합리적인 운영에 대해 또 신사도에 대해 많은 관심을 가지고 동경하던 차, 두목회(둘째 목요일에 만나는 숭대 중소기업 대학원 동기모임)에서 3년 동안 비축한 돈으로 여사장 10여 명이 학년말 봄 방학을 이용 10박 11일의 유럽 여행을 떠난 것이다.

그때 제일 먼저 방문한 나라가 영국이었다. 전통을 중시하는, 여왕이 상징적으로 존재하면서 의회정치가 발달한 나라, '영국 신사'하면 모든 신사도의 규범으로 호칭 될만큼 페어플레이한 예의 바른 나라여서다. 고등학교까지 의무교육인데도 명문 사립학교에 보내기 위해 아이를 낳기 전부터 맞벌이로 교육자금을 미리 비축한다는 영국 주부들의 대비 정신이며, 입원은 마음대로 할 수 있어도 퇴원은 의사 지시 없이는 못 한다는 그러면서도 공짜인 의료복지의 나라니 누군들 영국에 대한 동경 한 번쯤 안 해 보겠는가.

템즈 강기슭에 자리 잡은 뾰족한 첨탑 수십 개가 하늘을 찌르는 고딕식의 아름다운 건물 웨스트민스터 사원을 찾아 들었다. 국회의사당인 이곳은 상, 하 의원 양원제의 의회 민주주의의 성역이요 자유 숭배의 신전이다. 단두대의 이슬로 사라진 슬픈 역사의 인물이 있었는가 하면 찰스 황태자와 다이애나비처럼 화려한 세기의 결혼식을 올렸던 영욕이 명멸한 신전이 바로 웨스트민스터 궁이다.

여왕은 1년에 한 번 이곳으로 화려한 행차를 한다. 총선 직후 새로 의회가 구성될 때나 11월의 국회 개원식 때 개원을 선포하기 위한 공식적인 나들이다.

이때 여왕은 왕의王衣 위에 하얀 모피를 두르고 530캐럿의 덩어리 다이아몬드가 정중앙에 박혀있는 왕관을 쓰고, 270캐럿의 다이아몬드가 박힌 봉을 두 손으로 받쳐 든 채 남편과 함께 수십 명의 기병 호위를 받으며 황금색 어가에 앉아 버킹엄궁에서 웨스트민스터 궁으로 행차한다. 거리에는 우아한 여왕을 구경하려는 군중들로 들어차고 이 전통을 통해 국민은 왕실을 존중하고 정부는 국민을 인정하면서 서로의 결속력을 다지는데 이보다 더한 구심점이 어디 있겠는가.

이렇게 입장한 여왕은 하원의원들을 상원으로 불러들이고 상원의장이 건네주는 정부의 시정 연설을 여왕이 낭독하는 것으로 국회가 개원된다. 여왕은 다시 버킹엄으로 돌아가고 차후 국회를 통과한 법을 보고 받은 다음 승인하여 선포하는 것이 영국의 입법 절차라고 한다.

그렇다. 35개 나라에서 유니언잭이 휘날리며 종일 해가 지지 않았던 영국이었다. 3백 년간 세계 인구의 5분의 1을 장악했던 대영제국이 불과 30년 만에 해체되어 이들 나라의 독립을 수렴했지만, 그 대신 정치 경제의 특수관계를 유지하여 연방이라는 틀 속에 묶어둔 채 지금도 합법적으로 이해관계의 실리를 취하고 있다. 여왕은 아직도 전 식민지였던 캐나다 오스트레일리아 뉴질랜드 피지 등 10개국의 원수로서 비록 별 실권 없는 자리지만 그들의 상징적인 지도자로 추앙받고 있다.

나는 대영박물관에 들러 각 나라에서 가져온 전리품들이 총망라 되어있는 전시장들을 돌아보다가 큰 덩어리의 다이아몬드의 왕관과 봉이 소장된 진열장 앞에서 걸음을 멈추고 한참을 구경했다. 모든 진귀한 보물들이 소장된 대영박물관을 불과 몇 시간 안에 다 본다는 것은 참으로 어불성설이요 아쉬운 일이었다. 그러나 스핑크스의 조각품들은 물론 부서진 신전의 지붕까지도 해체해다 복원해 놓아 이집트의 고대문화를 한눈에 볼 수 있어 좋았다. 거기에 820캐럿의 다이아몬드까지 마음 안에 품을 수 있었으니 그 이상 무얼 더 바라리오.

빅토리아 여왕 때 만들었다는 이 화려한 왕관에는 루비 4개, 에메랄드 11개, 사파이어 16개, 진주 200개, 그리고 다이아몬드가 무려 2,783개나 장식되었고 특히 앞면 정중앙에는 530캐럿의 뭉툭한 다이아몬드가 박혀있었다. 또 여왕이 들고나오는 봉에는 270캐럿의 다이아몬드를 치장해 아프리카에서 가져온 다이아몬드가 얼마였는지를 가히 짐작하고도 남는다.

 덩어리 다이아몬드가 박힌 여왕의 모자와 봉은 엘리자베스 여왕도 공식 행사 때에만 사용하는데 하물며 이걸 개인적으로 소장한다면? 여기에 생각이 미치자 부러워할 게 하나도 못되었다. 그렇다면 이곳에 실물을 두고, 세계인에게 구경시키며 잘 관리하고 있는지 가끔 확인하러 오는 게 낫지 않겠느냐고 가이드가 귀띔한다. 맞다. 그랬다. 820캐럿의 몸값은 잘 모르겠지만 어쨌건 내 마음 안에 이걸 지녔으니 지족불욕知足不辱이요, 지지불태知止不殆며, 가이장구可以長久라, 족함을 알면 욕됨이 없고 한계에 머무르면 위태롭지 않으니 편안할 방법이 이 아니고 무엇이겠는가.
 언제 또 시간 내어 내 물건 안녕한지 확인하러 가야겠다.

열정의 브라질리언

세계 3대 미항 중 첫째로 꼽히는 브라질의 리우데자네이루. 한 농가의 차도 변에서 파우리스타(토착민)가 짜주는 사탕수수의 원액을 마시다가 그 맛이 어릴 때 먹던 단수숫대와 똑같은 것에 놀라 한참을 지나온 어린 시절로 되돌아가 본다.

결코 노추老醜를 보이지 않는 선홍색의 동백꽃이 지천으로 피어 섬 전체가 아름답고 서정도 풍요로운 산수 수려한 고장 완도. 나는 이곳에서 폭 넓은 삶의 체험을 통해 내면의 세계를 넘치게 채우며 자랐다.

아버지는 가끔 썰물 때의 바닷가로 데려가곤 하셨는데 큰 돌을 지렛대로 뒤집어 주시면서 그 돌에 붙어 있는 굵은 고둥이며 해삼 등을 줍게 했다. 돌 밑에 숨어 있다가 정신없이 달아나는 게들도 잡았다. 횡재가 따로 없었다. 나는 그것들을 바구니에 담으면서 탄성을 질렀고 아버지는 그런 내 모습을 흐뭇하게 바라보셨다.

어떤 날은 연장 망태를 메고 "나 따라갈래?" 하시며 휘적휘적 앞장서 걸어 인근의 야산으로 데려갔다. 약을 캐는 아버지 곁에서 계절마다 다른 천연의 색채와 정취를 만났고 그것들의 열매를 따 먹으며 오롯하고 풍성한 기쁨으로 배를 불렸다.

꽁지마리(춘란)의 꽃대는 달착지근하고 연하다. 더부룩이 올라온 꽃을 손아귀 한가득 뽑아 쥐고 꽃대의 아삭아삭한 맛을 즐겼다. 떫은 꽃은 끊어서 버리며 꽃술이 마치 남녀의 그것처럼 생겼다고 혼자 후훗대기도 했다. 수리딸기나무에 주렁주렁 매달린 솜털이 보송보송한 빨간 딸기를 혼자 차지한 옹골짐이며 까맣게 익은 단맛의 정금, 이런 열매들은 계절을 달리해 내게 차려준 잔칫상이었다.

아마추어 채약 꾼 아버지의 망태엔 하수오 둥굴레 백복령 등의 약 뿌리가 들어차고 내 치마폭엔 인동초 꽃잎이 향기와 함께 가득 차기도 했다. 이런 날들은 약재 채취보다 더 풍성한 부녀만의 끈끈한 정을 수확했고 나는 그런 날들의 소중한 추억을 지금껏 유산으로 간직하고 산다.

들녘에 조와 수수가 자기들끼리 몸을 비벼 서걱일 때면 텃밭의 단수숫대도 단물이 올라 저 스스로 온몸에 하얗게 분칠한다. 아버지는 이걸 베어 묶음으로 내게 안겨주셨고 나는 입술을 베어가면서 이로 껍질을 벗겨 속살 한입 베어 물고 "스읍!"하고 꿀물을 삼키곤 했다. 꼭꼭 씹어 단물을 다 짜 먹고도 몇 번이고 곱씹고 뱉었던 그 단수숫대를 이역만리 브라질의 리우데자네

이루 한 촌락에서 40여 년 만에 그것도 한 컵의 액즙으로 만나니 추억 속의 그 맛과 향에 불현듯 아버지의 사랑에 맛 들이던 생각이 난다. 그리고 갑자기 브라질이 친숙하게 내게 다가서는 것이다.

<세계를 간다> 남미 7개국 편의 해외여행 안내책을 쥐여 주던 남편과 큰딸의 배웅을 받으며 김포공항을 이륙한 지 정확히 25시간 만에 브라질의 상파울루 공항에 내렸다. 남미 최대의 도시이며 정열적인 춤 삼바가 있고 축구로 유명한, 적도 이남의 나라라는 상식만으로 미지의 세계와 12월 31일 오전 11시에 처음 대면했다.

9개월 동안 비가 오지 않았는데 우리 일행이 비를 몰고 왔다면서 반갑게 맞는 한국인 현지 가이드는 콧수염을 폼나게 기른 50대 초반의 신사였다.

연말과 신정 휴가로 상가는 거의 철시되고 주요한 볼거리는 모두 문을 닫은 후여서 박물관도 미술관도 볼 수 없었다. 서둘러 간 '부탄탄 독사연구소'도 직원들에게 휴가를 주어 이미 폐문했노라며 경비가 정문을 가로막는다. 1898년에 건립됐다는 세계적으로 이름난 이 독사연구소는 독충들의 유독에 대한 백신이나 혈청 제조는 물론 독사의 독을 실제로 채집하는 모습도 볼 수 있다고 해서 잔뜩 기대했는데 헛수고였다.

우리의 남미 관광 상품은 아직 개발이 덜 된 데다 정보도 부족하고 현지의 치안 또한 허술해 모객이 안 되어 여러 차례 연기한 끝에 간신히 짜 맞춰 온 날이 하필이면 연말연시의 연휴 기간이어서 난감하기 그지없었다. 그렇다고 일찌감치 호텔에서 머물기는 시간이 아까웠다.

찬바람의 한겨울에서 열풍의 한여름으로 날아온 미지에 대한 호기심과 설렘은 더욱 송구영신하는 밤 기분을 달뜨게 했다. 72세의 고령에서부터 6세 어린이에 이르기까지 24명의 다양한 구성원 중 그래도 좀 젊다는 층 몇이 현지 가이드에게 술 한 잔할 수 있는 좋은 곳으로 안내하라고 부탁해 찾아간 곳이 my love 간판의 술집이었다. 보통의 나이트클럽이 그렇듯이 반라의 여인들이 올라서서 춤추는 무대가 홀 중앙에 있고 그 이동식 무대 주위로 손님 탁자가 빙 둘러 있다. 우리나라와 다른 점이 있다면 이곳의 아가씨들은 낮엔 직장이나 학교에 다니고 밤엔 아르바이트로 쇼걸을 한단다. 성이 개방된 나라답다는 생각이 들었다. 맥주가 팝콘과 함께 탁자에 올려지고 탁자 머리에 대기하고 선 바텐더들의 정중한 서비스가 빈 잔을 채운다. 무대에선 빠른 음악에 맞춰 춤추며 닭털보다 더 가볍게 흔들어 대는 아가씨의 엉덩이가 가히 예술의 경지다. 우리네 같으면 기능보유자라고 대접함직도 하다. 시끄러운 소음 속에서 밤은 점점 깊어 갔다. 한쪽 구석에는 남자 무릎에 올라앉은 무희가 사내의 목을 끌어안고 5분이 멀다 하고 입을 맞춘다. 미끈한 다리의 아가씨들이 즐비하게 늘어서서 춤추는 무대 주변에서 뚱뚱한 한 사내가 음흉한 눈길로 무희들의 위아래를 훑는다. 마치 노예시장에서 노예를 고르듯 여자와 뭔가 열심히 흥정하는 눈치다.

지루해서 가자고 일어서려는데 뭔가 더 에로틱한 쇼가 있을 거라고 현지 가이드가 귀띔하여 우릴 주저앉혔다. 본전 생각이 나서 못 이긴 척 앉아 있으려니 이윽고 무대가 비워지면서 자그맣고 예쁜 아가씨가 혼자 비키니 차림으로 무대 중앙으로 나온다. 그녀는 그것마저 하나씩 벗어 던지더니 완전 나체로 무대에 눕는다. 그리고 자기의 맨몸을 더듬는다. 모두의 눈길이 그녀가 하는 동작에 바늘처럼 꽂힌다. 끈적한 에로 쇼의 밤 문화. 나는 눈 둘 곳을 모르고 헤매는데 정작 그녀는 너무나 태연자약하고 천연덕스러워 오히려 프로의식을 본다.

요란한 폭죽이 쉴 새 없이 터지는 밖의 소음. 그들은 그 폭죽 소리만큼이나 큰 복을 갈구하고 있었다. 포르투갈이나 스페인 문화권에 있었던 나라들에서 볼 수 있는 제야의 풍습을 몇 년 전의 필리핀에 이어 다시 확인한다.

그만 자리에서 일어서려는데 때마침 우리네 제야의 타종처럼 자정을 알리는 축포 소리가 들려왔다. 그러자 갑자기 장내의 분위기가 확 달라졌다. 무대는 순식간에 사라지고 모든 사람이 일제히 일어나 함성을 지르며 신년을 맞이한다. 종업원들은 손님 모두에게 공짜로 샴페인을 따라주며 축배를 들게 했다. 홀안은 이내 무도회장으로 바뀌고 무희들은 손님의 손을 끌고 홀 중앙으로 나섰다. 남정네들의 음흉한 눈길은 어느새 축제 분위기 속에 침잠하여 밤의 질탕함이 송구영신의 새 희망으로 들끓기 시작했다.

우리 일행도 브라질리언들 손에 이끌려 홀 중앙으로 나갔다. 인종도 나이도 성별도 뛰어넘은 신년 맞이 축제장. 격식도 기능도 필요 없는 몸동작으로 모두 한마음 되어 춤을 춘다. 서로 포옹하며 새날을 기쁘게 맞이한 그들은 손에 손잡고 홀 안을 넓고 둥글게 돌기 시작했다. 이 대열은 삽시간에 큰 원으로 연결, 우리도 그들 원무 속에 섞여 지구촌은 결국 하나가 되었다. 리듬을 타는 춤은 기쁨을 나타내는 원초적인 몸짓이며 이 기쁨의 표현은 모든 걸 수용하여 하나로 섞는 물의 역할 바로 그것이었다.

모든 민족을 다 섞어 우수한 새 브라질리언을 만들어 토착화시킨다는 종자 개량에 의미를 두고 있는 이 나라의 인종 정책은 그래서 모든 이민을 다 받아들인다고 한다. 그러나 유독 유대인들과 한국인만 다른 종족과 피 섞기를 싫어해 자기네 동족끼리만 어울려 결혼하니 브라질의 종자 개량 정책을 위반하는 행위라며 속으론 미워한단다.

밤의 문화, 이국의 색다른 연말 세시풍속 하나를 수륙만리 상파울루에서 경험하며 추억하나 건져 인생의 갈피 속에 소중하게 간직했다.

마야여, 아즈텍이여!

잠깐 여행 다녀온 실력으로 멕시코를 말하기는 장님 코끼리 만지는 격이다.

그렇더라도 내가 본 텍사스와 뉴멕시코를 미국에 넘겨준 엘파소 부근의 멕시코는 궁핍으로 허덕이는 초췌한 모습인 것에 반해, 카리브 해변의 칸쿤 휴양지는 참으로 호사스럽고 세련된 모습이었다.

카리브해의 에메랄드빛 바다를 끼고 있는 칸쿤의 고급 호텔이며 레스토랑은 1년 내내 문전성시를 이루고 있고 갖가지 동물모형으로 다듬은 도로변의 식물들도 멋진 작품이었다. 그 칸쿤에서 세계의 지도자들이 정상회담을 하고 있었다. '칸쿤'이란 마야어로 뱀을 의미한다고 한다.

컬럼비아로 어학연수 떠났던 막내딸의 귀국 일자에 맞춰 마중을 핑계로 23일간의 남미 패키지여행을 골랐다. 그리고 브라질과 아르헨티나를 돌아본 후 페루 공항에서 1년 만에 막내딸을 얼싸안았다.

　페루를 거쳐 멕시코 칸쿤에서 에메랄드빛 바닷물에 몸을 담근다. 눈부신 햇살에 반사된 물에 젖은 우리 모녀의 몸도 보석처럼 반짝거렸다. 그런 망중한도 잠시, 카리브해의 하얀 백사장을 고작 1시간 다녀간다는 신고식만으로 돌아서야 했다. 아쉽기 그지없었다. 세계의 대부호들은 이곳에 별장을 두고 4계절 내내 언제든 이 아름다운 풍광을 즐기러 온다니 부러운 일이다.

　유카탄반도 최대의 유적지인 치첸잇사를 찾아들었다. 마야어로 '치첸'은 샘의 언저리 '잇사'는 마야 부족의 이름이라 한다. 메리다의 정글에서 번성한 마야족은 수많은 부족의 집합체였는데, 각 부족만의 독특한 게릴라전법으로 대항했다는 것. 부족마다 각기 다른 형태의 지배계층이 있어 스페인이 멕시코를 정복할 때 공략이 쉽지 않았다고 한다. 아즈텍족은 지배계급만 무너뜨리면 80%가 무너졌지만, 마야족은 어느 한 지배계층을 접수해도 또 다른 부족이 다른 정글 속에 살고 있어 쉽게 점령하지 못했다는 것.

　마야의 피라미드는 어느 것이든 신전 형태로 만들어져 있었다. 치첸잇사는 한 면을 91개의 돌계단으로 쌓아 올렸는데 동서남북 4면의 맨 꼭대기 위층은 전체를 1개로 덮어 365계단이 되었다. 이는 1년을 뜻하며 4면은 사계절을 나타낸다. 해마다 3월

21일과 9월 22일의 춘분과 추분에는 신전 옆으로 비껴든 햇살이 뱀 모양이 된다고 한다. 뱀을 신으로 모신 부족다웠다.

치첸잇사는 천이백 년에서 천오백 년 사이에 최고로 번성했는데, 주로 노예 계층이 마을 입구를 지켰고, 중앙에는 왕족과 귀족이, 그 주변으론 상인이 살았으며 변두리에는 농민이 살았다고 한다. 왕족과 귀족 중심의 사회라서 말똥으로 더럽혀질 환경을 생각해 말을 없앴고, 금과 은을 하찮게 여길 만큼 장신구는 호화롭고 사치스러웠다고 한다.

옛날 번성했던 장방형의 건물 수백 채 가운데 겨우 3백여 채의 집터만 발굴되었을 뿐이라는 지형을 보려고 치첸잇사의 한쪽 91계단을 올랐다. 경사가 심하고 폭이 넓어 한 계단 올라서면 다음 계단이 가슴 앞에 바싹 다가와 턱을 받쳤다.

신전 꼭대기에 올라서니 전체가 평평했다. 탁 트인 사방이 한눈에 들어온다. 20만 명을 수용했다는 흔적만 남은 마야의 유적군이지만 옛날의 번성을 말해주는 듯하다.

정상에서 동서남북 여기저기를 돌아다녀 본다. 아래를 보니 마치 절벽 같아 발이 간지럽고 무섭다. 지금은 치첸잇사의 신전만 남아있다니 이들의 멸망이 참으로 불가사의하다. 부근에는 산 제물을 바쳤다는 샘터가 있었는데 비가 오지 않으면 고아나 과부, 노예를 제물로 바쳤다는 것. 살아나오지 못하도록 손발을 묶고 허리에 무거운 돌을 매달아 빠트렸다니 산 제물을 삼킨 후에야 내려주는 비는 과연 어느 신의 소관이었을까? 새삼 무지에 희생된 분들의 명복을 빈다.

'후에가데 뻴로따' 경기장이 치첸잇사 주변에 있었다. 일곱 명씩 양쪽으로 나눠 무릎이나 허리 팔꿈치로 링 안에 공을 넣는 게임이란다. 이 경기는 이기는 편이 제사장이 되고 지는 편은 산 제물로 바쳐진다는 것. 목숨을 걸고 하는 게임의 그 무시무시한 공포를 전설로 안고 있었다. 이들은 7이라는 숫자를 좋아했고 0이라는 숫자를 이해해 그 옛날에도 천문학을 수준 높게 연구했다는 증거가 되고 있다는 것이다.

태양의 신전이며 달의 신전 등 자연을 숭배하는 신전을 지어 자연을 달래고 거역하지 않으려 했던 것은 요즘의 과학으로 해석한다면 천재지변의 가뭄이나 태풍 홍수 등의 자연재해를 모면하려 했던 게 아니겠는가. 더구나 정글 속이라면 큰 뱀이 많았을 것이고 뱀을 건드리면 물려 죽었을 것은 너무나 자명한 일. 그것을 잘못 이해한 부족들이 뱀을 신으로 받들어 모신 건 아니었을지…?.

더구나 스페인 병사들이 처음 이곳을 정복했을 때면 뱀을 사탄으로 보는 가톨릭을 믿는 그들이 뱀 모양을 장식한 신전은 깡그리 부시지 않았겠는가. 그렇다면 서로의 신앙에 대한 마찰이 었으리라. 사람의 믿음이란 골수에 박히면 쉽사리 바뀌지 않는 법. 그래서 마야족은 최후의 한 사람까지 그곳을 사수하다 사멸했을 것이라는 추측을 나 혼자 해본다. 스페인어를 전공한 우리 막내딸은 현지 가이드가 말하는 스페인어를 우리를 인솔한 가이드에게 다시 영어로 통역하느라 제대로 구경도 못 했다며 웃는다.

수만 점의 유물들이 전시된 박물관으로 이동했다. 한눈에 마야며 아즈텍의 역사를 볼 수 있었다. 그중에서도 아즈텍의 달력이 내 눈길을 끌었다. 큰 원안에 18개월이 있고 그것은 1달을 20일로 계산해 18개월×20일=360일. 거기에 동서남북과 중앙의 방위를 합하면 365 즉 1년이고 계절과 절기까지 그렇게 구분했다. 그뿐인가, 신전이나 건축물의 축대 등은 현대과학으론 풀 수 없는 불가사의한 공법으로 완성된 것들이라고 하니 옛 선조들의 지혜와 안목이 지금보다 훨씬 더 앞섰던 것 같다.

페루가 선이 곱고 부드러운 여성성의 농경문화였다면 멕시코는 선이 굵은 남성들의 수렵문화였음을 본다. 페루에서 본 것처럼 다산을 장려한 토기나 직조 등의 유물보다 사냥했던 크고 굵은 선의 유물들이 박물관 여기저기에 보존되어 있다.

그런데도 한 가지 흥미를 끄는 것은 그네들이 먹고 산 식량의 증산 방법을 끊임없이 연구한 옥수수 종자 개량의 변천사였다. 처음엔 갓난아기 손가락 같던 크기에서 거듭된 개량으로 지금의 슈퍼 옥수수가 되기까지의 과정을 일목요연하게 정리해 걸어둔 귀한 자료였다.

사람의 사후를 본다는 것은 유쾌한 일이 아니다. 그러나 이 나라는 건조한 기후로 인해 미라가 많다고 했다. 이런저런 형태의 흉물스러운 사후모습들이 볼거리로 놓여있는 미라 전시실을 돌다가 나는 어느 한 곳에서 그만 그 자리에 발이 딱 붙어버리고 말았다. 그동안 둘러본 어느 나라에서도 볼 수 없었던 유물이 섬뜩해서다.

건조한 사막의 기후와 통풍으로 빠짝 마른 사람의 얼굴이 전시물 가운데 끼어 있었다. 나는 무심코 그게 뭔가 하고 유리 진열장 안을 자세히 들여다보다가 경악했다. 그러면서도 더 가깝게 관찰하니 30대 중반쯤으로 보이는 남자의 얼굴이다. 몇 가닥 되지 않은 빈약한 八자 수염에 긴 속눈썹의 실눈을 뜨고 북어 대가리처럼 건조된 채 전시되어 있었다. 저 사람은 도대체 무슨 잘못을 했기에 목이 잘렸고, 무슨 한이 그리도 많아 몇백 년이 지난 지금껏 저렇게 실눈을 뜨고 사람들과 만나고 있을까.

사람이 죽으면 흙으로 돌아가 썩는 것이 당연하다. 나는 친정 아버님의 사후모습을 이장 할 때 본 적이 있다. 뼈만 남은 앙상한 두개골을 보고 생존 시의 모습 한 컷을 겨우 떠올렸을 뿐이다. 사람이 죽어서 묻힐 수 있는 것도 행운임을 새삼 확인했다. 순박한 농부로 보이는 그 주검, 죽은 자는 누구였으며 죽인 자는 또 누구였을까. 나는 박물관을 나와서도 그 잔상이 오랫동안 머릿속에 남아 괴로웠다.

멕시코시티의 세 문화 광장은 또 다른 모습을 하고 있었다. 아즈텍의 역사와 식민지 시대, 그리고 현대의 문화까지 3 문화가 공존하고 있는 곳. 16세기의 교회와 아즈텍 시대의 유물과 현대의 건물이 한데 어우러져 있다. 16세기 초 아즈텍의 상업도시 (톨라테롤코)였던 거리에서 아즈텍 군인들이 스페인군에게 대항 최후의 전투를 벌였으나 결국은 뿔뿔이 흩어지면서 아즈텍 제국은 멸망했다고 한다. 세 문화 광장에 있는 대리석 비문에는 톨라테롤코의 전투를

'그것은 승리도 패배도 아니었다. 그것은 혼혈의 민족, 즉 오늘의 멕시코 인의 탄생을 의미하는 사건이었다" 하고 적혀 있었다.

3문화 광장과 그리 멀지 않은 곳에 과달루페 성당이 있었다. 세계에서 유일하게 흑인 성모님을 모시는 곳이다. 로마교황청에 의해 가톨릭 3대 기적의 사원으로 공인을 받은 곳, 세계 각지에서 특별한 소원을 비는 사람들이 찾아든다고 한다.

스페인이 아즈텍을 점령한 지 10년 후인 1531년 12월의 어느 날, 테페야크 언덕을 지나가던 인디오 소년 '후안 디에고' 앞에 갈색 피부의 성모님이 나타나셔서

"나는 예수님의 어머니 성모마리아다. 사제에게 가서 이 자리에 나의 성당을 지으라고 전해라." 하고 말씀하셨다.

후안 디에고는 즉시 사제에게 달려가 얘기했지만, 사제는 그

말을 믿지 않았다. 낙담한 디에고가 그 언덕을 다시 지나가는데 이번에는 겨울에 피지 않는 장미꽃 한 다발을 주시면서 다시 가서 말하라고 하셨다. 신부님께 달려가 장미를 싼 망토를 펼쳐 보이는 순간, 찬란한 광채와 함께 성모님의 얼굴이 그 망토에 떠올랐다는 것.

사제는 그제야 이 신대륙에도 수호 성모님이 나타나셨다고 크게 기뻐하면서 테페야크의 언덕에 성모님을 모시는 성당을 지어 오늘에 이른 것이라고 한다.

그런데 망토의 천은 용설란으로 짠 천연섬유로 보통 1세기가 지나면 해지기 마련인데 별다른 보호 대책도 없이 염도 높은 환경에서 5세기 동안 노출되어 있어도 해지거나 변질되지 않는다는 것이다. 그뿐 아니라 성모 출현 당시 사제와 인디오 소년과 통역했던 세 사람의 얼굴이 성모님 눈동자에 찍혀있었는데 그 사진을 분석한 결과 사실로 판명되었다고 한다. 그 기적의 망토에 새겨진 그림의 염료 또한 천에 베어 들지 않은 동물성도 식물성도 아닌 이 지구상에는 없는 것이라는 과학적인 분석이니 이 신비한 기적을 어찌 믿지 않으리오.

나는 과달루페 성당을 향해 층계를 오르다가 무릎걸음으로 한 계단씩을 오르면서 묵주기도 하는 많은 사람을 보았다. 그냥 걸어 오르기도 숨차고 힘든 수많은 돌층계를 그들은 슬행膝行 참배라며 무릎으로 걸어 오르고 있었다. 이들의 대단한 신심 앞에서 나를 돌아보니 부끄럽기 한량없었다. 정성은 드리지 않고 그저 주시라고만 늘 요구하지 않았던가를 돌아봤다.

마야와 아즈텍의 멸망으로 스페인과 포르투갈의 피가 섞여 다시 태어난 혼혈 민족. 이들은 사막에서 자생한 용설란으로 천연섬유를 만들고 속잎으론 풀케라는 우유 같은 술을 제조하며 용설란 뿌리로 담근 술 테킬라를 마신다. 이제 그들은 테킬라와 부침개 타코와 살사 춤으로 세계의 여러 나라에 가깝게 다가서는 중이다.

세계는 하나다. 보존할 가치가 있는 귀한 자료나 유물들은 유네스코세계문화유산으로 등재되어 세계가 함께 공유하고 보존하며 사는 이때, 우리의 옛것도 발굴하고 보존해 많은 문화유산이 세계 유네스코에 등재되길 바라는 간절한 마음으로 멕시코에 대한 서툰 얘기를 접는다.

포르노 토기
－페루에서

　알몸의 남녀가 커다란 남근男根 위에 앉아 성희性戲하는 모양의 토기를 사 들고 와 남편에게 불쑥 건넸다. 그는 남미 기념품이라며 내미는 파격적인 내 행동에 잠시 당혹해하더니 피식 웃는다. 그러나 어쩌랴. 중남미 여러 나라를 돌면서 그동안 봐왔던 '그것'들에 대한 부끄러움의 약간의 면역으로 쉬 넘어 발동한 이 장난기를.

　막내를 콜롬비아 보고타로 어학연수 보낸 지 1년, 스페인어 연수를 마친 아이가 돌아온단다. 얼마나 보고 싶은 세월이었던가. 아이의 귀국 일정에 맞춰 마중을 핑계로 남미 여행상품을 골랐다. 애초 부부가 함께 갈까도 했으나 비용이 좀 무리다 싶어 서로 양보하다 결국 모녀 상봉의 여행이 훗날 더 아름다운 추억이 될 거란 남편의 권유를 못 이긴 척 받아들인 것이다. 막내와는 여행 도중에 페루에서 만나기로 하고.

　송구영신의 한 해 끝자락을 잡고 25시간 하늘을 날아 마침내 브라질의 상파울루에 도착하여 이국의 낯선 송년의 밤과 새해 아침을 맞은 것이다. 그러나 연휴라 갈 곳이 없었다. 그렇다고 호텔 방에 눌러앉아 있을 수만도 없어 일행 중 싱글로 온 다섯 사람이 한 조가 되어 거리 구경이라도 하자며 안내 책자에 의존해 호텔을 나섰다. 밤새 폭죽을 터트리며 축제로 들끓던 거리는 법석을 떤 만큼 너저분했고 길목마다 대부분 흑인계 인종의 부랑자와 거지들로 북적거렸다.
　호텔에서 그리 멀지 않은 곳에 상파울루의 중심인 세 광장(placede se)이 있고 그 광장 앞에는 위용을 자랑하는 고딕식 건물인 카테드랄 메트로폴리탄 대성당이 있다. 뾰족한 첨탑과 큰 돔이 아름다운 4백 년 넘은 이 성당은 8,000여 명이나 수용할 수 있다고 한다. 광장 앞에는 수많은 실업자가 진을 치고 있어 성당 안과 밖은 마치 천국과 지옥의 경계 같아 보였다.
　나는 엄숙하고 고전적인 화려한 성당 내부를 둘러보며 가톨릭이 국교인 나라에서 흔히 볼 수 있는 대단한 치장과 그들의 하느님에 대한 경외심에 감탄하며 나도 무릎을 꿇었다. 부디 좋은 여행이 되게 해주십사고.

　볼거리를 찾아 연신 기웃거리며 한나절을 쏘다녔다. 책자에 동양인 타운이라고 소개된 갈봄브에노 거리를 애써 찾고 보니 상가 건물이며 거리의 가로등까지 온통 왜색 일색이다. 하긴 그들의 이민사가 우리보다 훨씬 더 먼저였고, 또한 본국의 지원까지 받으며 정착했으니 너무나 당연한 일.

우리 교민이 운영하는 기념품 가게 한 곳을 찾아내 반갑게 인사하고 이것저것 둘러보았다. 브라질의 특산품인 파란 펄이 현란한 나비 날개를 박제한 액자 한 점을 사 들고 나왔다. 다시 세 광장으로 돌아와 지하철을 타고 몇 정거장을 지나 내려보니 잔디밭이 있는 교외의 공원이었다. 다섯이 잔디밭에 앉아 호텔에서 각자 챙겨온 빵 몇 개와 조금 전 동양인 마을에서 사 온 김밥으로 점심을 때우면서 상파울루 교외로 소풍 나온 기분도 괜찮다며 웃었다. 지하철을 타고 다시 원점으로 돌아왔으나 더 이상 갈 곳이 없었다. 극장에 들어가 눈이라도 붙이고 쉬었다 가자고 내가 제안했다. 틀림없이 포르투갈 말로 지껄일 테니 그러면 알아들을 수 없어 졸릴 것으로 생각했던 때문이다.

그런데 그게 큰 실수였다. 아무 생각 없이 컴컴한 영화관 문을 밀치고 들어서는 순간 "아차! 잘못 왔구나." 싶었지만 이미 들어온 이상 어쩌랴. 더듬거려 앞자리만큼 들어가 쳐다본 대형 스크린엔 커다란 남근에 얽혀있는 야한 장면들이 클로즈업 되어 있다. 젊은 남녀 세 쌍이 남근과 여근곡女根谷에 난삽하게 얽혀 그룹섹스에 열중이다. 얼굴이 화끈거려 눈을 어디에 두어야 할지 당혹스러웠다. 아니, 오히려 화면 속에 고정할 수밖에 없었다. 어쩔 수 없이 고정한 눈에 성희의 야한 장면들이 그림을 바꿔가며 들어온다.

우린 통로 쪽 자리에 앉아있었는데 바로 우리 쪽 통로에 서서 화면에 열중하던 한 젊은이가 자기 물건을 꺼내 잡고 흔들고 있는 것을 우리 일행 중 남자 총무가 본 모양이다.

"언니들, 뒤로 자리 옮겨요!"

나는 영문도 모른 채 한 줄 뒷자리로 옮겨 앉았다. 그렇게 한 10분쯤 흘렀을까. 도저히 더는 앉아있을 수 없어 화면에 열중해 있는 옆자리의 룸메이트 옆구리를 쿡 찌르고 나가자고 했다. 상영 도중에 빠져나가는 늙은? 동양인들을, 휴게실에 앉아 노닥거리던 젊은 애들이 이상한 눈초리로 쳐다본다.

밖으로 나온 나는 잔뜩 경직됐던 부자연스러움을 풀기 위해 하늘을 한번 쳐다봤다. 뭔가 크게 잘못하다 들킨 것 같은 그 계면쩍음을 크게 한바탕 너털웃음으로 웃어넘겼다.

"아니, 재밌는데 여행 나와서까지 그렇게 촌스럽게 구세요?"

여행 경력이 많은 리더 격의 회갑 넘은 회장의 농담 섞인 핀잔이다. 맞는 얘기다. 사실은 촌스럽다고 할까 봐 꾹 참고 앉아 있다가 과연 내 감정에 정직한가를 몇 번이고 물어본 후 취한 행동이었으니까.

"우린 저런 것 보면 고백성사 봐야 한다고요." 하고 대꾸했다. 그러자 옆에 있는 룸메이트가 대화에 끼어들었다. 아까 극장 통

포르노 토기 -페루에서

로에 선 젊은 애가 하는 짓을 눈을 가리고 안 보는 척하면서 손가락 사이로 다 보았노라고 말해 우린 길에 서서 박장대소하며 유쾌하게 웃었다.

다음날 관광 도중 버스에서 현지 가이드로부터 브라질의 여러 가지 얘기를 듣게 되었다. 그들은 한마디로 도덕 불감증에 걸려있다고 한다. 매사에 부끄러움을 모르고 수치심을 갖지 않는다는 것. 거지는 자자손손 거지로 살아야 하고 귀족은 영원히 귀족으로 사는 신분상속 제도가 그렇게 만든다고 한다. 명석한 두뇌와 탁월한 능력으로도 신분 상승이 안 되니 희망이 없는 천형 같은 이 굴레가 많은 젊은이를 좌초시킨다고 했다. 그래서 술과 마약 섹스 등 말초신경의 쾌락 말고는 어디에서도 자기의 존재가치를 확인 할 수 없으니 오히려 도덕이나 체면 수치심 따위는 그들 처지에서는 감정의 사치일 뿐이란다.

브라질 정부 역시 심각한 사회문제라는 걸 알면서도 상류사회의 입김이 워낙 세고 전횡이 막강해 법 개정도, 대통령의 권한으로도 어쩌지 못한다는 것. 11층 스카이라운지를 통째로 빌려 하룻밤 파티장으로 쓰는 부호와, 빵 한 개로 하루를 사는 거지의 빈부격차가 하늘과 땅만큼 큰 브라질을 보면서 노력한 만큼의 대우를 받는 우리나라는 지상의 천국임을 젊은이들이 알아야 한다고 생각됐다.

나를 당혹케 했던 일련의 사건들을 통하여 그들의 성문화에 대해서도 이해하려 들었고 점점 그들의 문화에 익숙해 갈 즈음 페루의 수도 리마에서 어엿한 숙녀로 성장한 꿈에도 그리던 막내딸과 얼싸안았다. 막내는 남미의 풍습과 문화에 이미 익숙해져 사물을 보는 안목이며 행동도 의연했다. 오히려 엄마가 민망해하는 포르노 토기를 보면서도 이들의 문화라며 천연덕스러웠다.

우리는 막내의 통역에 의존해 리마의 <라파엘 라르고 에레나 박물관>을 찾아들었다. 개인이 수집한 다양한 제품을 전시해 놓고 일반에게 공개하고 있는 곳이다. 모치카mocica 치무chimu 나스카nazca 등 고대 잉카문화의 토기며 도자기 컬렉션에 주력한 이 박물관의 매력은 단연 지하에 전시된 포르노 도자기였다. 고대 페루 문화에 전해진 성의 모든 걸 본뜬 토기를 집대성해 놓았는데 이 지하 전시관은 미성년자 출입 금지구역이었다.

참으로 대단했다. 수만 점에 이르는 이 작품들이 저마다 양태를 달리한 성희의 모습들인 것이 놀랍고 하나같이 직접적이고 노골적인 표현에 놀랐다. 페루의 조상 대대로 애락愛樂 해온 온갖 원초적이고 거침없는 생명력의 분출을 빚은 세기細技의 솜씨에 감탄하며 외설을 넘어선 걸작들에 애정을 가져본다.

상파울루에서 본 포르노 영화가 성을 영상매체로 본 평면도였다면 박물관에서의 포르노 토기는 그 행위를 아예 축소 제작한 입체적인 것이라고 할 수 있는데 처음엔 그걸 보는 것으로도 민망하고 당혹스러웠다. 그러나 밤의 문화, 베일에 가려진 은근한 것과 확연하게 드러낸 것의 차이 말고는 사람들 사는 모습일 테니 동서고금에 무엇이 다르리.

심지어 칠레에선 공원 옆 길가 노점에서 목각 인형을 팔고 있었는데 신사복의 남성 상체를 들어 올리니 남성의 성기가 불쑥 일어섰고 여자의 상체를 들어 올리니 음모가 숭숭 심겨있어 배꼽을 잡고 웃었다. 그런 아들딸을 거느린 인형 일가가 단체로 서서 크고 작은 자기의 물건으로 오가는 길손을 웃겼는데 이들의 장난스러움이 삶의 가벼운 활력소가 되어 여행의 재미를 더해 주었다.

해학이 묻어있는 정직한 표현을 그것도 대낮에 실컷 보고 다녔더니 부끄러움이 반감되었다. 그 기분에 포르노 토우 몇 쌍 챙겨 간들 뭐 그리 흠 잡힐까 싶어 배짱으로 사서 챙기니 남자 일행 몇이 내일 아침 신문에 날 거라며 놀려댄다. 여느 아낙 같으면 엄두도 못 낼 일이던가 보다.

그러나 조물주가 빚은 모든 만물의 생성이 무릇 암수의 그것으로부터 시작되었으니 남녀 간의 상열지사相悅之事라 편편황 조翩翩黃鳥 자웅상의雌雄相依라 옛 시가에서도 읊었거늘….

'벤데 돌이'의 후예들

국가에서 농업 이민을 권장하던 때가 있었다.

1970년대로 기억된다. 아르헨티나는 넓은 땅에서 농사지을 사람들을 대대적으로 불러들였고 우리나라에서도 농사짓겠다며 많은 사람이 아르헨티나로 이민을 떠났다. 그런지 몇 년 후, 아르헨티나에 다녀온 한 사람의 수기가 신동아 공모 논픽션에 당선되었는데 나는 그 글을 아주 흥미 있게 읽었다.

동사무소에 근무하던 27세 청년이 퇴근길의 시내버스에서였다. 버스가 급정거하는 바람에 옆 사람의 발을 밟아 미안하다고 몇 번이고 사과했다. 그리고 다음 정거장에서 하차했는데 그를 따라 내린 한 패거리들이 으슥한 곳으로 그를 끌고 가서 실컷 두들겨 팼다. 맞고 나서 생각하니 분하기 짝이 없고 기가 막혀 이민을 결심하고 사표를 던졌다. 그리고 이민 절차를 밟은 다음, 아르헨티나에서 살고 있는 친구에게 일자리를 부탁한다는 편지와 함께 모일 모시 비행기로 떠나니 공항에 마중 나오라 하고는 답장도 받기 전에 무조건 출국 비행기에 올랐다.

그러나 현지 공항에 내려보니 친구의 얼굴은 보이지 않았다. 언어조차 소통 안 되니 그날은 공항 가까운 숙소에 들었다가 다음날 다시 나가 봤지만 역시 허사였다. 사흘째 되는 날에야 친구가 헐레벌떡 뛰어와 편지를 이제야 받았다면서 날짜가 지났지만 행여나 하고 나와봤다는 것이다. 그는 뒤늦게라도 와준 친구가 구세주였고 친구의 도움으로 그제야 짐을 찾았으나 카메라며 옷가지며 소중한 것들은 이미 빼돌려진 다음이었다. 공항 책임자에게 항의했지만 아무도 책임지지 않아 고스란히 당한 채 친구 집에서 보름을 얹혀 지냈다. 그러나 그 친구마저 넉넉지 않아 일자리를 구해야 했는데 우선 말이 통하지 않으니 결국은 우리 교민들을 찾을 수밖에 없었다고 한다.

우리 교민들 역시 명색이 영농 이민이랍시고 고국을 떠나와 정착은 했으나 아르헨티나 정부가 원하는 농업 이민은 넓은 농토를 개간해 대규모의 기계영농으로 경작할 사람과 자본을 끌어들이려 했던 것. 소자본으로 찾아든 한국인들로서는 진퇴양난의 상황이 되어 엉거주춤한 상태에서 작은 규모의 식당이나 가내수공업으로 간신히 살아가는 형편이어서 쉽게 일자리를 구할 수 없더란다.

그는 수중에 갖고 있던 돈마저 떨어져 다시 귀국하기 위해서는 비행기 표를 살 돈을 마련해야 했는데 할 수 있는 일이라곤 '벤데돌이' 뿐이더라는 것. 벤데bende는 스페인어로 '팔다'의 뜻이고 '돌이'는 돌아다닌다는 우리 말이니 두 나라의 합성어로 행상을 뜻한다. 손뼉을 치면서 종일 집집을 찾아다니면 그 손뼉 소리를 듣고 사람이 내다봐야 물건을 팔 수 있는 일이었다. 그는 당장 이 일이라도 해야 했기에 간단한 기본언어 열댓 마디 외워 시작했다.

우리 교민이 가내수공업으로 만든 러닝셔츠와 팬티를 외상으로 떼어가서 종일 손뼉을 치고 다녀 손에서는 불이 났고 물건은 하나도 안 팔리고 그런 날이 수없이 반복되는 동안 자신의 경솔했던 행동이 후회스러웠다. 이런 고생을 차라리 내 나라에서 했다면 진즉 부자가 됐을 거란 깨달음과 함께 수입이 없는 날은 빵 한 개로 연명하면서 1년 동안 간신히 여비를 모아 귀국했다는 고생담이었다.

그런데 내가 남편의 해직으로 어려움이 닥치자 10년 전에 읽었던 그 벤데 돌이 비슷한 화장품 외판원 일을 하게 될 줄 누가 알았겠는가. 그 수기는 콧대 높은 내 자존심을 내려놓게 했고 스스로 나를 낮춰 지금의 사업장을 열기까지 안내해 준 내 인생의 길잡이가 되었으니 바로 그 벤데 돌이 정신이 나를 살린 셈이다.

남미의 유럽이라고 부르는 아르헨티나의 부에노스아이레스

는 듣던 대로 거리가 반듯하고 사람들이 모두 여유로워 보였다. 처음 발들여 놓은 곳인데도 20여 년 전에 읽었던 벤데 돌이 나라라는 생각에 이미 다녀간 듯한 친밀감이 들었다.

거리를 구경하고 다니다가 bende라고 써 붙여진 건물 앞을 지날 때면 반갑기까지 했다. 당초에 이곳은 인디오들의 나라였다. 콜럼버스의 신대륙 발견 이후 물밀듯이 밀려든 16세기 초, 유럽의 탐험대나 정복자들이 많은 양의 금은이 매장되어 있는 것을 알고 저마다 부를 꿈꾸며 라플라타강을 따라 몰려들었고, 19세기 중반 이후부터 20세기 초에 걸쳐 광활한 땅을 일굴 영농 이민을 유럽에서 적극 받아들인 결과 지금은 다양한 종족들이 다양한 문화를 만들어 낸 것이니 남미의 여타 다른 나라들과는 분위기가 달랐다.

그들은 90% 이상이 이탈리아 프랑스 독일 등의 유럽 쪽에서 이민 온 사람들로 넓은 땅의 다채로운 기후에서 자기식의 방법으로 자기가 살고 싶은 지역에 정착한 결과 여러 가지 분위기의 다양한 문화가 형성된 것이다. 이런저런 사정으로 고향을 떠나온 이주민들은 남에게 민폐가 되는 일을 아예 하지 않겠다는 정신으로 살아 남미 안의 유럽을 만든 것이라고 한다.

그러나 나는 무엇보다도 우리 교민에 대해 궁금했다. 영농 이민으로 들어왔으나 자본이 없어 별 볼 일 없는 장사로 출발했고 끝내 그들 나름의 기반을 잡아 그 숫자가 30만을 넘어 이젠 어엿한 한인촌을 이루고 산다는 것이다. 그러잖아도 집 떠난 지 10여 일 지나니 슬슬 우리 음식이 그리워지던 차에 우리 몇 사람은 호텔 음식이 나오는 저녁 시간을 이용 택시를 불러 타고 한인타운을 찾아갔다.

아르헨티나 안의 한국이었다. 방앗간 떡집 미장원 노래방 한복집 식당 시장 슈퍼 정육점 등등 없는 것 없이 다 갖췄다. 슈퍼마켓에는 멸치 미역 고추장 라면 등 종류도 다양하게 골고루 있어 브라질과는 판이해 오히려 내가 혀를 내둘렀다. 이민 와서 정착한 지 불과 30년(최초 이민은 훨씬 오래지만) 만에 가내수공업으로 고생하고 살고 있다는 글을 읽었던 이곳이 이토록 세를 불리며 번성하다니 고맙기까지 했다.

우리는 한식 뷔페식당에 들어가 자리에 앉자마자 접시를 들었다. 우리네 토종 음식이 메뉴도 골고루 갖춰져 또 한 번 놀랐다. 나물이며 김치 밑반찬은 물론 '아사도'라 부르는 소갈비며 돼지 삼겹살이 그릇마다 수북하게 쌓여 넉넉하고 풍성했다. 주변의 손님들도 거의 우리 교민들이었다. 그런데 맞은편 좌석에 건장한 청년 서넛이 접시에 고기를 골고루 수북하게 갖다 놓고 계속 구워 먹는 것을 보면서 주인에게 아는 사이냐고 슬쩍 물어보았다. 그들은 고등학생들이란다. 주변을 전혀 개의치 않고 몇 번이고 고기를 가져다가 잘 먹고 많이 먹었다. 그들은 이곳에서 태어난 한인 2세들로 늘 그렇게 잘 먹어 체격도 우람하다는 주인의 말이다. 듬직한 체구들이 미더워 보이는 저들이야말로 이곳의 여러 민족과 경쟁할 우리의 다음 세대들이니 그들을 이기려면 지구력이 있어야 한다. 그러려면 잘 먹고 튼튼해야 하지 않겠는가.

이렇게 퍼주고도 뭐가 남느냐고 물었더니 모든 땅이 비옥한 목초지라 워낙 소를 많이 키워 고기가 싸서 괜찮다고 한다. 거기 식혜며 수정과 음료수에 커피까지 실컷 먹고 10달러, 우리 돈으로 고작 8,000원. 우리는 그 메뉴에 반해 부에노스아이레스에 있는 동안은 다음날도 그다음 날도 계속 한인촌의 음식을 즐겼다.

그렇다. 벤데 돌이의 후예들. 그들은 이제 남부럽지 않게 잘살고 있다. 멀리 남의 나라에 와서 시장을 개척하고 인생을 개척해 가장 값비싼 구역에 점포를 몇 개씩이나 두고 있는 어엿한 사장이 되어 현지인들을 수십 명씩 고용해 일자리를 창출해 주고 있는 성공한 기업가들이었다.

러닝셔츠와 팬티 등 가내수공업으로 시작한 제조업이 지금은 남대문 시장만큼의 도매 상가로 성장해 있고, 이민 1세들 거의 이 일에 종사해 이제는 타의 추종을 불허할 만큼 자리 잡았다니 얼마나 장하고 자랑스러운가. 일본에서는 이민을 장려해 정착금을 지원해 주면서까지 내보낸 이민정책에 반해 우리는 맨손으로 내보내 이룬 개인들의 업적이니 얼마나 대단한 민족이며 개인들인가.

"네 시작은 미약했으나 네 나중은 심히 창대 하리라"는 성경 말씀처럼 작은 씨알 하나가 그 땅에 떨어져 30배 60배 또는 100배의 결실을 이뤄낸 현장이었다.

나는 그 벤데 돌이의 후예들에게 박수를 보내며 나 또한 우리 시장에 맞는 수십 명의 벤데 돌이를 양성해 정말 부를 안겨주는 업무에 남은 힘을 다하리라 다짐하고 또 다짐했다.

마추픽추 정상에 서서
   -그 많던 황금은 다 어디로

　　태양을 신으로, 왕을 태양신의 아들이라며 받들던 잉카 제국 수도 <쿠스코>.
　　쿠스코란 현지 케추아어로 '배꼽'을 뜻하며 세계나 우주의 중심임을 의미하는 지명이라고 한다. 해발 3740m의 고산지대였다. 우리가 하룻밤 묵을 호텔은 초가집 같은 아늑한 분위기의 흙집이었다. 그런데 내내 멀쩡하다가 이곳에 도착하자 몸조차 가누기 힘들었다. 숨이 가쁘고 속이 메슥거리더니 자꾸 구토가 났다. 뜨거운 마테차茶로 속을 달래봐도 소용없이 하늘이 노랗고 천장이 빙빙 돌면서 정신까지 혼미하다. 뱃속의 모든 걸 다 게워 내느라 화장실을 몇 번을 들락거렸다. 그 경황 중에도 피식 웃음이 났던 건 남녀 화장실의 구분을 그렇게 확실하게 해놓은 곳을 본 적이 없어서였다. 이 지역의 유머랄까 해학이랄까, 남자의 심벌을 양각한 나체가 짙은 밤색 나무 문짝에 떡 버티고 서서 금녀를, 여자 문짝에는 유방을 양각한 나체의 여인이 미소 지었다.

 찬 바람을 쐬면 좀 가라앉을까 싶어 막내딸의 손을 잡고 호텔 문을 열심히 드나들었다. 콜롬비아에 1년 유학해 있던 딸아이는 이미 고산지역의 기후에 적응한 터라 아무렇지 않게 스페인어를 자유자재로 구사하면서 내 입이 되어줘 든든했다.

 아르마스 광장 앞에는 관광객을 상대로 여인들 몇이 손바닥선인장 열매를 큰 그릇에 수북하게 쌓아놓고 팔고 앉았다. 우리 저잣거리 모습과 흡사하다. 16세기 이전까지 인디오들이 문화를 꽃피웠던 잉카 유적지. 아직 잉카의 모습이 남아있는 로레토 거리 여기저기 골목을 기웃거려 보았다. 골목골목의 토산품 가게에는 라마의 털로 만든 방석이며 카펫이며 생활용품들이 가득하고 손뜨개질한 크고 작은 스웨터 등 갖가지 수공예품들도 잔뜩 있다.

 다산을 장려했던 농경문화 때문인지 한쪽에는 적나라한 섹스 체위의 크고 작은 토우들이 많이 쌓여 있다. 가게 옆 민가들을 보았다. 틈새라고는 보이지 않는 잉카 때의 초석礎石 위에 지어졌고, 그 집들 사이의 좁은 골목길엔 페루의 전통의상을 입은 인디오의 후예들이 지나다녔다. 챙이 넓은 중절모를 쓰고 양 갈래로 머리를 땋아 내린 여인들은 검은 바탕에 울긋불긋 무늬가 있는 폭넓은 치마를 입었다. 어깨 위에서부터 가슴까지 보자기를 휘장처럼 두르고 그 안에 아이를 넣고 다니거나 물건을 담고 다닌다. 눈동자와 머리카락은 까맣고 코는 우뚝하며 키는 땅딸하다. 예쁘고 아름답다고 말하기는 좀 그런 여인들. 원주민과 스페인의 피가 섞여 가장 열성의 인자만 받은 것 같은 인상이다. 어쩌면 그 모습이 지금까지의 잉카인의 운명이었고 역사였으며 가슴 아픈 변천사의 내력이 아닐는지.

아침 일찍 산토도밍고 사원을 둘러본다. 이 신전은 1532년 스페인의 침공을 받기 전까지는 황금으로 치장됐던 사원으로 잉카 문명을 가장 화려하게 꽃피웠던 역사의 현장이었다는 것.
잉카 시대에는 코리칸차라는 궁전으로 지금은 그 궁전의 석조를 토대로 성당이 세워져 있다. '코리qori'는 황금을 뜻하고 '칸차kancha'는 거주지를 말하는데 잉카 때는 이 궁전 내부의 벽 한 면을 모두 황금으로 치장했고 중앙에는 황금으로 만든 라마를 모셨단다. 그런데 지금 이곳엔 황금이 없다. 태양신을 숭배하는 신전의 반을 황금으로 채워놓았다던 그 많던 황금은 다 어디로 갔을까. 금붙이가 붙어있는 것이라고는 모두 다 뜯어갔거나 심지어 긁어 간 채 그 흔적들만 여기저기 허망하게 남아있다.

1532년 잉카 제국을 처음 정복한 스페인의 프란시스코 피사로는 180명의 병사를 이끌고 와서 잉카 왕을 생포한다. 왕은 그들의 금에 대한 욕심을 알고 석방 조건으로 자신이 갇혀있는 방의 상당 부분을 당장 금으로 채워놓겠다고 약속한다. 왕의 명령 한마디에 방안엔 밤새 금이 채워졌고 왕은 풀려난다. 그러나 이내 치안 문란을 이유로 왕을 유폐시키고 결국은 반란죄를 씌워 이듬해 여름 처형했다는 것.

잉카 제국은 스페인에 의해 그렇게 멸망했고 그때부터 혼혈의 역사가 시작되었다. 이들의 참담했던 당시의 상황을 듣는 것도 끔찍했고 뭔가 미진했다. 언젠가 반드시 포르투갈과 스페인에 가서 잉카 제국 침공 후 그들 나라는 무엇이 달라져 있는가를 내 눈으로 직접 확인해 보리라.

라마가 한가하게 풀을 뜯고 있는 넓은 초원인 태양의 신전 '사크사이와만에 올랐다. 쿠스코의 동쪽을 지키는 견고한 성채의 요새다. 그 옛날 번창했던 잉카 제국이 있었다고는 믿기지 않을 만큼 남아있는 것이 없었다. 다만 거석으로 쌓은 성벽만이 화려했던 제국의 마지막 잔해로 남아 그 땅이 잉카 제국이었음을 침묵으로 증언해 주고 있을 뿐이었다.

거석이 0.1mm의 틈새도 없는 성벽을 보고 감탄했다. 높은 이곳까지 저 크고 무거운 돌들을 누가 무슨 수로 날랐으며 어떤 방법으로 돌을 깎지 않고도 자연석을 그대로 눈곱만큼의 틈새도 없이 완벽하게 맞춰 성벽을 쌓았을까. 참으로 불가사의한 놀랍고 놀라운 솜씨다. 그런데도 왜 적을 막아내지 못하고 멸망했는지, 이유는 간단했다. 정복자들은 24시간 내내 전쟁을 위해 싸우는데, 원주민들은 농사는 제때를 놓치면 망치는 일이라 농사지어 가면서 틈틈이 싸웠다니 전쟁을 무슨 병정놀이 하듯 했던 참으로 웃지 못 할 넌센스였다.

마추픽추는 쿠스코에서 버스로 1시간 40분 거리였다. 다시 마추픽추로 향하는 열차를 바꿔 타고 또 1시간 30분을 더 가야 한다. 그러고도 비포장도로를 버스로 20~30분을 올라야 정상에 도달한다.

멀리 보이는 산줄기 아래로 작은 영봉들이 만년설을 이고 서 있다. 쿠스코에서 우루밤바강을 따라 아마존의 저지대로 가는 100km 지점에 있는 '공중 도시' 또는 '잊힌 도시'라 불리는 마추픽추는 높은 산봉우리의 정상을 개간하여 만든 도시다.

안데스산맥의 고원지대인 '늙은 봉우리' 마추픽추는 우루밤바강과 계단식으로 된 밭을지나 아래에서는 잘 보이지 않은 곳의 협곡과 깎아지른 단애의 절벽 사이에 사람이 접근할 수 없도록 건설된 공중에서만 볼 수 있는 도시였다.

쿠스코가 스페인 정복자들의 손에 넘어가니 정복자의 손이 미치지 않은 오지에 최후의 보루로 '콧물 키 범퍼' 왕국을 건설했고, 마추픽추는 이와 관련된 거점으로서 잉카의 빈틈없는 전략에 의해 세워진 비밀도시였다는 것.

마침내 마추픽추 역에 도착하니 마이크로버스가 대기하고

있었다. 표고 2천3백m, 내 고산병은 언제 그랬느냐는 듯 씻은 듯이 나았다. 1911년 미국 청년 하이람빙검이 등정하다가 발견했다고 해서 붙여진 하이람빙검 도로를 버스로 오르는 동안, 이토록 험난한 길을 그 옛날에 그것도 숨어서 오르내렸을 그들을 생각하니 새삼 안쓰럽다.

3백40년 동안 아무도 찾지 못해 잠들어 있던 도시를 찾아낸 하이람빙검이 '잊혀진 도시'라 명명했다는 마추픽추!

그 정상에 올랐다. 최초의 주거 터인 오두막 전망대는 마치 우리네 옛날의 초가 헛간 같다. 나는 이곳에 서서 산 아래를 굽어보았다. 사방이 산으로 둘러싸인, 산 아래가 아득하게 내려다보이는 높은 곳이다. 정복자들에게 쫓기던 이들이 하필 여기에 자리 잡아야 했던 이유가 뭐였을까를 생각하며 전망대를 뒤로하고 다시 더 위로 올라가 보았다. 계단식의 넓은 밭과 그 밭 끝에 이어진 최초의 시가지와 양수장, 그 옆으로 있는 왕자의 무덤과 귀족 지구 왕족의 터도 둘러보았다. 그리고 가장 전망 좋은 위치에 자리한 태양신의 신전 돌 제단도 보았다.

나는 이곳에 서서 전방에 있는 2천4백m의 와이나픽추인 앞산을 바라보며 쉽게 허락하지 않을 것 같은 산세의 기상이 마추픽추와는 형과 아우 같다는 생각을 해본다. 멀리 동서 양쪽으로는 '양코를 다 에라' 고봉이 펼쳐져 있고, 눈 아래로는 우루밤바 강이 실뱀처럼 보이는 이 지형은 좌청룡 우백호의 명당 지세가 아닐지 싶었다.

1만여 명을 수용했던 면적과 규모의 도시가 폐허가 된 연유가 궁금했지만, 아는 사람이 없다고 한다. 왕자의 묘 뒤쪽엔 형벌에 대한 수갑으로 추측된다는 구멍이 두 개 있어 장난스럽게 양손을 끼워 넣고 이들을 단죄한 죄목이 뭐였을까를 생각해 보았다. 도둑질이었을까 아니면 태양신을 잘못 모신 불경죄였을까. 우리 모녀는 죄인의 포즈를 취하며 웃었다.

역사의 흔적으로만 남아있는, 흥망성쇠가 한낱 물거품이 되어버린 그 황량한 벌판 여기저기를 둘러보자니 내리쬐는 강렬한 햇볕이 따가워 호텔 '투리스타스'가 있는 곳으로 돌아와 주변 산세며 절벽을 내려다보았다. 공중에서만 보이는 곳까지 피해 가서 살아야 할 만큼 삶은 그렇게도 절실했는데 왜 씨도 없이 멸족됐을까. 아무도 대답하지 못하는 미궁 속에 묻힌 도시 마추픽추는 내 마음을 두고두고 착잡하게 했다.

점심을 먹으려고 호텔의 레스토랑에 들어서니 민속의상을 차려입은 원주민 5인조의 밴드가 식탁마다 돌고 있다. 애조 띤 음색의 께나(quena), 쌈포냐(zampona), 론다도르(rondador), 차랑고(charango), 봄보(bombo) 민속 악기에서 흘러나온 남미 특유의 민속 음악이 그 착잡한 심정을 어루만져 주었다.

마추픽추 관광을 끝내고 돌아가는 버스 길목에서 손을 흔들며 '안녕!' 하는 인디오 소년을 만났다. 아이는 사행 길을 지날 때마다 잽싸게 나타나 자꾸만 손을 흔들며 '안녕!'을 외쳐댄다. 우리는 남미에서 들어보는 우리의 인사말이 반가워 역에 도착한 후 차에서 내릴 때 소년의 손에 먹을 것이며 몇 푼의 달러를 쥐여주고 웃었다. 그러나 소년은 그게 직업이었던 것.

 23일간 남미를 여행하고도 그곳에 관한 얘기를 단 한 줄도 풀어낼 수 없었던 것은 스페인이 남미를 침공한 배경과 그 후의 변천을 모르고 남미 역사를 이렇다 저렇다 이야기할 수 없어 덮어 둔 때문이었다. 그 궁금증을 풀기 위해 원류를 찾아 스페인과 포르투갈을 다녀오고서야 비로소 풀어낼 수 있었으니 그나마 다행이었다.

 우리의 분단이 50년이라 해도 우리는 남북으로 헤어져 있을 뿐 없어지지는 않았다. 또한 다른 피와 섞이지도 않았다. 그러나 잉카는 스페인이 침공해 와서 정략적으로 남자들만 죽이고 여자와는 피를 섞어 침략자의 아이를 낳게 했다. 결국은 그렇게 태어난 아이들은 아버지의 나라를 복수할 수 없었고 또 침공 후에는 신전부터 먼저 허물어 그 자리에는 반드시 성당을 세워 가톨릭의 교리로 다스렸으니, 잉카 제국의 멸망은 결국 일곱 번을 일흔 번까지 용서하라는 그리스도의 말씀대로 스페인을 용서해 준 때문 아니었을지. 어느 날 수녀원에 강도가 들어 한 수녀를 겁탈하여 아이가 생겼다. 그 수녀는 결국 수녀복을 벗었고 아비가 누구인지도 모르는 아이를 키우면서 아이 아비를 용서해야 했다.

어쩌면 유럽의 스페인과 남미의 페루가 바로 그런 관계가 아니었겠는가. 그 많던 황금은 스페인 사그라다 파밀리아 성당 안 곳곳에 뭉떵뭉떵 쌓여 있었다.

Tundra: A Dream of the Plains
툰드라 그 평원을 꿈꾸다

새집을 짓고
– 고향 만들기 1

봄비가 추적추적 내리는 4월의 어느 날이었다.

전북 장수군 계남면 원호덕리라는 한 산골 촌락을 찾아들었다. 마을 입구에는 몇 아름의 정자나무가 섰고, 그 옆엔 호랑이 석상이 마을의 표석으로 세워져 있다. 마을 안쪽으로 깊숙이 들어가니 닭이 알을 품은 듯 마을이 산 밑에 있어 풍수지리는 잘 모르지만, 신문에서 읽은 포란 형이란 지형이 이런 곳인가 싶었다.

안내하는 부동산중개인을 따라 허름한 한 집을 찾아들었다. 한 봉 벌통을 포개고 섰던 노인이 하던 일을 멈추고 집을 보러 왔다는 우리에게 가죽 잎 부침개와 막걸리를 내와 권한다. 술 좋아하는 남편은 비에 젖은 촉촉한 산골의 운치와 그 수더분한 인심에 금세 반하는 눈치다.

집 주위를 둘러보았다. 두릅이며 머위가 언덕에 나 있는 해발

400m의 고랭지 촌락. 감나무가 울안 여기저기 10여 그루가 있고, 밤나무도 군데군데 있다. 대추나무며 호두나무까지 구색을 갖췄으니 이만하면 나도 반할만하다. 공기가 맑다 못해 신맛이 났다. 한때는 70여 호가 살았던 부농 마을이었다는데 지금은 늙은이들만 20여 세대가 땅을 부치며 산다는 이 집 역시 탈농한 집이었다. 노인은 토종벌을 치기 위해 전주에서 혼자 친척 집인 이 집에 와있노라고 했다.

남편은 당장 그 집을 사자고 졸랐다. 대지 500평에 15평 남짓한 허름한 기와집, 집을 산다기보다 헐값에 고향을 사고 싶은 모양이다. 우린 그렇게 이 산촌과 연을 맺었다. 해가 바뀌고 노인은 소리소문없이 떠났다. 우린 옆집 영감님을 시켜 흉가 같은 그 집을 미련 없이 허물고 땅도 갈아엎었다. 그리고 빈 땅엔 우리 밀을 심을까? 묘목을 꽂을까를 궁리했다. 그런 늦가을의 어느 날,

"왜 감 따러 안 오세요?" 하는 옆집 영감님의 전화를 받았다. 그제야 우리에게도 열매를 거둘 땅이 있음을 실감했다.

주말을 이용해 식구 모두는 여행가는 마음으로 내려갔다. 처음 왔던 날처럼 실비가 촉촉이 내리고 있어 우수마저 깃든 산골 정취를 맛보게 했다.

옛 집터, 십여 주나 되는 감나무엔 빨갛게 익은 감이 주렁주렁 가지가 휘게 매달려 있었다. 옆집 영감님은 비가 내리는데도 감

나무 밑에 천막 천을 깔아주며 감 따는 걸 거들었다. 아들이 사다리를 타고 나무에 올라가 가지를 흔들자, 가지 끝에서 이미 홍시가 된 감이 사방에 떨어지면서 곤죽이 되었다. 난생처음 거둬보는 그 수확이 얼마나 옹골찬지, 나는 그저 벌린 입을 다물지 못하고 으깨진 감들이 아까워 연신 쫓아다니며 주워 먹었다. 천연의 홍시라 꿀맛이다. 아니 내 땅에서의 첫 수확이니 그 맛이 꿀보다 더 달았다. 몇 접이나 땄을까, 아직도 감나무엔 감이 많이 달려 있는데 비 오는 날의 산골은 금세 어둑해졌고 차디찬 감을 먹은 나는 온몸에 한기가 들었다.

갈 길이 멀어 그만 가자는 식구들의 성화에, 감 몇 상자 차 트렁크에 싣고 돌아섰다. 운전대를 잡고 앉아 옹기종기 모여 앉은 산골의 촌락들을 지나면서 문득 젊은 날을 떠올리며 남다른 감회에 젖어본다.

청백리로 공직 생활을 일찍 마감하신 시아버님은 맞벌이인 우리에게 노후를 의탁하셨다. 빈손으로 시작한 우리 역시 많이 궁핍했다. 아이들 넷과 시부모님까지 8식구 함께 살기 너무 벅차서 큰아이가 초등학교에 다닐 무렵 시어른들께 의논드렸다. 시골에 땅을 조금 마련해 드리면 소일거리로 심심풀이하실 거냐고. 그러면 방학 때 아이들이 시골에 내려가 자연과 친화하면서 심은 대로 거두는 땅의 정직함도 배우고, 또 참깨며 마늘 고추 등 양념만 사 먹지 않아도 도시 생활에 큰 보탬이 되며, 두 분

건강에도 좋을 것 같다고 말씀드렸다.

  시아버님은 한마디로 누가 농사를 지을 거냐고 되물으셨다. 그 후 더는 거론하지 않았다. 이제 두 분 모두 유계에 드셨고, 우리 부부가 그 어른들의 연치에 와서야 내 신혼 때의 소망대로 시골에 땅을 장만하여 첫 수확을 거둬가는 길이니 어찌 감회가 새롭지 않으랴. 그리고 보니 헌 집을 괜히 허물었구나 후회했다. 해마다 수확한 과실을 갈무리할 집이 필요했다.

  우리는 다시 집을 짓기로 설계하고 20평의 조립식 주택을 남편의 퇴직금 일부를 축내 한겨울에 서둘러 지었다. 앞산을 바라보도록 남향으로 집을 앉히고 냉장고와 세탁기 등 가재도구를 대충 갖춰 놓으니 제법 괜찮은 촌가가 되었다. 방에 앉아서도 문만 열면 하늘의 온갖 조화를 볼 수 있고, 밤엔 자연의 숨소리를 오감으로 느낄 수 있어 덤으로 얻어진 이 조건이 그저 고마울 따름이었다.

  1월 1일 새해 아침, 아들 내외와 세 딸과 우리 부부 일곱 식구는 다과상을 앞에 두고 새집 입주 기념으로 신년의 첫 가족회의를 열었다. 봄이 되면 정원을 꾸미고 각자 자기 나무 한 그루씩 심자고 했다. 그 나무와 함께 성장한다는 의미도 담았다.

  몸과 마음의 고향을 만든 1994년 새해 첫날, 우리의 부푼 기대와 희망을 안고 떠오른 태양은 새집에 축복의 빛살을 넉넉하게 뿌려주었다.

귀한 손주를 얻다

박완서 씨가 쓴 참척慘慽의 일기 <한 말씀만 하소서>를 읽었다. 생떼 같은 아들이 자는 듯 죽어있는 모습을 본 어머니가 몸부림치는 기록이다. 서울대 의대를 다니던 아들이, 피곤해서 곤히 자고자 수면제를 자신에게 주사한 것이 그만 못 일어나고 말았다고 한다. 그 충격에 어미는 곡기를 끊으면 아들 따라 죽을 것이란 생각으로 물 대신 맥주만 마시면서 날마다 아들 따라간다고 달포 넘게 몸부림친다. 그러면서 하느님께 내가 뭣을 잘못했느냐고, 불행의 주인공이 왜 하필 나였냐고 삿대질한다.

이 안타까움을 보다 못한 식구들의 권유로 이해인 수녀님이 계신 수녀원으로 간다. 거기에 머물면서 수녀원 뒤뜰을 혼자 거닐다가 우연히 예비 수녀와 면회 온 친구의 대화를 엿듣게 되고 별것도 아닌 일로 수녀가 되었다는 말에 오기가 발동한다.

"내 고통은 이만큼 큰데도 참고 있는데 그깟 일로 수녀가 되다니 말도 안 돼."

반발심으로 달포 이상 굶은 빈속에 점심에 나온 카레 라이스를 과반 한다. 그게 탈이나 화장실 변기 앞에 무릎 꿇고 앉아 똥물까지 게워 내는 고통을 겪으면서 비로소 깨닫는다. 하느님은 그 누구에게도 예외가 없다는 것을.

비록 고통의 형태나 상황은 달랐지만, 비슷한 경험을 한 나로서는 가슴 절절하게 공감했고 그래서 더욱 마음이 아팠다. 마치 "한 말씀만 하소서, 내가 곧 나으리이다." 하고 하느님께 매달렸던 나의 한 달이 재현된 느낌이었다.

광주사태는 전두환이 일으킨 재앙이다. 직업이 기자였던 남편의 해직은 당장 우리 집의 생활고로 직결됐고, 내 힘으론 어쩌지 못하는 불가항력의 운명 앞에 매달릴 곳은 오직 하느님뿐이었다. 한 달 동안 성당에 가서 성체 앞에 꿇어 엎드렸다. 처음엔 내가 뭘 잘못했느냐고 따졌다. 차츰 시련을 주신 참뜻을 알게 해달라고 졸랐다. 그리고 사랑하는 자녀일수록 매를 든다는 깨달음과 함께 '낮아져라.' 하신 말씀을 듣게 되었다. 지금까지 갖고 있던 교만과 허세 위선 따위의 헛된 것들을 버림으로써 좋은 것들로 채워주려 하심을 어렴풋이나마 깨닫게 된 것이다. 깨달음이란 고뇌하는 자만이 얻을 수 있는 결정체요 고통으로 타들어 간 마음의 사리였다.

비로소 마음의 평정을 얻었다. 복직을 기대하며 5년을 버티던 남편이 새로운 직장을 구해 서울로 떠나자 남겨진 식솔들도 그 6개월 후에 20년 정든 목포를 떠나 인천에 새 둥지를 틀었다. 당장 전학이 안 되는 고2 아들과 중3 큰딸을 시어머님과 함께 남겨두고 1년 후에 합치자고 약속했다.

스산한 겨울바람은 황량한 벌판에 덩그러니 서 있는 철근 콘크리트 상자를 더욱 을씨년스럽게 했다. 나는 인천의 새 아파트에서 동물처럼 5개월을 갇혀 지냈다. 남편과 아이들이 올 때까지 밖에 나가 보지 않은 날이 태반이었다. 어쩌다 구멍가게나 쌀가게 외출이 고작이었고 그것도 아이들이 학교에서 돌아오면 심부름시키는 것으로 대신했다. 남편은 지하철로 서울까지 2시간씩 출퇴근하며 힘들어했고, 11살짜리 막내는 왕복 80분을 걸어서 학교 다니느라 코피를 펑펑 쏟았다. 우리는 시류를 잘못 타고 난 때문이라고 체념하며 살았지만, 아무런 잘못도 없이 해직당해 고생하는 일만 생각하면 억울했다. 그러나 시련은 거기서 그치지 않았다.

"할머니 위독 급 래망."

목포에서 고2 아들이 친 전보가 날아들었다. 인천에 온 지 20일째 되는 날이었다. 일요일 오후, 전화선도 설치 안 된 변두리 아파트에서 남편의 직장동료 몇 분을 모시고 집들이를 겸한 점심상을 막 물린 후였다. 나는 황급히 택시를 잡아타고 간석동 전화국으로 갔다. 호출전화로 아들을 불러놓고 얼마쯤 기다리니 집에 아무도 없다는 회신이다.

'궁즉통'이라 했던가, 목포의 전화국 직원에게 시어머님의 위급상황을 설명하고 우리 집 식구들의 안부 좀 알아봐 달라고 했다. 한참을 전화국 창구에서 기다리니 시어머님이 혈압으로 쓰러져 시립병원으로 실려 가서 집에는 아무도 없다는 전갈이다. 전화국을 나서는데 다리가 몹시 후들거리며 현기증이 나서 금방 쓰러질 것 같았다.

이사 온 지 겨우 3주, 아직 모든 게 낯선 여기에 애들 둘만 달랑 남겨놓고 내려갈 일이 더 난감했다.

집에 들어와 중1인 둘째 딸을 앉혀놓고 혹시 할머니 장례까지 치르고 올지도 모르니 동생하고 문단속 잘하고 학교 잘 다니고 있으라고 이른 뒤, 우리 부부는 황망히 목포행 야간열차에 올랐다.

찬바람이 몸에 한기를 느끼게 하는 초겨울 새벽에 목포에 도착한 우리는 황급히 시립병원으로 갔다. 아이들은 어디에 있는지 보이지 않았고 혼수상태에 있는 시어머님만 초췌한 모습으로 누워 계셨다. 병실을 지키는 사람 하나 없이 썰렁한 응급실에서 유일한 생명줄인 산소 호흡기에 몸을 맡기고 누워 계신 시어머니를 보니 왈칵 눈물이 쏟아졌다. 정정하신 예순아홉의 평소 건강으로 봐선 지금 인생을 마감하기 너무 억울한 일이었다. 그러나 식물인간으로 누워 계신다면 더 큰 일이었다.

차후에 일어날 일들을 남편과 의논하고 있는데 당직실에서 자고 있던 아이들이 나왔다. 그리고 그 몇 시간 후에 하느님은 시어머님을 당신 품에 안으셨다. 나는 형언할 수 없는 비통함으로 오열했다. 영안실도 없는 병원에서 세탁실을 급조해 빈소를 차렸다. 차갑고 옹색한 빈소에 소문을 들은 문상객들이 줄을 이었다.

시어머님의 2일장을 치르고 유품을 정리하면서 그간의 얘기를 딸애에게서 들었다. 할머니는 그날도 새벽에 일어나시기에 일요일이니 더 주무시라고 하고 다시 잠들었다는 것. 그런데 잠결에 타는 냄새가 자꾸 나서 일어나 문 열어보니 할머니가 부엌 바닥에 쓰러져 있고 석유풍로엔 불이 켜진 채 밥솥에 밥이 숯이 되어가고 있더란다. 기겁한 아이가 늦잠 자는 오빠를 깨워 둘이 할머니를 끌어다 방에 모셔놓고, 오빠가 전보 치러 간 사이 인공호흡 하려고 보니 할머니 입 주위가 하도 지저분해 입을 댈 수가 없더라고 했다. 그래서 시커먼 고무호스를 10cm쯤 잘라다 할머니 입에 대고 숨을 불어넣었지만 아무리 해도 깨어나지 않더라고 했다. 그때 오빠가 아빠 친구인 의사 선생님을 모시고 와서 할머니를 시립병원 응급실로 모셨다는 것. 어린것이 얼마나 당황했을까. 기특했다. 웃지 못할 우스운 후일담이었다.

해가 바뀌고 고3이 된 아들은 학교 기숙사에 입사시키고, 고1이 된 딸아이는 추첨을 통해 데려왔다. 아들만 빼고 다섯 식구가 함께 모여 살게 되었지만, 남편의 봉급은 턱없이 모자라 나는 일자리를 찾아 나설 수밖에 없었다.

　세일즈란 직업은 내게 생소했다. 그러나 막다른 골목으로 내몰린 쥐처럼 도주할 퇴로가 없었다. '우물 파면 개구리 뛰어든다.' 하시던 친정아버님의 가르침을 밑천 삼아 '낮아지라' 주문하신 하느님이 도우실 것이란 신념으로 한방화장품 방문판매를 시작했다. 입사 3개월 만에 사내 1위를 했고, 세일즈 우먼으로서 첫발을 디딘 그 1년 후 자영업의 내 사무실을 오픈하는 기적 같은 일을 이뤄냈다. 참으로 인고의 세월, 하느님이 함께하신 업적이었다.

　흔히 10년이면 강산이 변한다고 한다. 내가 인천에 정착한 지 올해로 만 10년이다. 나는 많이 변했다. 내 그릇을 온전히 비우는 데 42년이 걸렸지만, 다시 채우는 데는 10년밖에 걸리지 않았다. 하느님은 언제나 내 편에 서서 모든 요구를 다 들어주셨다. 나는 하느님 사랑을 만끽했고 이제는 마음이 부자라서 세상 사는 일에 자신이 있다.

　목포를 떠나면서 세 번의 3년을 내게 달라고 청했던 기도도 모두 들어주셨다. 첫 번의 3년은 기 천만 원의 빚을 갚게 해 하느님의 영광 가리지 않게 해달라고 졸랐고, 두 번째의 3년은 식구들이 모여 살 수 있는 집 한 채 마련해 달라고 했으며, 세 번째의 3년은 지금껏 모두에게 신세만 졌으니, 이제로부터는 내가 나눠주는 사람이 되게 해달라고 기도했다.

  남편은 인천에서 복직해 다시 7년을 근무한 후 지난봄의 네 번째 시집 「눈감고 떠나는 영혼의 여행」 상재와 동시에 명예퇴직을 했다. 아들은 서울대 독문과를 장학생으로 당당히 합격하는 감격을 주고 졸업 후에는 동기와 결혼도 했다. 그때 5학년이던 막내딸이 콜롬비아의 보고타에 유학하고 있다.

  힘들어서 도저히 못 지고 가겠다던 내 십자가의 무게는 결국 하느님 사랑의 무게였음을 알았다. 그래서 하느님이 내게 명하신 뜻을 받들고자 오늘도 열심히 뛰고 있다.

  박완서 작가가 가장 낮은 자리인 화장실의 변기 앞에서 무릎 꿇고 하느님의 뜻을 깨달았듯, 그 누구도 예외일 수 없는 하느님의 담금질은 쓰임새가 큰 사람일수록 가혹하다는 것을 지금은 안다.

  그리고 1994년 7월 30일 새벽, 건강하고 귀한 손주를 보았다. 이제로부터 또 모든 좋은 일만 일어날 것을 굳게 믿는다.

내 강아지들아!

'빵슈'와 '보띠'는 4개월의 간격을 두고 태어난 외손녀들이다. 이 아가들이 금세 금세 자라는 것을 보고 있노라면 새삼 외할미가 된 기분을 실감한다. 빵슈는 둘째 딸의 딸아이인데 선이 굵고 성격이 활달하며 건강하고 영리하다. 보띠는 막내딸의 딸아이인데 선이 가늘고 차분하며 귀티 나고 귀엽다. 딸들은 아빠를 닮으면 잘산다는데 둘 다 아비를 쏙 빼닮았다.

빵슈가 태어났을 때 식빵처럼 생겼다고 막내 이모가 붙여준 별명이 빵순이다. 그런걸 그게 뭐냐며 막내 이모부가 고쳐 부른 애칭이 빵슈다. 아이가 나를 보면 얼마나 활짝 웃어주는지, 좋아하는 사람을 보면 웃어준다는 말을 실감하게 한다. 그래서 밥 사준다고 딸네를 자주 불러내 아이와 한참씩 놀다가 보내곤 한다.

빵슈는 힘이 어찌나 장사인지 사내아이처럼 활동반경과 액션이 크다. 그러다가도 울 때면 금방 아랫입술을 바르르 떨면서 눈물을 뚝뚝 떨군다. 감정이입이 잘돼 이다음에 연기자가 되어도 좋겠다는 생각이 든다.

'빵슈'의 이름은 마리나, 내가 운영하던 소파 공장을 둘째 사위에게 물려줬더니, 소파 디자이너인 아비가 회사 상호를 '마리나 소파'라고 등록해 미리부터 마리나 이름이 상표가 되어 세상에 회자하고 있다.

보띠는 막내딸의 딸로서 태명으로 복둥이라 부르던 것을, 제 아비가 '보띠'라고 고쳐 애칭이 되었다. 보띠는 차분하고 새침하고 영리하다. 제 어미 어릴 적 성품이다. 침착하고 집중력이 강하니 이다음에 학자나 연구원이 되어도 좋겠다는 생각이 든다. 보띠의 이름은 '이나!' 항상 윤潤이 나라고 내가 윤씨 성에 붙여준 이름이다. 어미 아비가 지혜로우니 적성 찾아 잘 키우리라 믿는다.

그리고 만혼한 큰딸이 딸을 낳아 갓 돌을 넘겼다. 제 어미는 늦게 얻은 딸아이를 마치 용알 들여다보듯 하며 귀애한다. 서구적으로 생겨 서양 인형을 보는 것 같은 예쁜 아이 클레어는 영리한 짓이 한창인데, 벌써 아기 모델을 한다고 자랑이다. 앞으로 5개 국어를 시킬 거라니 아이가 얼마나 고달플지 걱정이 앞선다.

아들이 낳은 손자 규원이가 6학년이다. 나는 자존심이 무엇인지를 녀석에게 일러준다. 이 녀석들이 성장해 무슨 일을 할지는 모르겠으나 어쨌건 사람 냄새 물씬 풍기는 가슴 따뜻한 사람으로 살아갔으면 좋겠다.

영리한 머리로 잔 꾀부리지 말고, 혼자 잘난 맛으로도 살지 말며, 나만을 위한 이기가 아니라 공동의 이익을 위해 일하는 이타의 사람으로, 혼탁한 물을 갈앉히는 한줄기 맑은 원천으로 살아주기를 이 할미는 간절히 소망한다.

젊은 날의 나는 종자 개량하겠다고 기염을 토한 적이 있다. 우수한 두뇌의 며느리를 맞으면 종자가 개량되어 우량종이 될 것이고, 그러면 점차로 가문이 융성 발전하여 명문가가 될 것이니 그것은 나로부터 시작한다는 가당찮은 건방을 부렸다.

그러나 늙어 보면 그것이 한낱 어리석은 자의 착각이란 것을 저절로 깨닫게 된다. 영리하고 게으른 사람보다 성품이 바르고 무던한 사람이 더 성공하고, 심성이 곱고 착해야 그걸 보고 배운 후손이 복 받는다. 내가 솔선해 보여준 모습이 아이들을 통해서 되돌아오는 것이니, 젊은 날 사는 데 급급해 미처 챙겨주지 못해 틈새로 빠져나간 작은 사랑들이 아쉽기만 하다.

"큰 사랑은 받았는데 작은 사랑도 사랑이거든요."
하던 대학생 때 아들의 아쉬운 표현이 자꾸만 귓가에서 맴돈다.

4남매의 자손이 겨우 4명, 아들은 아들을, 딸 셋은 각각 딸 하나씩 두었으니 너무나 단출하다. 저들의 생활이 바쁘니 자주 얼굴 보기 어려워 마치 소외된 늙은이가 된 기분이다. 왠지 빈 가슴이 허하고 적막하다.

 "빵슈와 보띠, 클레어와 규원이, 내 강아지들아! 하늘만큼 땅만큼 사랑한다."

존재의 이유

　부부싸움을 심하게 하고 난 후 남편이 짐을 챙겨 시골집으로 떠났다.
　일속에 빠져 있는 낮에는 잡다한 일상을 생각할 겨를이 없다. 그러나 혼자 있는 저녁이면 이런저런 생각이 많아진다. 남편은 철저한 원칙주의자라 자기 뜻대로 되지 않으면 금방 짜증과 불만으로 사소한 것에 목숨 건다. 그러고는 이내 풀린다. 하지만 나는 정반대다.
　남자들은 미래지향적이라 당면한 것만 가지고 다투길 원한다지만 여자들은 과거 반추 형이라 묵은 밭 다 뒤집는다지 않던가. 나도 예외는 아니어서 한번 건드리면 발톱을 세워 옛날의 서운했던 묵은 것까지를 다 들춰내 공격하곤 한다. 그러면 정면충돌은 불 보듯 빤한 노릇, 우린 하도 자주 다퉈 날이 가면 무엇 때문에 싸웠는지조차 모를 때가 많다. 그렇지만 남편은 나름대로 내게 서운함이 있었을 테고, 그것은 명퇴로 무료해진 자신에 대한 자격지심도 상당히 작용하는 것 같았다. 그런 그를 보는 일 자체가 내겐 괴로움이다.

 셋째와 막내네가 시골집에 내려가서 주말을 보내겠다기에 냉전 중이라는 내색을 감춘 채 동행했다. 아이들은 짐을 부리기 바쁘게 무주 리조트로 스키 타러가고, 나는 시골집 울안을 한 바퀴 빙 둘러보았다. 겨울의 울안은 내 마음만큼이나 스산했다. 남편이 내 눈치를 슬슬 살피며 따라와 말을 걸었지만 마지못해 받는 내 말엔 가시가 돋쳐있었다. 주말을 그렇게 데면데면하게 보낸 뒤, 아침 일찍 짐을 챙기고 있는데 뜬금없이 김종환의 <존재의 이유>가 조용히 방안에 울려 퍼진다. 나는 깜짝 놀랐다. 일상에 없던 파격적인 화해 신청인 것이다. 대중가요라고는 전혀 관심도, 또 제대로 아는 노래도 없는 그가 어떤 경로로 <존재의 이유> CD를 구했을까.

 언젠가는 너와 함께하겠지/지금은 헤어져 있어도/네가 보고 싶어도 참고 있을 뿐이지/언젠간 다시 만날 테니까/그리 오래 헤어지진 않아/너에게 나는 돌아갈 거야/모든 걸 포기하고 네게 가고 싶지만/조금만 참고 기다려 줘/알 수 없는 또 다른 나의 미래가/나를 더욱 힘들게 하지만/조금만 더 기다려 네게 달려갈 테니/그때까지 기다릴 수 있겠니.

김종환은 아픈 아내의 치료비마저 대줄 수 없어 일자리를 찾아 객지에서 방황하면서 아내가 보고 싶을 때면 전화로 자기 마음을 전했다고 한다. 아내와의 통화 내용을 그대로 종이에 써 내려간 것이 노랫말이 되었다는 이야기를, TV를 통해 들은 적이 있다. '존재의 이유'가 그토록 대중에게 어필될 수 있었던 것은, 남자의 진솔한 마음을 표현한 가사와 폐부를 저미는 듯한 멜로디다. 남편이 그 노래를 빌어 넌지시 속마음을 열어 보인다고 느낀 순간 기분이 참 묘했다. 그럴 거면 평소에 좀 잘하지, 하는 고까움마저 들었다.

우리 부부는 싸우기도 지겹다고 생각할 만큼 투덕댄다. 지고는 못 사는 성미인 남편은 낱말 하나 붙들고도 공격한다. 그러다 보니 어느새 피해의식이 많아진 나는 유독 남편에게만은 져주기 싫다. 응석을 부려보고 싶은, 그래서 절대적인 내 보호자여야 한다는 욕심이 깔려있기 때문이기도 하다. 부부싸움은 칼로 물 베기라는데, 무 베기 같은 아슬아슬한 위기도 수없이 넘겼다. 먹고사는 일만 해결되면 행복하려니 생각했던 나와, 밥과는 전혀 상관없는 남편과는 처음부터 삐거덕거렸다. 젊은 날에는 '오리와 백조'의 차이라고 비아냥거리기도 했고, 머리는 하늘에, 허리는 공중에, 발은 땅에 닿아있는 '기형 인간'이라 비난도 퍼부었다.

남편의 은사님은, 가장 리얼리스트인 아내와 가장 로맨티스트인 남편이 함께 사는 일 자체가 불가사의하다며 "니들 참 용타!"라고 하셨다. 그러나 세상에는 조화롭지 않은 조화가 얼마나 많던가.

가끔 나는 왜 존재하며 누구를 위하여 존재하는가를 생각해 본다. 아이들이 어렸을 땐 절대적인 모성에 최면을 걸었다. 그러나 지금은 아이들이 모두 장성해 일가를 이뤘으니 이제 핑곗거리가 없잖은가. 궁극적으로야 물론 자신을 위해 존재하겠지만, 그러나 이제 최면을 걸 뚜렷한 거리가 없다. 그나마 내가 필요한 사람들을 위해 아직 할 일이 조금 남아있다는 최면을 걸자니 다 살았구나 싶은 게 허망하고 서글프다.

문득 나의 죽음을 가정해 본다. 내 시신을 치우기 위한 절차가, 사망일부터 삼우제까지 줄잡아 5일, 바쁜 아이들은 이내 일상으로 복귀할 것이고, 저마다 일에 매달려 정신없이 살다 보면 어미의 죽음쯤 애면글면 애통해할 시간도 없을 것이다. 허니 누가 먼저일지도 모르는 죽음을 서로가 지켜봐 줘야 할 사람들이 부부 아니겠는가. 해서 친구가 보내준 용혜원의 시 <동행>을 <존재의 이유> 그 노래의 답변으로 하련다.

동행 (용혜원)

인생길에 동행하는 사람이 있다는 것은 참으로 행복한 일입니다.

힘들 때 서로 기댈 수 있고 아플 때 곁에 있어 줄 수 있고 어려울 때 힘이 되어 줄 수 있으니 서로 위로가 될 것입니다.

여행을 떠나도 홀로면 고독할 터인데 서로의 눈 맞춰 웃으며 동행하는 이 있으니 참으로 기쁜 일입니다.

사랑은 홀로는 할 수가 없고 맛있는 음식도 홀로는 맛없고 멋진 영화도 홀로는 재미없고 아름다운 옷도 보아줄 사람이 없다면 무슨 소용이 있겠습니까.

아무리 재미있는 이야기도 들어줄 사람이 없다면 독백이 되고 맙니다.

인생길에 동행하는 사람이 있다면 더 깊이 사랑해야 합니다.

그 사랑으로 인하여 오늘도 내일도 행복할 수 있습니다.

흙, 그 변신의 미학

갤러리엔 온통 향내가 진동했다.

푸른 솔가지와 감국 다발이 뿜어내는 향이 노란 탱자 향과도 어울려 샤넬 향수보다 더 진했다. 거기 빨간 열매가 조랑조랑 매달린 찔레 가지까지 곁들여 가을들녘을 그대로 실내에 옮겨 놓은 듯 천연스러웠다.

전시실을 찬찬히 둘러보았다. 죽어 100년쯤 됐을 노송의 속살 위에 음전하게 앉은 갖가지 도예작품이 눈길을 사로잡는다, 반죽한 흙을 동그랗게 밀어 두 손으로 감싸 올리며 주름잡아 빚었다는 도자기들이 안팎의 색감을 달리해 빼어나게 아름답다. 그 독창성은 손으로 빚는 선생님만의 비법이라 하신다. 작품마다 청개구리나 사슴 등의 순한 동물을 동반한 내밀한 이야기가 담겨 있다. 그 해석은 보고 느끼는 사람의 몫이다.

내가 어느 작품 앞에 섰을 때, 갑자기 잠잠하던 내 안의 마그마가 화산처럼 솟구치더니 눈물로 분출했다. 어느 작품 한 점이 내 감성에 감동의 번개를 때린 것이다. 당황스러웠다. 이럴 때 나는 곤혹스러워진다. 울먹이면서 말해야 하니 말이다.

　흙이 흙으로만 사는 길은 죽어야 한다. 필수로 거치는 험난한 길이다. 거친 야성이 말랑말랑해질 때까지 밟고 짓이기고 치대고 태질한다. 고분고분 말을 잘 들어야 새 형상으로 빚어 세상의 빛을 볼 수 있게 하기 때문이다. 그러고도 천도가 넘는 불가마의 고열을 견뎌내야만 형형한 빛깔과 품격 높은 자태로 최상의 가치를 부여받는 것이다, 사람도 본디는 흙이었으니 신이 인간에게 완성을 위해 각자에게 주는 시련과 무엇이 다르리.
　흙은 식물의 생육이 본디의 사명이다. 그래서 펄 벅은 대지를 어머니라 했고 어머니는 자녀를 키우는 흙으로 비견된다. 모든 식물을 키워내는 모성이 흙이라지만, 풀 한 포기 키우지 못하는 죽은 흙도 있었다. 지층 표면보다 86m가 낮은 미국의 데스밸리는 바다가 융기되면서 바닷물이 증발한 소금땅이어서 생명체가 살지 못했다. 반면 애리조나주의 야산 모래흙은 삼지창 같은 큰 사보텐을 키우고 있었고, 뉴멕시코의 800km나 되는 화이트 샌즈 그 광활한 사구沙丘 하얀 모래사막에서도 드문드문 유커가 자라고 있었다. 그뿐인가 옐로스톤의 휴화산 땅속 끓는 물 옆에서도 뜨거운 수증기를 뒤집어쓴 이름 모를 작은 야생화들이 여기저기 피어 있어 그 강한 생명력에 찬탄했다. 어떤 환경에서도 살아남는 마치 끈질긴 모자간 같은 그 경이로움에 감동했을 때도 내 안의 마그마는 끓지 않았다.

대체 내 감성은 몇 도에서 끓는 임계점에 있을까? 나도 나를 잘 모른다. 그러나 후버댐으로 가기 위해 후버 터널을 막 통과했을 때. 그 끝에 펼쳐진 자이언캐니언을 보는 순간 나도 모르게 그 위용에 압도되어 가슴이 벅차오르더니 숨이 막히고 눈물이 났다. 그랜드캐니언과 브라이스 캐니언의 두 모습을 갖추고도 자기만의 아름다움으로 내 감성을 자극한 자이언캐니언, 가이더가 다 같이 성가를 부르자는데 한 소절 부르다가 울음이 섞여 더는 노래를 잇지 못했다. 그런데 김기철 선생님의 도예전에서 또 그런 감동을 경험할 줄이야. 그땐 하느님이 지으신 웅장한 경치에 말문이 막혔지만, 선생님의 도예작품 그 작은 소품 앞에서 내 감성이 낙뢰를 맞을 줄은 정말 몰랐다.

우린 어떤 분야건 어떤 물성을 최상의 가치로 재창조해 내는 사람을 명인 또는 장인이라 부르고 대접한다. 그분은 장인이셨다. 남자 어른의 손으로 빚은 극 섬세함의 세기細技는 자기만의 독창성이고 몰입이다. 작은 그릇들에서 느껴지는 아름다움과 슬픔과 고뇌와 처연함이 나를 울렸을까. 지헌 선생님은 그런 한 사람만 만나도 도자기 하기를 참 잘했다고 생각한다고 말씀하셨다.

언제쯤 나는 한 사람의 독자라도 그렇게 감동할 작품이 써질까? 부럽다. 아니 그 재주가 샘났다. 벌레가 나비가 되어 하늘을 날듯, 흙이 품격을 달리해 장식장에 올라앉아 완상의 대접을 받는 도예 작품전에서, 감국과 청솔가지와 도자기와 작가가 각기 자기만의 향을 지녔음에도 함께 동화된 향을 발한다고 생각하며 전시장을 나왔다.

로마교황청이며 대영박물관에도 가 있다는 선생님의 분신들은 그 작품을 접하는 많은 이들의 마음을 사로잡아 사랑을 듬뿍 받고 있으리라 유추하기 어렵지 않았다.

선생님의 수필집 『꽃피는 산골』을 받아와 읽으니, 미수를 맞는 그 어른이 곧 자연이란 생각이 든다. 겸손하고 솔직하고 소탈하여 이미 자연과 동화되어 버린 인품, 그분의 무르익은 정신으로 빚는 그분만의 혼이 깃들어 있는 분신들이 번번이 그분 양에 차는 예술품들이길 빈다.

'흙, 그 변신의 미학'이 후대에 많이 남겨져 소장하는 이들의 기쁨이 되고 영광이 되었으면 해서다.

(2019)

반디만큼이라도

어둑한 거실 바닥에 작은 벌레 한 마리가 파닥인다.

몸통 길이가 1.5cm쯤 되는 곤충이다. '벌'인가 하고 TV 불빛에 조심스럽게 살피다가 깜짝 놀라 얼른 거실 불을 켰다.

"와! 네가 어떻게 여길…."

탄성을 지르며 환호했다. 그리고 얼른 TV의 전원을 껐다. 실내가 캄캄해지니 꽁무니의 불을 껐다가 켰다가 하면서 날아오른다. 반딧불이다.

별처럼 반짝이며 날아다니는 개똥벌레를 거실에서 보는 건 경이다. 아무리 공기가 맑기로서니 어찌 방안에서 반디를 볼 수 있단 말인가.

반디를 쫓아다니면서 핸드폰 카메라를 들이댔지만, 셔터를 누르는 순간마다 꽁무니의 불을 꺼버려 포착이 어렵다. 이따금 보이다마다 하는 빛을 좇아 몇 번을 숨바꼭질하다가 어디로 숨어들었는지 안 보여 일상을 되돌리면서 형설지공螢雪之功을 생각했다. 얼마나 많은 반디를 호박꽃 초롱에 가뒀으면 그 빛으로 책을 읽었다 했을까.

예전엔 농촌에 흔하디흔한 게 개똥벌레였다. 하나 작물에 농약을 살포하면서부터 자취를 감춘 지 오래다. 그럼에도 여름이면 우리 집 울안에선 가끔 몇 마리의 반딧불이가 깜박였다. 그때마다 청정구역을 만들어 놓은 내 맛조이 쯤으로 생각하며 그들의 출현을 기막혀했다.

이튿날 저녁 현관문 앞에서 또 한 번 반디를 발견했지만, 실내에서의 그 묘기(?)를 하루 더 연장해 보고 싶은 욕심에 내보내지 않았다. 그 일이 있은 얼마 후 갑자기 반디의 생태가 궁금해졌다. 몸길이 1cm의 성충이 되면 짝을 부르는 몸짓으로 방광放光한다는 것을 알아냈다.

이웃 고을 무주에선 해마다 6월 초에 반딧불이 축제가 열린다. 인공적으로 유충을 키워내 캄캄하게 밀폐된 공간에 가둬두고 수없이 반짝이는 반딧불을 구경 시켜주는 행사다. 며칠 동안 그 귀한 몸들은 그 안에서 짝짓기하며 행복한 신혼의 꽃잠을 즐겼을 터이니 그야말로 반딧불이들의 축제인 셈이다.

우리 방안으로 날아든 반디는 9월의 반디로 여름 반디보다 길이가 조금 더 긴 것이었음을 알았다. 캄캄한 거실에선 TV 화면이 수시로 바뀌면서 깜박였을 거고 그 빛을 짝을 부르는 신호로 잘못 안 개똥벌레가 열린 현관문으로 날아들었음을 유추해 냈다.

거대한 기계가 부리는 조화에 깜빡 속았으니 얼마나 황당했을까? 나는 그런 줄도 모르고 내 방식대로 사랑하느라 가뒀으니 이 가리사니를 또 어쩌랴. 하나 청정지역에서나 만날 수 있는 '작은 빛' 반디와의 조우는 오래 기억될 행복한 여운이었다.

반딧불이, 나는 누구에게 반디만큼이라도 행복한 여운의 작은 빛이었던가를 돌아보게 한다.

간택

난생처음 사과밭엘 갔다.

사과 고장에 살면서 사과의 한살이는 알아야 할 것 같아 직접 현장 체험에 나선 것이다. 꽃 딸 때와 열매 솎을 때, 열매 가리는 잎 딸 때와 다 익은 열매를 따서 선별하여 박스 포장할 때까지 한 바퀴 돌고 나서야 알았다. 사과 한 알이 우리 입에 들어오기까지 열네 번도 더 손이 간다는 사실을…!

처음 사과밭에 들어섰을 땐 한밭 가득 만개한 꽃을 보고 입을 다물지 못했다. 어찌나 아름답고 황홀하든지 마치 꽃구경 나온 듯이 꽃에 취해 "와! 좋다."를 연발하며 코를 갖다 댔다. 화사한 분홍 테두리를 두른 상큼한 향의 깨끗하고 하얀 꽃잎은 그대로 빨간 사과의 표피와 아삭한 속살로 연상되었다. 그 행복한 시간이 채 5분도 안 되어 농장주가 시키는 대로 꽃에 미안해하면서 전지가위를 들이댔다.

대추만큼 자란 사과를 솎을 땐 '선택'이란 단어가 자꾸 떠올랐다. 크고 잘 생겨도 배꼽이 하늘을 보고 있으면 가차 없이 떼어내야 한다. 작은 가지 끝에 남겨 둔 꽃 한 송이가 수정이 잘되어 대여섯 개의 열매로 달리면 그중에서도 가장 튼실하게 잘생긴 하나만 남기는 것이다. 그거야말로 하렘 성의 궁녀처럼 절대적인 나의 간택을 받아야 사과로 클 수 있다.

온갖 병충해와 태풍까지를 이겨내고 볼이 빨갛게 물들기 시작하면 골고루 익도록 햇볕을 가린 잎을 따준다. 가을 햇살에 하루가 다르게 익는 조생종은 추석을 즈음해 수확의 절정을 이룬다. 이런 과정이 사람의 손을 거쳐야 하니 이 고장에선 팔순 할머니도 환영이다.

사람들은 자외선을 피하려 복면강도처럼 싸매고 아침 7시부터 사과밭 일을 시작한다. 새참과 점심 먹을 시간을 제외하곤 오후 6시까지 온종일 서서 일한다. 고된 노동인데도 잘들 이겨낸다. 무소불위로 돌아쳐야 겨우 밥 먹고 살던 때 육신의 고단함쯤 죽으면 썩을 삭신이라고 자조적으로 이겨냈던 정신력이다.

올해는 태풍피해도 없어 사과밭을 통째로 넘겨 목돈이 한목에 입금되었다며 농장주가 좋아했다. 이렇듯 사과의 한살이를 경험해 보고 농장의 애환과 수확의 기쁨까지도 확실하게 알았다.

농군 흉내 내기 6년, 나도 이젠 제법 풍월을 읊는다. 해마다 텃밭에 이것저것 심다 보면 가지 수가 점점 늘어나 호미나 낫을 들고 바깥으로 나서는 시간이 꼭두새벽이다. 더구나 우리 집 울 안은 사방에 널린 게 풀이요 약초니 맘만 먹으면 언제든 채취해 먹을 수 있는 '약선'이요, '약념'인 셈이다. 더구나 유기농에 집착해 자발적으로 벌리는 분주함이요 고단함이다.

2백여 평의 텃밭이 날마다 나를 불러내고 집 둘레의 잡초들이 틈틈이 시간을 뺏는다. 봄엔 생강나무꽃이, 오디와 고사리가, 여름엔 칡꽃이 가을엔 감국이 날 보잔다. 그 각각의 차茶 맛을 생각하면 궁둥이가 들썩거려 가만히 앉아있을 수가 없다. 웬 놈의 풀 욕심이 그리 많은지 내가 나를 이해할 수 없다.

뒤늦게 확인된 내 '식물 사랑'은 밑 빠진 독의 물 붓기로 빈 땅만 보면 채소건 화초건 무조건 심어놓고 관리하고 갈무리하느라 날이 저문다. 하긴 전문 농군들이 보면 소꿉놀이라고 웃을 거리지만.

영감은 평생을 왕으로 살고 있으니 나는 선택의 여지 없이 무수리가 되었다. 거기에 무위도식이 죄스러운 정신까지 배어있어 가끔은 풍양 조趙씨 조대비의 후손이 이래도 되는가 싶을 때도 있다. 아무리 반상의 계급이 무너진 세상이라지만 엄연한 양반이 아니던가.

현역에서 은퇴하면 못다 본 책이나 읽으면서 글 쓰겠다고 작정하고 탈 도시해 왔는데 정작 시골에 정착하니 진득하게 앉아

책 읽거나 글 쓸 시간이 없다. 아니 오히려 더 분주하다. 남미의 원주민들은 자기 땅을 침공해 온 스페인, 포르투갈 군인들과의 전쟁을 농사일 해가면서 틈틈이 맞서 싸우다 망했다더니만 영락없이 내가 그 짝이다.

　맹모삼천지교가 꼭 아이들에게만 해당하는 게 아님을 여실히 실감하는 중이다. 몸을 사리지 않고 덮어놓고 달려드는 못말리는 극성에 샘 많은 나의 농사꾼 '따라 하기'가 시답잖게 여길 일이 아닌 생활 속 깊숙이 파고들었다. 거기에 사과밭의 품삯까지 넘본다면 국내 여행이나 다니면서 노후를 편히 살고자 '고향 만들기'를 택했던 내 본래의 취지에는 한참 어긋난 것이다.
　그렇다면 지금 이곳은 맹자의 공동묘지인지 시장통인지, 이젠 슬슬 서당이 그립다.

보랏빛 함성

정원에 꽃들이 한가득 피었다.

여기를 봐도 저기를 봐도 눈 두는 곳마다 모두 꽃이다. 10여 년을 공들여 가꾼 보람이 있다. 소나무는 꽃을 피워 사방에 노란 송홧가루를 흩뿌리고, 이팝나무들은 하얀 이밥을 몸통 가득 담아 겨우내 눈 고픈 허기를 채워준다.

고깔모자를 무겁게 쓴 설토화 가지들은 농악놀이에 열중이며 현관 앞 화단에선 큰 으아리가 흰빛, 보랏빛 웃음을 번갈아 터트리면서 신명이 났다. 날마다 새색시처럼 수줍게 웃는 울타리의 해당화 향에 취하면서 벙싯거리는 아이들을 따내 꽃차로 제다製茶 한다. 그러고서는 미안하다 고맙다 인사로 달랜다.

앞마당 여기저기에서 불쑥불쑥 일어서는 마거릿 합창단이 아이리스의 도열을 보며 '경기병 서곡'으로 행진을 노래하고, 소나무 그늘 밑에 멍석 편 매발톱꽃 군락은 옹기종기 앉아 야생의 보랏빛 이야기를 도란거린다. 그 다정함을 바라보는 분홍 패랭이들도 오손도손 정겹다. 파수병처럼 대문 옆을 지키는 독일 붓꽃들이 진보라 연보라 2중 퍼플로 너털웃음을 웃는다.

어디 그뿐인가? 하늘하늘 날개옷의 꽃양귀비가 집 둘레 사방에서 붉은 정염의 플라멩코를 추고, 화려한 패션쇼를 마무리하는 황철쭉은 꽃잎들이 한잎 두잎 무대에서 퇴장하고 있다. 뒤이어 노랑 장미가 현관 앞 정원에서 서둘러 무대로 나오면 그 옆으로 작은 으아리도 아기자기한 별꽃으로 따라 나와 인사한다.

정원 한쪽에선 키 큰 섬잣나무 아래 인동초가 둘레에 맷방석을 펴고 은은한 향과 예쁜 자태로 섬잣나무로 기어오른다. 그 이웃에 자리한 작약은 겹꽃이 무거워 가지가 휘는데도 화려한 핑크 웃음을 활짝 웃어준다. 지난해에 꽃나무를 뽑아 그대로 눕혀 씨를 흩뿌려 놓은 정원이며 텃밭에선 온통 분홍 보라 남빛의 수레국화며 풀꽃들이 무리 지어 웃느라 시끌벅적하다. 이 모두가 제초제며 농약을 하지 않은 순수한 땅 기운 덕분이다.

200여 평의 작은 뜨락은 온통 꽃 천국이다. 거기에 영감이 젊은 날 영암으로 취재하러 갔다가 얻어온 공작단풍도 한몫한다. 분갈이 해가며 목포에서 인천으로 인천에서 장수로 아파트의 베란다에 갇혀 살던 녀석을 땅에 내려 주었더니 답답함에서 벗어나 내 땅이 좁다 하고 세를 불려 멋진 정원수로 자리 잡았다. 공작단풍의 나이가 우리 아이들처럼 50이 훨씬 넘었으니 우리 집의 역사요 산 증인으로 한식구다. 그래서 짝 찾아 심어주었더니 붉은 잎새들이 바람 따라 살랑대는 왈츠가 정말 멋스럽다. 그야말로 풍 두 개니 장땡이다.

식물들은 누구를 힐난하거나 탓하거나 깎아내리지 않고 그늘도 어깨도 곁도 모두 내어 주면서 서로를 인정하며 살아간다. 작은 제비꽃부터 꽃다지며 애기똥풀에 이르기까지 수백 수천 종이 땅이라는 흙에서 서로 어울려 잘도 살아가고 있다.

수많은 꽃과 나무들이 저마다의 잘난 모습으로 치장하고 나와 내지르는 그 푸르른 함성! 그런 축제 마당을 우리 뜰에 연출한 나는 무대 감독으로 스스로 만족해 어깨가 절로 으쓱해진다. 그러고 보니 언덕 위의 오디며 미나리 줄기도 텃밭의 블루베리며 가지도 다 보라색이다. 안토시아닌이 풍부해 항균 작용이 뛰어난데 아이리스 매발톱 수레국화 엉겅퀴 도라지도 모두 보라색이니 우리 몸에도 그만큼 이로우리라.

얼마 전에 신안군 안좌도의 '퍼플섬'을 다녀왔다. 장수의 장계면 걷기 동호회원 120여 명이 버스 3대에 분승해 이 섬을 찾았을 때는 이른 봄이었다. 마침 썰물 때가 되어 개펄이 훤히 드러나 있었다. 밀물이 찰랑거렸더라면 푸른 물결과 보랏빛 다리와 보라색 풍경이 한데 어울려 더 환상적이었으리라 생각되어 조금 아쉬웠다.

신안군은 1천여 개의 유, 무인도가 있어 천사섬이라 한단다.

그중 안좌도와 반월도 박지도 3개의 섬을 다리로 연결해 어촌을 걸어서 돌아보게 했다. 지붕과 도로는 물론 교량이며 그릇이며 모든 꽃 심지어 휴지통까지 보라색으로 온통 보랏빛 천지다. 나 또한 보랏빛의 옷을 입고 가서 자연스럽게 그들의 일부가 되니 이를 반기는 보랏빛들의 함성이 왁자하다. 길 양쪽에 엉겅퀴가 자라고 있는 산책코스인 나지막한 산길로 접어들었다. 여름엔 보라색 도라지도 필 것이다. 한참을 가다 보니 남녀 주민들 여럿이서 라벤더 꽃밭을 매고 있었는데 그들도 역시 보라색 조끼를 입고 있다. 노인 일자리 작업이지 싶은데 모든 주민이 그렇게 섬을 살리는 모습들이 참 보기 좋았다. 이것을 기획한 이는 누구며 주민들 사고를 전환하는 합의 도출까지의 기간은 얼마나 걸렸을까? 세계 여러 나라에서 연중무휴로 찾아드는 사람들이 이 섬을 세계의 100대 관광명소로 꼽았다니 이 얼마나 뿌듯한 결실인가. 아름다운 보랏빛을 연출한 주민이나 찾아든 사람, 그들을 반기는 꽃들 역시 서로에게 한껏 힐링이 되리라.

  작은 섬에서 대량의 관광객을 받을 식당이 있을 리 만무다. 반월도와 박지도를 구경하고 故 김환기 화백의 생가가 있는 안좌도로 나와 화백의 생가 인근 식당에서 점심을 먹었다. 섬지방만의 해물 메뉴가 아닌 돼지고기가 주재료인 것이 좀 낯설었다. 게다가 수화 선생의 생가가 공사 중이라 둘러보지 못한 아쉬움은 정말로 컸다. 우리 집 벽에 걸린 수화 선생의 접시에 담긴 참외 화풍을 현장에서도 확인해 보고 싶었는데…. 자은도로 나와 바닷가 모래톱에 서 보지만 바람이 세차게 불어 그대로 돌아서려니 그 또한 아쉽다. 아무리 화려한 꽃이라도 혼자 한가로이 피었을 때와 군락으로 피었을 때의 느낌은 다르다. 군락은 화합이요 어울림이다. 어울림은 곧 공동체의 힘이다. 식물 세계와 인간 세상이 별반 다르지 않음을 나는 자주 비유한다. 작은 풀꽃 한 송이 나무 한 그루가 숲의 자원이듯 내가 있어 우리가 있다.

  자연만으로도 지역 전체가 충분히 잘사는 모습을 보여준 캐나다 빅토리아섬의 '부차드 가든'이나 신안군의 '퍼플섬'이 그 좋은 예다. 꽃의 다양함은 많은 관광객을 유치한다. 우리 장수군도 명덕리 대적골 제철 유적지나 조선 초기 인물들의 역사를 새로운 문화와 연계해 많은 관광객을 불러들일 꼭 벤치마킹해야 할 좋은 본보기였다.

수피아의 손짓

봄이면 가끔 힐조詰朝에 동네의 야트막한 야산을 오른다.

인가와 차도가 한눈에 내려다보이는 곳. 인적이 뜸한 게 겁나 호루라기와 수건을 챙겨 목에 걸고 작은 색을 등에 업은 채, 손에는 낫과 전지가위도 챙겨 담은 천 가방을 들었다. 행여 발길에 걸리는 칡넝쿨이나 마른 찔레나무를 잘라내기 위해서다.

늘솔 길에 들어선다. 산밭의 버석버석한 고엽을 밟으며 그 밑에 숨어있는 아이들과 술래잡기를 시작한다. 통통하게 살 오른 녀석들은 여기저기 숨어서 이마가 땅에 닿도록 절하며 얼굴을 숨긴다. 먼저 눈에 띄는 아이부터 찾아내고 몇 발짝 뒤로 물러서서 먼 곳부터 두리번거려 사방을 살펴본다. 나는 계속 산밭을 도닐며 아이들 찾기에 여념이 없다. 아이들이 숨어있을 만한 곳을 눈으로 좇다 보면 먼발치에 주먹을 꽉 쥔 녀석의 통통한 팔이 보이기도 한다.

"잡았다 요놈!"

이놈들이 내 손에 붙들릴 때마다 '똑' 하는 소리가 경쾌하다. 숨었다 보였다 하는 아이들과 숨바꼭질하노라면 시간 가는 줄 모른다. 호기심 많은 녀석은 정수리에 검불을 잔뜩 뒤집어쓴 채 빠끔히 내다보다 들키고, 더러는 모람모람 몰려있다가 한꺼번에 붙들리기도 한다. 오지다. 신선한 공기와 미풍과 이슬의 습濕으로 자란 이놈들과 교감하노라면 마음이 기꺼워진다. 이른 아침에 술래잡기하는 서너 시간이야말로 정신의 치유요 힐링의 시간이다. 봄내 이렇게 술래잡기로 찾아낸 여린 고사리는 정情의 날개를 달고 나를 대신하여 인사 다닌다.

어느 해 5월의 일이다. 에세이스트 출신 수필가이신 재불 화가 방혜자 선생의 <빛의 메시지>란 표제의 그림 전시회가 구리시의 아트홀에서 열렸다. 그것은 故 박완서 선생을 기리는 전시회이기도 했다. 고인과 이웃해 살았던 두 분의 우정을 기리는 자리여서 고인의 가족 중에 누군가 오실지도 모르겠다는 생각으로 그 자리에 참석했다.

장녀이신 수필가 호 원숙 선생이 엄마의 1주기를 맞아 펴낸 『나목』과 『나목을 말하다』 두 권을 유고집으로 묶었다는 뉴스를 들었을 때, 그 책을 꼭 구매하리라 마음먹었다. 한참이 지나 서울의 아이들 집에 가는 길에 목동의 서점에 들르니 한정판이라 이미 절품되었다는 것이다. 너무나 아쉽고 서운했다. 그러던

차, 방혜자 선생 전시회장에서 에세이스트 55회 합평회를 연다니 그곳에 가면 혹시 고인의 유고집을 구할 수 있을지도 모른다는 희망을 걸었다. 그 책에는 40여 년 전에 쓴 나목의 독후감 모음 <나목을 말하다>에 30대에 쓴 내 독후감이 실려 있어 꼭 보관하고 싶었다.

방혜자 선생은 조용하고 단아한 모습의 작은 체구지만 작품세계는 광활하여 끝 간 데가 없었다. 빛의 범위가 좁은 안구거나 해저의 수십 길 낭떠러지에도 이르러 있었다. 광대무변의 하늘 햇살 퍼지는 해돋이이기도 하고 사랑하는 이의 뜨거운 눈빛 속이기도 해서 <빛의 메시지>는 느끼는 사람의 몫이었다. 사고의 한계가 없으니 큰 그릇의 어른이란 생각으로 전시장을 둘러보았다.
에세이스트 합평회 자리에서는 故 박완서 선생의 막내 따님인 호원균 선생이 생전의 엄마 모습을 추억했다. 나는 그녀의 차례가 끝나기를 기다렸다가 먼저 자리를 뜨는 그녀에게로 조용히 다가가 자초지종을 얘기하고 그 책을 구할 방법을 물었다. 하지만 이미 절품되었으니 알아보겠다며 주소를 묻기에 자세히 알려 드렸다.
그런 며칠 후 자신이 보관 중인 엄마의 유고집 두 권을 선물로 보내주겠다는 전화를 받았다. 나는 뛸 듯이 기뻤다. 아니 감동이었다. 마치 피붙이가 살아 돌아온 것만큼 반가웠다. 그 고마움을 보답할 방법을 요리조리 궁리하다가 생각이 거기에 미쳤다. 선생님 기일에 쓰실 고사리를 조금 보내드리자는.

중국산이 아닌 것에 의미를 두고 작은 성의를 거절하지 말아달라고 막내 따님께 문자를 보냈다. 언니와 상의해 보겠다고 한 후, 엄마가 좋아하실 거라며 흔쾌히 허락한다는 답변이 왔다. 그 또한 뿌듯했다. 나는 박완서 선생을 가톨릭 문인회에서 한두 번 뵌 적 있지만, 나목의 독후감을 썼던 독자였었노라고 얘기했는지는 모르겠다. 그런데 독후감을 쓴 지 40여 년이 지나서 내 손길 하나하나의 정성이 고인의 제사상에 올려진다는 의미가 깊었다.

지자요수知者樂水요, 인자요산仁者樂山이라 했다. 어린 날 아버지를 따라다니면서 해안가의 갯것들을 채취하는 즐거움을 맛본 지자동知者動으로 살았다면, 나이 든 지금은 인자정仁者靜으로 자연의 품에서 자란 것들을 채취하며 자연과 더불어 사는 재미도 괜찮다. 사람마다 짊어진 십자가가 낸 들 왜 없을까만, 하느님은 어떠한 처지에서도 감사하라 이르셨으니 그저 무조건 감사하다고 읍소하면서 일만 근심의 해소도 하느님께 맡긴다.

어릴 때 주렁주렁 매달린 수리딸기 나무 밑이나 달보드레한 꽁지마리(춘란)가 있는 곳으로 수피아(숲의 요정)가 데려다주면 그걸 따먹으며 그 맛을 즐겼다. 아버지는 그 부근에서 약초를 캐셨고. 그렇게 길들인 야성 탓인지 이른 봄의 새벽이면 온 새미로 수피아가 손짓하는 고사리가 있는 그곳으로 가고 싶다.

툰드라, 그 평원을 꿈꾸다

  울타리로 심은 해당화 향기가 언뜻언뜻 바람에 실려 온다.
  꽃내음에 이끌려 가까이 가서 하르르 한 꽃잎을 코끝에 댄다. 어렸을 적 엄마 냄새 같기도 한 이런 향기가 내 인품에서도 은은하게 풍겼으면 좋겠다.
  산골 마을에 새로운 둥지를 튼 지도 벌써 7년째, 그동안 땀 흘린 보람으로 울안에선 온갖 꽃들의 함성이 와자하다. 앵두 매실 자두 벚꽃이 이른 봄에 집 둘레를 화사하게 치장하면 뒤이은 꽃잔디가 꽃방석을 깔고 수수꽃다리가 향을 풍긴다.
  돌 틈의 영산홍이 계절의 여왕 5월의 대관식을 화사하게 꾸미고 수줍은 금낭화가 패랭이와 매발톱을 불러내 치장을 거든다. 겹겹으로 둘러선 붓꽃 병정들이 보초를 서면 덩굴장미와 컬러 인동초가 향을 겨루는 이벤트를 펼친다. 온 동네 벌 나비들이 구경삼아 모여든다. 계절마다 색다름의 무대를 연출한 총감독으로서 어지간한 내 상심쯤은 거뜬히 낫는다.

우린 48년 전 결혼했고, 식당에서 지인 부부가 준비해 온 축하 케이크를 자르며 결혼기념일을 보냈다. 금방인 것 같기도 하고 아득한 것도 같은 세월, 잔잔한 호수 위에 빗방울의 파문 같은 마찰의 작은 동그라미는 헤아릴 수도 없이 그렸고 사계의 날씨 같은 감정의 희로애락은 또 얼마였던가.

그랬을 것이다. 내 머릿속에 있는 생각이 입으로 오는 동안에도 금세 변하여 엉뚱한 언어가 튀어나오거늘 하물며 긴긴 동안 불협화음의 하모니를 말해 무엇 하리.

해로가 어디 한 사람만의 인내로 이뤄지던가, 갑론을박을 옴니암니 하며 유야무야有耶無耶로 호수처럼 품은 내공 같기도 하고, 마음속에 연민의 미운 정 고운 정을 높이 쌓아 올린 돌탑 같기도 하다.

아흔아홉 개의 돌무더기 위에 마지막 한 개를 올려놓는 순간 모든 돌이 황금으로 변했다는 옛이야기를 떠올리며, 그가 있으므로 곧 부부의 완성 맨 꼭대기의 돌 그 한 개라는 개념으로 살고 있다.

이젠 얼굴만 쳐다봐도 고픈지 아픈지를 안다. 하고자 하는 말이나 생각까지도 읽는 동화의 경지에 다다랐으니 험준한 고산준령의 가풀막을 기진맥진 오른 뒤에야 펼쳐진 평원- 그 아득한 툰드라의 초입에 간신히 도달했다고나 할까. 그나마 말이 통해 자분자분 길동무로 오른 등정이었다.

 젊어서는 일을 핑계 삼아 자정도 이르다 새벽에 취해 들어오던 그였다. 한데 이젠 삽짝 밖에도 잘나가지 않으면서 시도 때도 없이 마치 엄마인 양 '여보'를 불러대며 내 존재 유무를 확인한다. 여성 호르몬이 많아진 남편의 후반기를 측은지심으로 바라보면서 그 연치에 세상을 버린 일찍 홀로된 친정아버님을 떠올려 본다. 노년의 외로움을 달래 줄 여인을 곁에 못 두게 훼방 놓은 내 철없음을 되돌릴 방법이 없다. 20대의 처녀가 홀아비의 노년 그 고독한 심사를 어찌 헤아릴 수나 있었으리.

 현관 앞 덩굴장미가 '작은 으아리와 듀엣으로 6월을 노래한다. 각기 다른 컬러와 품격의 조화다. 이제 우리 부부 덩굴장미 그 도시 미와 야생의 으아리꽃이 서로를 감싸서 돋보이듯, 천연스러운 모습으로 결혼 50주년의 금혼을 맞이하기를…. 그리하여 살다 보면 엄청나게 질긴 부부의 연으로 툰드라의 그 넓은 평원에 나란히 눕는 다이아몬드 혼의 기적이 일어날지 또 모를 일이다.

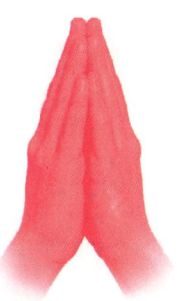

In Praise of the Hand
손 예찬

우리 계순이

계순鷄順이는 최초의 내 환자다.

영감이 피서를 겸해 삼복더위 기간을 골라 양쪽 무릎 인공관절 수술을 받았다. 전주의 K 병원에 45일간 입원해 낮엔 간병인이 밤엔 내가 영감 곁을 지켰다. 병원 식사를 달게 하지 않아 찬 몇 가지 만들어 가서 다음날 낮에 집에 오곤 했다.

그날도 병원에서 돌아오기 바쁘게 곧장 후끈한 비닐하우스로 들어갔다. 60여 마리의 닭들이 서늘한 그늘을 찾아 쉬고 있었다. 50평은 좋이 되는 양계장과 밖에 운동장이 따로 있어 지극히 제한적인 공간에 서서 사는 양계장의 닭들에 견주면 그야말로 쾌적한 전원주택의 천국에 사는 셈이다.

알을 몇 개나 낳아두었나 기웃거리는데 그때 내 앞에서 진풍경이 펼쳐졌다. 산란을 시작한 지 얼마 안 된 암탉 한 마리가 전날 거른 커다란 쌍 알을 낳고 산란장에서 내려와 기진맥진해 서늘한 맨땅바닥에 주저앉아 있었다. 그때 수탉 한 마리가 잽싸게 암탉의 머리를 물고 등에 올랐다가 내려오자 또 다른 놈이 바통 터치를 하는 게 아닌가. 순간 암탉이 축 늘어졌다.

"세상에나, 산모에게 윤간을 이럴 수가…."

머리끝까지 화가 치민 나는 늘어진 암탉을 바깥 그늘에 얼른 내다 놓고 응급처치를 한 후 곧장 계사鷄舍로 들어가 수탉들을 쫓아다니기 시작했다. 모든 닭이 놀라서 이리 뛰고 저리 날며 우르르 도망 다녔다. 땀을 뻘뻘 흘리며 겨우 수탉 대여섯 마리 잡아 비좁은 다른 공간에 던지듯이 집어넣고 암탉에게로 가보니 이미 죽어 있는 게 아닌가. 그제야 암탉 열댓 마리에 수탉 한 마리 넣어줘야 하는 이유를 직접 본 것이다. 그날 밤엔 영감의 병간호도 거른 채 밤눈 어두운 닭의 특성을 이용 수탉 열댓 마리를 잡아다가 수탉끼리만 개집 울타리에 집어넣었다. 그리고 며칠 후 그날도 병원에서 돌아오기 바쁘게 곧장 닭장으로 들어가 보았다.

그런데 암탉 한 마리의 거동이 수상했다. 움직임이 없어 붙잡고 살펴보니 설사한 듯 항문 주위의 털이 뭉쳐 지저분했다. 당장에 동물약국으로 달려가 상담하고 장염약을 사 왔다. 억지로 입을 벌려 주사기로 약을 분사한 다음 시원한 풀밭 그늘에 내놓고 서너 시간에 한 번씩 설사약을 먹였다. 그런데도 녀석은 며칠째 물 한 모금 먹지 못하고 눈이 풀려 사경을 헤맸다. 그날도 병원에서 돌아오기 바쁘게 녀석이 죽었나 하고 풀밭에 가보니 설사가 잡혀 눈이 말똥말똥했다. 그런데 자꾸만 고개를 돌려 제 몸 여기저기 깃털 속을 꼭꼭 쪼기에 얼른 녀석의 꽁지를 들춰보다가 경악했다.

"에구머니나!"

항문에선 구더기가 살을 파고드느라 들썩들썩하고 있었다. 혼비백산 도망가려다 말고 암탉의 날갯죽지를 쥐고 밖으로 나왔다. 햇볕에 데워진 큰 물통 속의 물에 첨벙첨벙 몇 번을 담갔다 뺐다를 반복했다. 물통 가득 구더기가 하얗게 떠오르며 꿈틀거렸다. 진저리를 치면서 몇 번을 새 물로 갈아 헹궈주고 헤어드라이어로 털 사이사이의 쉬를 날렸다. 그리고 젖은 털을 다 말려 다시 시원한 풀숲 그늘에 놓아주었다. 녀석은 2, 3일을 그렇게 이리저리 자리만 옮겨 앉을 뿐 풀숲에서 나오려 들지 않았다. 다시 꽁무니를 들춰보니 지난번보다 더한 상태였다. 얼마나 힘들면 파리 한 마리 쫓을 기운이 없어 산목숨에 쉬를 슬도록 버려뒀을꼬. 가엽고 측은했다.

이내 고무장갑을 끼고 땡볕에 데워진 큰 물통 속에 첨벙거려 몇 번을 씻기고 헹궜다. 땀을 뻘뻘 흘리며 살 속에 박힌 벌레를 작은 막대기로 다 파내고 항문에 약을 발라 온돌방처럼 뜨끈해진 시멘트 바닥에 던져놓고는. "염천에 이 무슨 고생이람!" 구시렁대며 차라리 죽기를 바랐다.

땀 좀 식히고 나가보니 시멘트 바닥이 얼마나 더웠던지 스스로 풀밭 그늘에 숨어들어 있었다. 며칠을 굶은 채 풀숲 그늘에 앉아있는 녀석의 턱밑에 수박을 잘라다 디밀었다. 갈증이 났던지 조금씩 쪼아먹기 시작한다. 나는 차츰 수박에 모이를 버무려 주면서 거뒀다. 밤에는 영감 간병인으로 낮에는 암탉을 보살피면서 삼복더위를 보냈다. 2주가 지나니 녀석이 서서히 원기를 되찾기 시작했다. 닭장에 합사시키고 그때부터 녀석을 계순이라 불렀다.

꽃이라고 불렀을 때 비로소 꽃이 내게로 다가왔다는 김춘수 시인의 시 '꽃'처럼 계순이라 부르니 비로소 계순이가 내 눈에 들어왔다. 계순이가 수박에 맛 들이더니 유독 수박을 좋아했다. 모이 외의 맛있는 것은 물고 가서 혼자 먹으며 늘 외톨이로 배돌았다. 그러다가도 내가 보이기만 하면 얼른 내 앞으로 맨 먼저 달려 나왔다.

나는 틈나는 대로 계순이를 불러 코앞에 먹이를 던져주었지만 아프고 난 후론 행동이 굼떠 먹이를 재빨리 채 먹지 못해 번번이 다른 놈들에게 빼앗겼다. 그럴 때마다 기필코 계순이의 코앞에 다시 던져주곤 했다. 그러는 동안 영감은 한 달 반 만에 퇴원했고, 계순이도 완치되어 서서히 털에 윤기가 돌면서 수탉을 접한 펑퍼짐한 몸매로 변해갔다.

가을이 되니 과수원 하는 지인이 낙과한 사과를 몽땅 가져다 줘 날마다 몇 개씩 썰어주었다. 다른 애들은 내 눈치를 보느라 주춤주춤 다가오는데 계순이는 도마 위까지 올라서서 마치 여봐란듯이 으스대며 쪼아먹는다. 나는 얼결에 계순이의 든든한 뒷배 할머니가 된 것이다.

수탉 20여 마리는 날마다 비좁은 공간에서 서열 싸움이 치열했다. 시도 때도 없이 암컷을 탐하는 수탉의 생리, 그래서 바람기 많은 남자를 수탉 증후군이라 한다지만 그러다가 단체로 쫓겨난 수탉들은 서로 볏을 쪼아대 볏이 성한 놈이 없었다. 몇 놈은 주눅이 들어 숫제 구석에 고개를 처박고 있거나 머리를 밖으로 내놓고 피해 있었다. 3킬로 가까이 되는 촌닭들을 장악하고 서열 1위로 군림한 놈은 몸집이 작고 날렵한 토종닭이었다. 계관에 흠 하나 없이 당당한 모습이 마치 수컷의 특성인 힘으로 평정한 조폭 세계의 두목을 보는 듯했다.

드디어 계순이가 알을 낳았다. 그냥 죽게 버려두지 웬 정성을 그리 쏟느냐던 이웃의 말이 무색하게 우리 계순이가 드디어 엄마가 되었다. 양계 1년 동안 계순이와 교감하면서 통통한 씨암탉 한 마리 식탁에 올리지 않았고, 심지어는 삼계탕 한 그릇도 나가서 사 먹지 않았다. 건강한 유정란을 먹고 손녀들에게 보내는 것만으로 만족했다.

그러나 여행 가려면 장기간 집을 비워야 해서 하는 수 없이 4월의 어느 날 밤 이웃 농가로 모두 떠나보냈다. 야맹증을 이용하여 캄캄한 밤에 자루에 담아 갔으니 내 생각이 거기까지 미치지 못해 계순이와 따로 결별할 시간을 갖지 못한 것이 못내 아쉬웠다.

우리 계순이, 갑자기 달라진 환경이 얼마나 낯설고 황당했을지…. 두고두고 계순이가 보고 싶고 그리울 것이다. 아마 계순이도 그럴 것이다.

소리의 묘약

아이들이 초등학교 다니던 때는 비제의 <카르멘>이나 주페의 <경기병> 서곡이 아침을 활기차게 열었다. 베토벤이며 베를리오즈는 휴일 아침에 주로 들었고, 합창 중에서도 <환희의 찬가>나 드볼작의 <신세계> 고인 홈은 아이들이 허밍으로 따라 부를 만큼 친숙했다. 차이콥스키 <호두까기인형>과 로시니의 <세비야의 이발사>, 베르디 <라 트라비아타>나 푸치니 <나비부인> 등 무용곡이며 오페라도 수없이 들어 귀에 설지 않았다.

젊은 날, 오펜바흐의 오페레타 <천국과 지옥> 가운데 캉캉 부분을 들을 때면 나는 장난기가 발동해, 왼발 오른발을 올렸다 내렸다, 엉덩이 치마를 걷었다 덮었다 출싹거리며 캉캉 춤을 흉내 내어 남편을 웃기기도 했는데, 심지어는 성당 레지오마리에의 단체 옥외 행사 때 그 곡을 녹음해 가서 10여 명의 회원과 함께 바지 위에 치마를 덧입고 그 춤을 춰 1등을 따내기도 했다.

내 소년기의 아버지는 조석으로 곧잘 시조를 읊으셨는데, "동창이 밝았느냐아아… 태산이 높다 하아아되…"는 지금도 내가 부를 수 있을 만큼 귀에 익은 곡조다. 기분 좋게 거나해 들어오셔서는 "신고산이 우르르 함흥 차 떠나는 소리에…어랑어랑 어허야" 신고산 타령이며 수심가 단가 등의 다양한 가락을 흥얼거렸고, 때론 일찍이 홀로되신 외로움과 울적한 심사를 퉁소로 달래셨다. 아버지의 그런 풍류에 자연스럽게 동화되어 나는 일찍이 우리 소리와 친했다. 판소리며 육자배기, 창과 민요는 물론 클래식이며 종교음악 가곡 대중가요 등 가리지 않고 모든 음악을 무소불위로 좋아한다.

가사로 절절함을 호소하는 형식이 우리의 판소리라면, 서양의 고전음악은 감상하는 사람의 상상 안에서 곡이 재해석 되기도 한다. 이렇듯 동서양의 모든 음악은 깊은 내면의 감성을 흔들어 웃게도 울게도 하는 소리의 묘약妙藥이다. 독은 독으로 다스리듯 마음속의 한을 승화시키는 신묘한 처방이 노래다. 대중 속에 있어도 문득문득 외롭고 아련한 그리움을 치유하는 게 음악인 것이다.

우리 집엔 결혼 후부터 지금까지 모아온 고전음악 중심의 LP며 CD가 4.5천 장이 넘는다. 우리는 음악을 전공하지 않은 아마추어지만 클래식 음반은 물론 세계 몇 나라의 민속 음악이며 팝송에 이르기까지 고루 아우르고 있어, 귀가 고플 땐 언제든 골라 들을 수 있다.

"아 세월은 자알간다. 아이 아이아이…가슴에 날 품어다오…내 마음 바치리라."

스페인 민요의 노래 미끼에 낚여, 친정에서 살았던 24년의 곱절을 가시버시로 살면서 그렇게 나만을 위해 노래해 줄 줄로 착각했던 허망함을, 플라치도 도밍고며 세계의 성악가들 노래로 치유 받으며 산다.

그렇다. 가을에 들어야 제맛 나는 샹송, 그중에서도 에디트 피아프가 자기의 불운한 인생만큼이나 애조 띤 목소리로 부르는 '파리의 하늘 밑'이나 이브 몽탕의 '고엽'은 낙엽이 흩날리는 스산한 거리를 바바리코트 깃을 세우고 쓸쓸하게 혼자서 길을 걸을 때 들어야 제격이다.

눈 내리는 겨울엔 창밖의 산촌 풍경을 보며 슈베르트의 연가곡 <겨울 나그네>나 비발디의 <사계> 중 '겨울'을 들어야 하고, 긴긴 겨울밤엔 표제標題 음악의 대표작이라 할 수 있는 림스키코르사코프의 아라비안나이트 천일야화를 교향 모음곡으로 작곡한 '세헤라자드'를 들으면서 스르르 잠에 빠져들면 이 또한 불면의 수면제가 아니겠는가.

오늘은 카르멘의 조곡 '아를의 여인'이 듣고 싶다.

(1991, 여름)

물방울 실내악

윗목에는 옹기 자배기 세숫대야 양푼 바가지 등 운두 낮은 그릇들이 즐비했다.

한밤중에 방안으로 뚝뚝 떨어지는 물방울들은 비바체며 알레그로 모데라토 아다지오 안단테 등의 경쾌하고 빠르게, 보통 빠르게, 침착하고 느리게, 점점 느리게를 연주한다. 그 소리에 깨어 실눈을 뜨면 아버지가 윗목에 앉아 아랫목의 이부자리가 젖지 않도록 헌 옷가지며 마른걸레로 방바닥에 튄 물방울을 열심히 훔치고 계셨다.

이 음악 연주에 동원된 악기는 옴팍한 그릇으로 각각의 소리를 냈다. 옹기 자배기는 묵직한 첼로를 대야는 피아노, 양푼은 바이올린, 바가지는 비올라의 소리로 하모니를 이뤘다. 비 오는 날이면 으레 열리는 이 음악회는 '가난의 변주곡 4중주 실내악'으로 주로 한밤중에 열렸는데, 하느님이 주관하시는 이 '작은 음악회'는 1년에 몇 차례였지만, 그중 한여름 밤에 굵은 빗줄기로 연주하는 음률이 가장 소리가 크고 맑았다. 그런 날이면 아버지는 넘치는 빗물 악기를 조율하느라 새벽잠을 설치셨다.

음악회가 끝나면 습습해진 무대 뒷벽의 벽지가 너덜너덜 춤을 추었고 그 벽지에서 피어난 검버섯 같은 저승꽃은 방안에 특유의 곰팡이 향을 풍겼다. 눅눅한 방바닥 그 아래로는 이따금 쥐며느리가 기어다녔는데 살짝만 건드려도 공처럼 몸을 말고 한참을 죽은 척하는 그 능청의 위장술이 재미있어 나는 자꾸만 콩알 같은 공을 만들게 했다.

장대비가 오는 날이면 지붕에서 우려낸 불그스름한 짚지스락 물로 추녀 밑 마당에 홈이 패었고 그러면 질척한 흙 마당으로 몸을 말리러 나온 토룡이 긴 몸을 흐느적거렸다.

일 년에 한 번 새 옷을 갈아입어야 하는 초가집. 아버지는 가을 추수를 끝낸 들녘의 짚단을 사와 마당에 한가득 쌓아놓고 밤낮으로 몇 날씩 이엉을 엮었다. 그러고는 가을 화창한 길일을 잡아 한복 괴춤에 낫을 차고 지붕으로 올라가셨다. 지붕 위로 미리 던져 올린 수십 장의 이엉을 켜켜이 펴 덮고, 지붕 꼭대기에 용마름을 얹은 다음 밤새 꼰 새끼줄을 사방으로 던져 추녀 끝에 촘촘히 여며야 한다. 아버지가 이리저리 던져준 새끼줄 한 끝을 붙잡고 잡아당기는 게 내 역할이다. 아침 일찍 시작한 지붕의 새 옷 갈아입히기, 아니 덧입히기는 낫으로 가지런히 추녀를 정리하기까지 해가 설핏해서야 끝나지만 아버지와 소녀의 고단함으로 단아해진 오두막이 웃었다. 아울러 가난의 변주곡 4중주 실내악도 벽지의 저승꽃 춤사위도 한동안 긴 휴가에 들어간다.

　그런데, 왜 하필 지금 그때가 떠올라 그 짠한 아버지가 보고 싶은 걸까. '집'에 한이 맺혀 내 힘으로 장만했던 53평 고층아파트에서도 빗방울 연주는 들어보지 못했고, 귀촌하여 넓은 울안 전원주택에 사는 지금도 빗소리에 잠을 설쳐본 적 없는데 왜 새삼 아득한 그 옛날이 향수로 떠오르는 건지.
　지지리도 가난해서 도롱이가 비옷이 되고 분꽃이 시계를 대신하던 시절, 분꽃 시계에 맞춰 대낀 보리쌀을 곱삶아 꽁보리밥을 짓던, 애써 탈출한 그 물방울 실내악 시절이 문득 아련한 그리움으로 피어오르는 그 속엔 늙은 홀아버지가 쭈그리고 앉아 계신 때문이다. 아니 맛있는 고기 안주에 막걸리 한 잔 대접 못 해 드린 한이 섧기만 해서다. 이젠 드라마 속의 촬영세트장 배경으로나 만날 가난의 변주곡 4중주는 일부러 연출하지 않으면 그 어디에도 없는 풍속도다.
　비 오는 날이면 빗물을 연주했던 악기들이며 그 물방울 실내악의 무대 감독이던 아버지 모습이 새삼 서러움의 파도 되어 너울너울 내 울대에 와서 부딪는다.

도미 이야기

바다는 사람에 얽힌 얘기가 많다.

토끼가 용궁에 갔다 온 별주부전이나 금고기가 용왕의 아들이었다는 얘기나 인당수에 빠졌다가 연꽃으로 피어나 왕비가 되었다는 심청의 설화까지. 그런데 삼국사기에 수록된 도미 부부는 지조 있는 부인의 정절을 그린 얘기로 더 유명하다.

백제 개루왕 때다. 도미 부인이 엄청 미색이라는 소문을 들은 임금이 남편 도미를 궁으로 부르고 그의 부인을 시험해 보기로 한다. 도미는 자기 부인은 절대로 시험에 들지 않을 것이라고 장담한다. 임금은 왕으로 변복한 신하를 도미 부인에게로 보낸다. 도미 부인 역시 시녀로 변복한 다른 여인을 그 방에 들여보낸다. 왕은 속은 것을 알고, 도미의 눈을 뽑아 배에 태워 멀리 보내버린다. 그리고 도미 부인을 궁 안으로 불러들인다. 도미 부인은, 임금의 청을 어찌 감히 거절하겠느냐며 몸이 정갈하지 않으니 목욕재계 후 몸단장하고 오겠노라 핑계 대고 궁을 빠져나온다. 그때 어디선가 나타난 배를 타고 풍랑에 표류하다가 어느 해안가에 닿았는데 그곳에서 눈이 먼 남편 도미를 만나 농사지으며 행복하게 잘 살았다고 한다. 부귀영화도 뿌리칠 수 있는 일편단심의 정절을 가르치고자 하는 설화가 아니었을까.

그래선지 폐백 음식에는 반드시 참 도미가 들어간다. 참돔은 금슬琴瑟이 좋아 늘 붙어 다니며 한쪽이 죽으면 절대 재혼하지 않는다는 것. 사랑도 밤에만 하는 점잖은 어족이라니 도미 부인의 설화와도 무관치 않은 듯싶다.

참돔은 몸 전체가 핑크빛으로 매끈하게 잘빠진 생선이다. 팔딱거릴 때의 활어는 햇빛에 반사되면 온몸이 반짝반짝 총천연색의 별이 뜬다.

도미의 종류도 다양해서 헌걸찬 청년 같은 감성돔, 머리에 혹이 튀어나온 옥돔. 얼룩말 무늬의 줄돔, 작은 몸체에 뼈가 억센 딱돔 등등, 내가 모르는 종이 더 많지만 그것마저도 어릴 때 완도에서 먹어 본 입맛으로 몇 가지 꼽았다.

완도에선 일본 사람들이 참 도미회를 '아까다이사시미'라면서 가장 선호한다며 좋은 것들로만 골라 전량 수출했다. 그것도 펄펄 뛰는 활어일 때 아가미를 칼로 찔러 피를 빼고 선동해 보낸다. 온몸으로 피가 번지지 않아야 최고의 횟감으로 쳐준다는 것. 참돔 새끼는 '비드락'이라 했는데 내가 어릴 때만 해도 많이 잡히는 흔한 생선이라 아주 싸서 서민 밥상의 단골이었다. 지금은 참도미가 비싸지만, 그마저도 산골 장수에선 구경조차 어렵다.

그런데 도미의 품격과는 거리가 먼 지느러미도 비늘도 억센 '딱돔'이 있다. 그래서 찌개보다는 구워야 제맛이 난다. 산 소금 솔솔 흩뿌려 석쇠에 올려 바싹 구우면 고소한 맛이 일품이다. 그 딱돔을 여수에서 다른 이름으로 만났을 때, 마치 어릴 때 잃어버린 아이가 커서 다른 이름으로 나타난 만큼이나 반가웠다. 장수와 여수는 한 시간 거리라 모처럼 광주에 사는 친정 오라버니와 올케언니를 여수에서 보자 하고 집을 나섰다.

호수 같은 바다를 끼고 아기자기하게 시가지가 형성되어 있는 여수는 아늑하고 평온하여 참 아름다웠다. 돌산대교를 지나 해양 수족관에 들어서니 온갖 어종들이 수족관에서 헤엄치고 있는데 거기 딱돔도 있었다. 그 딱돔을 여수에선 구평선 또는 군평선 이라 부르고 샛서방 고기라고도 한단다. 바람피울 만큼 몸체가 날렵한 것도 아니고 그렇다고 예쁜 색깔로 유혹하는 것도 아닌데 왜 하필 샛서방 고기냐고 물었다.

옛날 이순신 장군이 여수에 머무르고 계실 때, 매일 맛있는 구운 생선이 밥상에 올라와 이름을 물었더니 아무도 몰라 당시 제일 잘 나가는 관기 이름 '구 평선'이라 둘러댔다는 것. 그렇게 구평선이 된 딱돔은 반드시 구워야만 제맛이 나니 구운 평선 즉

군평선이가 됐다는 유래다. 거기에 남편 몰래 만나는 샛서방에게만 구워준다고 해서 '샛서방 고기'라 했다니 그만큼 감칠맛으로 입맛을 홀린 것이다.

경상도에서는 억새를 으악새라 불러 마치 새鳥로 착각하게 하듯이 목포에선 엄연히 '딱돔'이라 부르는 생선을 여수에선 군평선, 한술 더 떠 샛서방 고기라는 이름으로 이상한 뉘앙스를 풍기며 서민의 사랑을 듬뿍 받고 있었다.

아, 딱돔! 그 이름만 들어도 입맛이 다셔진다.

뒤늦은 효도

늘그막의 아버지는 늘 혼자셨다.

방 윗목엔 항상 소주 됫병이 김치보시기와 함께 자리했고 됫병 위에는 작은 소주잔이 병 위에 엎어져 있었다. 두어 시간마다 한 잔씩 홀짝 술로 빈 마음을 달래던 홀아비의 외로움을 그 땐 알지 못했다.

아내가 병을 얻어 자리에 누운 13일 만에 마흔여섯의 생을 접고 저승길로 훌쩍 떠났을 때, 여섯 살 난 어린 딸아이와 열두 살 아들을 홀로 키워야 했던 50대 초반의 아버지는 얼마나 황당하고 막막했을까? 눈에 넣어도 아프지 않을 여섯 살 외손녀의 어리광을 보면서 그때를 상상해 본다.

아버지의 한창때는 계모 눈칫밥 먹이지 않고 자식들을 올곧게 키워야 한다는 일념으로 재혼을 마다하며 홀아비의 고단함을 이겨내셨는데 철부지 우리 남매가 다 성장한 후에도 아버지

옆엔 여인이 없었다. 아니, 내가 아버지의 여인을 극구 반대했다는 것이 더 옳은 표현이다. 아버지의 극진한 보살핌과 사랑에 맛들였던 나는 아버지의 관심이 다른 데로 옮겨 가는 게 싫어 부득부득 재혼을 만류했다. 마누라 없이 홀로 사는 일상이 얼마나 불편하고 고단한 것인지를, 짝없이 자식만 바라보고 사는 노후가 얼마나 허망한 일인지를, 뼛속까지 스며드는 고독이 얼마나 큰 고통인지를 알았더라면 그런 억지는 부리지 않았을 터. 아버지의 세월에 당도해 보고서야 시시때때로 "여보!" 하고 불러대는 늙은 영감을 통해서 깨달았으니 나는 아버지 인생에 얼마나 큰 걸림돌이었는가.

60대 중반의 아버지가 몸살감기로 부대끼면서 머리에 하얀 띠를 두르고 누워계신 것을 보고 출근했던 어느 겨울날의 점심 때, 오빠가 근무하는 우체국에서 임시직원으로 두 달째 함께 일하던 나는 오빠와 함께 약국에 들러 아버지의 감기약을 사고 그날짜 신문 한 장을 얻어 집으로 갔다.

"아버지! 한금이 합격했어요!"

오빠의 낭보에, 쥐며느리처럼 오므리고 누워 계시던 아버지가 용수철처럼 튕기듯 일어나 앉으며 "아이고, 이럴 때 네 어미가 살아있으면 얼마나 좋아하겠느냐!" 하시곤 눈물을 훔쳤다. 체신공무원 공채 시험 합격자 명단을 신문에서 확인한 아버지는 홀로 키운 딸자식이 대견해서 나만 혼자 호강한다고 우셨다.

1963년의 일이다.

　5.18민주화운동 기록물을 유네스코 세계기록유산에 등재 시키고자 정부 몰래 힘쓰던 5.18민주화운동 아카이브 기념사업회 사무처장 H씨가 친정 오빠와 함께 장수 우리 집에 오셨다. 그는 같은 가톨릭 신자인 오빠에게 5.18 광주사태 당시 그 상황을 기록한 메모나 뭐 없느냐고 물었을 때, "있지! 아마 우리 매제도 있을 거야!" 하고 우리 집을 방문하게 된 것이라 했다. 2010년의 가을 얘기다.

　1980년, 전두환 신군부의 쿠데타에 항거한 시민들의 집회는 광주와 목포에서 5월 초부터 매일 산발적으로 일어났다. 그 무렵 문익환 목사가 목포에 내려와 안 철 장로 댁에서 남편과 비밀리에 만났다. 전남대 학생회장을 만나러 내려왔다가 여의치 않자, 목포대학 학생회장을 만나러 목포까지 왔던 것. 종교 지도자가 앞장선 시민들의 항거를 날마다 취재했던 남편이 그 사실까지를 기록한 취재 수첩을 보관하고 있었는데 그걸 기증받고자 했다. 나 역시 광주사태 동안 기록한 일기장을 선뜻 내주었다.

　해가 바뀌고 2011년 5월 25일, 영국 맨체스터에서 열린 유네스코 세계기록유산 심사위는 전원 만장일치로, 5.18광주민주화운동의 기록물을 영조, 정조의 일성록日省錄과 함께 세계기록유산으로 등재한다는 낭보를 방송으로 전했다.

기뻤다. 무한히 기뻤다. 세상에 태어나 국가에 작은 보탬이 되었다는 뿌듯함이 가슴 저 밑바닥에서 밀물처럼 출렁거렸다. 더구나 남매와 부부의 기록물이 함께 세계 기록유산이 된다는 건 가문의 영광이다. 지만원은 5.18광주민주화운동이 이북에서 보낸 불순분자들의 폭동이라고 등재 자체를 반대하는 편지를 유네스코 세계기록유산 심사위에 여러 차례 보냈다는 얘기를 들었다. 그래서 심사위는 육필 보강자료를 요구해 왔던 것. 그런데 민간인 4명의 일기장과 동아일보 두 기자가 현장을 취재한 수첩이 순수한 시민들의 항거였음을 명백하게 입증해 유네스코 세계기록유산으로 등재되기에 이른 것이다.

금남로의 가톨릭 회관을 광주시에서 매입, 5.18 민주 항쟁 아카이브 기록관을 열고 이듬해 2012년 5월 19일 그 개관식에 광주 시장이 우리를 초대했다.

7층 건물에는 광주사태 당시의 모든 자료가 총망라되어 있어 생생하게 그 당시를 떠올리게 했다. 공수부대가 학생들을 구타하는 장면, 도청 앞 상무관 안에 즐비하게 늘어놓은 합판으로 급조한 관 등의 기록사진이 액자로 걸려있었다. 내란음모죄로 재판받은 故 김대중 전 대통령의 재판기록 등 수천 점의 자료들이 진열된 가운데 남편의 취재 수첩과 우리 남매의 일기도 확대하여 2층 벽면에 걸린 가운데 내 일기장은 진열장 안에 따로 전시되어 있었다.

우리나라의 유네스코 세계기록유산은 훈민정음해례본을 필두로 조선왕조실록, 왕의 의궤, 승정원일기, 직지심경, 팔만대장경, 동의보감에 이어 5.18민주화운동과 영조 정조의 일성록이 다섯 번째로 세계기록유산으로 등재되어 9종이 되었고, 이후에 2년마다 이순신의 난중일기며 새마을운동과 이산가족 찾기까지 기록유산이 되었다. 앞으로도 계속 늘어날 것이라 본다.

아버지는 평소에 늘 말씀하셨다. 부모에게 명예를 안겨주는 것이 첫 번째 효도요, 부모의 마음을 편하게 하는 일이 두 번째 효도며, 호의호식시키는 일은 그 마지막이라고. 아버지 유계에 드신 지 40여 년이 지나 이제야 부모님에게 명예를 안겨드렸으니 비록 '뒤늦은 효도'지만 철없어 저지른 잘못을 이것으로 탕감받고자 한다.

시아버님 역시 명예를 소중하게 여기는 분이셨다. 나에게 이로운 것을 보면 옳고 그름을 먼저 생각하고, 나라가 위태로울 지경에 처하면 내 목숨을 바치라는 뤼순 감옥에서의 안중근 의사의 옥중 유훈 <견이사의 견위수명見利思義 見危授命>을 가훈으로 하셨다. 큰딸아이 9개월 때의 일이다. '호남지역 주부백일장'에 나가서 장원하여 쌀 한 가마를 타왔을 때 "어미야, 고맙다. 우리 가문을 빛내 줘서…." 하셨는데 나중에 온 동네에 며느리 자랑하고 다니셨다는 얘길 동네 친구분한테 들었었다. 하니 아들과 며느리의 육필 기록물이 유네스코 세계기록유산으로 일성록과 함께 등재되었음을 아신다면 지하에서라도 이 명예를 얼마나 좋아하시겠는가.

"유계에 계신 두 분 아버님! 이 낭보를 드리니 기뻐해 주십시오."

그 언니의 그 아들

은혜는 돌에 새기라 했던가.
체칠리아 언니의 그 곱고 예쁜 마음씨를 떠올리면 늘 잔잔한 감동이 인다. 나보다 네 살 위인 그 언니가 내 마음 안에 자리 잡은 계기는 아주 작은 데서 비롯되었다.
오래전의 일이다. 남편은 전두환 신군부에 의해 강제 해직당한 뒤, 행여 복직될까 4년을 허송하며 기다리다가 포기하고 창사 60주년을 맞은 삼양사의 사사 편찬 위원으로 취직하여 서울로 떠났다. 떠난 지 한 달여 만에 연휴를 맞아 집에 왔는데, 다음 날 아침 식구 모두 굶어야 할 상황이 벌어진 것이다.

늘 그랬듯이 고지대의 관말지역인 우리 집은 수압이 낮아 수돗물이 잘 나오지 않았다. 밤새 수도꼭지를 열어놓으면 저지대에서 물을 다 받고 난 후에야 쫄쫄거린 물을 받아 하루씩 쓰곤 했는데 그 밤엔 아예 한 방울도 비치지 않았으니 이 난감함을 어쩌랴. 마침 그날은 체칠리아 언니에게서 곗돈을 받아와야 했으므로 10시쯤 중학생 아들에게 심부름을 보냈다. 언니는 아이에게 인사말로 밥 먹었느냐고 물었고 아이는 곧이곧대로 안 먹었다고 대답, 물이 없어 엄마가 밥을 못 해준다고 사실대로 말했던가 보다. 도시락 가방에 곗돈을 받아 들고 온 아이의 손에는 큼직한 냄비가 들려있었다. 열어보니 쌀을 깨끗이 씻어 아예 밥물을 잡아 보낸 것이다. 그대로 밥솥에 쏟으면 되도록 마음을 써준 일이 얼마나 고맙던지…. 그때부터 언니는 내 마음 안에 피붙이처럼 자리를 잡았다. 혈육이라곤 오빠 한 분뿐이라 나는 누구에게도 선뜻 언니라고 부르며 곁을 줘본 적 없다. 비위가 없어 어색하기도 하려니와 형식적인 호칭의 언니는 내겐 별 의미가 없어 마음을 열지 않았었는데 체칠리아 언니는 예외였다.

1984년 11월, 우리 식구는 20년 정든 목포를 떠 인천에 새 둥지를 틀었다. 그리고 가난을 벗어내느라 23년을 정신없이 살았다. 남편은 해직된 지 7년 후 노태우 대통령의 6.29 선언으로 인천에서 복직했고 7년을 더 근무하다 명예 정년퇴직으로 해직기자의 한을 풀었다. 그렇게 사느라 그동안 전화로만 서로의 안부를 묻곤 했다.

아저씨가 시의원을 하면서 여객선 판 돈을 지인에게 몽땅 사기당하고도 아내가 충격받을까 봐 말 못 하고 혼자서 냉가슴 앓다 뇌출혈로 쓰러졌다는 얘기를 나중에야 알았다. 아저씨가 퇴원하여 집에서 요양하고 있을 때 우리 부부가 인천에서 목포로 병문안을 갔다. 아저씨가 병난 이유를, 병문안 온 친구에게 하는 말을 엿듣고서야 알았다면서 그래도 그냥 모른 체 하고 있다는 속 깊은 언니.

여객선 선주로 잘 나가던 아저씨가 무슨 연유로 정치 세계에 입문하고 병을 자초했는지 묻지 못했다.

그 후 우리 부부가 시나이산에 올랐을 때, 솟아오르는 태양 그 해돋이에 소원을 빌며 아저씨의 쾌유도 함께 빌었던 그 몇 년 후 아저씬 저세상으로 가셨다.

사업한답시고 서울과 인천을 23년을 오르내리던 나는, 하던 일을 모두 접고 지금 10년째 장수에서 살고 있다. 언니는 목포를 떠나 아들과 함께 일산에 자리 잡았으니 서로 엇갈린 길에 들어서서 못 만난 지 35년이다.

인정 많고 배려심 깊은 언니는 8학년을 코앞에 두고 있는데 젊은 날 남편 바라지로 생긴 잔병들과 몇 년째 동행한다는데도 선뜻 만나러 나서지 못하고 그저 안부만 묻고 산다.

『영화, 한국사에 말을 걸다』 저자 박준영. 3개월을 뜸을 들여 언니가 보내준 책이다. 언니는 그 책을 꼭 내게 보이고 싶었다고 했다. 그전부터 책을 보내겠다고 말해왔지만 아무 때고 상황이 되면 보내달라고 느슨하게 기다렸다. 언니가 아들에게, 책을 보냈다고 하자 '저자 사인'을 해서 보내드렸어야 했는데 하더란다.
　책을 받은 다음 날 저자가 전화를 해왔다. 어머님이 전화 해드리라 했단다. 반가웠다. 지들 어렸을 때 팥 항아리 생쥐 들락거리듯 했고, 일주일에 한 번씩 성당 레지오 모임이 끝나면, 의례 언니네 집에 가서 맛있는 점심을 먹으며 놀다 오곤 했는데 그때 중학생이던 아이다. 이젠 어엿한 교수가 되고 작가가 되고 사장이 되어 몇십 년 만에 의젓한 목소리로 통화하니 감개무량하다. 나도 모르게 내 목소리는 떨렸고 울먹여졌다. 마치 내 아들 목소리를 듣는 듯 기뻤다. 성공하여 명예를 어머님께 안겨드린 대견하고 자랑스러운 준영이의 큰 효도를 치하했다.
　책을 완독하고 나서 언니에게 준영이가 대단하다 칭찬하니 지 아버지 살아계시면 얼마나 좋아하겠느냐며 울먹인다. 아들 또한 아버지가 얼마나 그리울까…!

　성균관대학에서 한국사를 전공한 박 교수는 책에 영화를 역사적인 배경으로 해석했고 감독이나 연출자의 의도까지를 밝혀 영화의 의미를 재해석했다. 명량, 남한산성, 군함도, 사도, 암살, 동주, 국제시장, 택시 운전사 등등. 1천만이 넘은 관객을 끌어들인 우리나라의 역사 얘기다. 그 영화는 내가 거의 다 본 것들이어서 그 해석에 공감했다.
　지금도 인터넷을 열어 검색창에 박준영을 치면 바로 관련된 기사와 자료가 뜬다. 그의 영화 얘기를 다 읽고, 오자誤字 몇 개

바로 잡아 주면서 내 작품 중 <253년 전 그날> <5월의 눈물> <택시 운전사> 세 편을 독후감 대신 메일로 보냈다.

"그런 일이 있었군요. 진즉 알았으면 <택시 운전사>보다 제가 먼저 기획해서 영화를 만들었을 텐데 아쉽네요. ㅎㅎ"

하고 문자로 답을 보내왔다. 역시 속 깊은 언니의 아들이다.

나는 감동으로 오래오래 나를 기억해 줄 깊은 인연 하나 못 만들고 살지만 "오메! 오메! 그랬냐." 하시며 진한 남도 사투리로 늘 내 편이 되어준 다정다감한 그 언니가 오래오래 강건하기를 그리하여 더 오래오래 언니와의 정을 나누기를, 그리고 언니의 아들 박준영 교수의 앞날에 큰 영광 있기를 하느님께 절실히 진하게 소망했다.

〈추신: 그 언니는 치매로 요양병원에서 돌아가셨다.〉

창수, 해바라기밭

해바라기하면 고흐, 고흐 하면 해바라기를 한밭 가득 그린 유화가 떠오른다.

오래전 네덜란드의 암스테르담에 가서 고흐 미술관을 둘러보았다. 해바라기와 작가의 광기가, 작열하는 태양과 함께 이글이글 타고 있는 그림 앞에서 한동안 꼼짝 못 하고 서 있었다. 많은 감정과 언어가 응축된 메시지의 작가와의 어떤 교감, 그 강렬했던 느낌을 나는 지금도 잊지 못한다.

네덜란드에 해바라기밭을 그림으로 일군 고흐가 있다면, 한국엔 문필로 풍성한 해바라기밭을 일구신 수필 문학 박사 오창익 교수가 계시다. 그림으로든 글로든 해바라기밭을 일궜다는 공통점은 허한 데서 비롯되었다고 해도 과언이 아니다. 고흐가 해바라기꽃을 다작하여 가난을 벗어내려고 몸부림쳤던 생활인이었다면, 오 교수님 역시 소년으로 단신 월남하여 자수성가하기까지 마음의 상처 치료 처處로서 창작 수필 글 밭을 일궜을 것이기 때문이다. 고흐는 사후에야 작품이 경매시장에서 고가에 거래되어 본인과는 무관한 것에 반해, 오창익 교수는 여든의 노구인 지금도 한밭 가득 해바라기 글 밭을 경작하고 있는 현역이라는 점이 다르다.

인삼 고장인 금산에서 교직에 몸담고 있던 가시나 선생과 인연을 맺게 해준 것이 '해바라기'였다면서, 해바라기와의 인연을 소중하게 생각하고 그 꽃을 모티브로 글 밭을 일궈내셨다. 지금도 해바라기꽃이 들어간 모든 걸 다 수집한다는 얘기를 들은 후론 해바라기꽃이 들어간 것들을 볼 때마다 컬렉션에 더 추가하라고 보내드리고 싶을 때가 한두 번이 아니었다. 심지어는 우리 집 뜰에서 한 그루에 스물세 송이나 꽃을 피워낸 건장한 해바라기를 보면서도 그 내외분을 떠올렸다. 다섯 자녀를 훌륭히 키워 성가 시킨 양육의 힘이나, 창작 수필의 글 밭을 일궈 걸출한 문재文才들을 배출한 경작의 힘 역시 내외분의 '썬플라워 파워'가 아니겠는가.

내가 토요 해바라기의 수필 교실을 처음 노크했을 때가 1992년 여름이었다. 인천에서 한방화장품 지사를 운영하던 중에 내 공부를 위해 주 5일 근무제를 과감히 도입하고 토요일을 비워두었다. 그때 나는 꼭 수필을 쓴다기보다 문학소녀의 꿈을 접을 수 없어 뒤늦게라도 공부해야겠다는 생각으로 드라마 작가를 꿈꾸면서 여의도 동아문화센터를 찾았던 것. 그런데 어찌 된 영문인지 드라마 쪽이 아닌 수필 쪽의 오창익 교수의 수강생이 되었다.

나는 그때 처음으로 말맛을 알았다. 말이 참 맛이 있었다. 마치 씹을수록 고소한 맛을 내는 음식처럼 감칠맛이 났다. 한마디로 교수님의 말씀에 맛이 들어있었다. 수필은 붓 가는 대로 쓰는 것이라고 알고 있던 때니 젊어서부터 몇 편 끼적거려 온 내 신변잡기를 체계화된 장르의 수필이라거나 작품이라고 생각해 본 적 없었기에 오히려 더 깊은 맛을 내는 말맛에 푹 빠져들었다. 오후 2시 강의에 맞춰 인천에서 차를 몰고 다녔는데 작품을 써가야 하는 숙제가 은근히 부담으로 작용했다. 그 무렵 교수님의 대표작인 '북창'을 읽게 되었다. 1·4 후퇴 때 혈혈단신 월남하여 일가를 이루고 살면서 새록새록 고향 생각나고 핏줄 보고 싶었을 많은 날의 그리움을 담담하고 고상하게 담아낸 그 문장에 반했다.

-지금은 한란寒蘭의 계절, 마침 열 송이가 활짝 피어 고향 가는 기러기인 듯, 날갯짓을 하기에, 나는 북창 가까이로 그 화분을 옮겨 놓는다.

김상용 시인의 <남으로 창을 내겠소>와 상치되는 글이다. 남향집에는 종일 볕이 드니 그 남향에 창을 내고 한가롭게 고향에서 살겠다는 김 시인과, 춥고 음습한 북풍 답이에 창을 내어 고향을 조금이라도 가까이 당겨 보고 싶은, 그래서 기러기처럼 생긴 한란 열 송이가 고향을 대신 갈 것 같아 북창 가까이 옮겨 놓는다는 작가의 마음이 읽히면서 수필의 맛에 빠져 1993년 여름 등단하기에 이른 것이다.

나는 창작 수필의 초창기 멤버다. 교수님과 20여 년을 글 밭에서 호흡하면서 뵌 모습은 책임감 강한 성실한 가장이요 몸가짐에 전혀 흐트러짐 없는 신실한 신앙인이셨다. 때로는 허랑방탕할 수 있는 성공한 남자였음에도 스캔들 한번 없이 인생을 모범적으로 잘 살아낸 신사다. 각계각층에 종사했던 걸출한 인물들을 수필문학가로 거듭나게 하신 스승으로서 수필 문학계에 대단한 공로를 세우셨다. 때로는 마음 맞는 친구와 터놓고 서러움을 달래며 술 한 잔 나누고 싶은 마음인들 왜 없었을까만 그 시간도 아까워 오직 외길을 달려 오늘에 이르렀다.

창작 수필의 역사와 변천사 또한 나는 거의 초반부터 잘 알고 있다. 창작 수필 출신들로 구성된 동인회가 문인회가 되었고, 1년에 한 편씩이라도 꼭 신작을 발표하자는 취지로 태동했던 글이 년간 사화집이다. 2001년 창작 수필 문인회 회장으로 잠시 집행부 책임을 맡아 미력이나마 보탰을 때, 교수님은 진정 따뜻한 마음으로 격려해 주셨다.

이제 창작 수필은 스무 살이 넘은 성년으로서 문인회가 어엿한 사단법인으로 자리매김하였다. 그러기까지 그 단체를 이끌어 오신 역대 회장님들을 비롯한 집행부와 회원들 노력의 산물이다. 앞으로도 기대되는 바 크다. 이렇듯 반듯하게 쓰신 개인의 역사와 창작 수필의 역사, 양 업적에 큰 박수와 갈채를 드린다. 나는 교수님의 '밑 빠진 독의 물 붓기' 같은 그 허함을 이해한다. 채워도 채워도 채워지지 않은 허함, 그것은 사랑 고픈 사람들의 공통점이니 어쩌랴. 나 또한 홀아버지 밑에서 성장하면서 푸성귀 한 줌이라도 소중하게 여겼던 가난이, 지금도 식물에 대한 욕심으로 작용해 밑 빠진 독의 물 붓기니 동병상련이 아니겠는가. 그동안 해바라기, 고향 바라기, 그보다 더 한 '통일 바라기' 하면서 산수를 맞으셨으니 그 감회 또한 남다르시리라. 교수님의 팔순을 진심으로 축하드린다. 이젠 백수 하셔야 하니 앞으로 건강에 더욱 전념하시면서 여생을 창작 수필의 큰 산그늘로 강건하게 계시면 참 멋지고 좋을 일이다. 그간에 통일이라도 된다면 핏줄들 보고 싶었던 그리움의 향수병은 씻은 듯 나아, 북창에 두고 사신 난 분처럼 기러기 되시어 훠이훠이 한 맺힌 날갯짓 한번 하실 날 있으실게다.

(2013. 9.)

졸업증서 받을 날

항상 소년 같던 아동 문학가 차원재 선생님이 어느새 인생 대학 8학년 수업 중이시다. 100수를 인생의 최고 학년으로 친다면 102세의 김형석 교수님은 아직 졸업을 유보 중인 학생이시다.

하느님이 모범 학생을 멘토로 본받으라고 모델로 두셨는지도 모를 일이다. 그렇다 치면 우리 영감과 8학년 재학 중인 차 선생님은 아직 시간이 있으니 두 분 다 총총한 정신으로 건강하게 남은 학기 수업을 잘 마치셨으면 좋겠다. 한창 잘 나갈 땐 사회에서 대접받던 분들이니 그 자격이 충분하지 않을까.

우린 젊은 날 목포에서 만났다. 어느 날 우리 부부가 선생님 댁을 방문했을 때, 소박한 뜰이 온통 꽃밭이었다는 기억이 짙게 남아 있다. 아동문학을 하신 선생님은 늘 소년처럼 순수했고 조용조용한 말씨로 항상 미소 띤 얼굴이었다.

예향의 도시 목포에는 문단의 거목이신 차범석 선생님을 위시하여 차재석, 범대순, 문순태, 권일송, 최하림, 최건, 차원재, 최재환 선생 등등의 선후배가 활발하게 활동했다. 화단에선 호남대 총장을 지낸 양인옥, 화실을 운영하던 김암기, 그리고 최낙경, 박석규, 정영선, 김병고 화백이, 서예에는 서희환, 서종견 선생이 연극계는 김길호 선생이, 그리고 남종화의 대가 의재 허백련, 남농 허건 화백이 분야별로 포진해 계셔서 목포는 그야말로 예술의 보고였다. 내가 일천 하여 여러 분야의 대단한 분들을 다 거명할 순 없지만, 갤러리가 따로 없던 시절, 시내의 다방에는 4계절 내내 수시로 시 서화가 걸렸고, 그 전시회는 번차례로 열렸다. 해마다 각계의 원로들을 초청해 강의를 듣는 문화행사도 활발했는데 남편은 가수 남진의 모친이 발행하는 호남매일의 문화부를 담당했기에 전공을 넘어 직업적으로도 그분들과의 교류는 참으로 끈끈했다.

목포의 예술계를 주름잡던 쟁쟁한 분들이 더러는 전보 발령으로 또는 시류를 타고 삶터를 옮겨 전국으로 흩어졌고, 우리 역시 목포를 떠나 인천에서 20여 년을 살다가 전북 장수로 귀촌해 산 지 벌써 십수 년이다. 그리고 차 선생님이 우리 마을에 별장 같은 거처를 두고 우리와 이웃해 살기를 희망했으나 사모님의 반대로 이 고장과 연이 닿지 않았다. 남편은 간간이 서로의 안부를 출간된 책으로나 전하곤 했었는데 그때마다 선생님은 책 속의 한 문장을 따서 한지에 명필 붓글씨로 써서 보내주셨다. 영감은 그걸 표구해 벽에 걸어두고 선생님을 가까이 느끼면서 산다.

그런데 사모님이 타계하셨다는 근황을 최근에야 듣고 깜짝 놀랐다. 그리고 성당에 입문하여 가브리엘 세례명을 받았다는 희비의 엇갈린 소식이었다. 년 전에 선생님의 저서 『웃음꽃빛』을 영감에게 보냈는데 자기 물건 갈무리 잘하는 영감이 블랙홀인 자기 방에 가두었으니 나는 미처 읽지 못했다. 그리고 지난해 가을 『초록 심장』 내 수필집을 보내드리고서 다시 받은 『웃음꽃 빛』을 읽고 가슴이 먹먹했다.

생로병사야 여느 가정에나 흔히 있는 일이다. 하나 내일 퇴원한다는 날 새벽에 심정지로 사모님이 외롭게 가셨다니 선생님은 믿을 수 없는, 믿기지도 않은 청천벽력의 충격이고 공포였으리라. 마음의 준비가 전혀 안 된 상황에서 임종도 지키지 못한 가족들의 상심이 얼마나 컸을지 짐작하고도 남는다. 분명 의료사고인데도 경황 중에 묻지도 따지지도 않고 장례를 치렀다니 더욱 가슴 아픈 회한으로 남을 일이었다.

그때도 그랬다. 불과 이태 전 일이다. 영감의 고종사촌 누님이 멀쩡한 몸으로 한쪽 무릎 인공관절 수술받느라 입원했다가 3일 만에 하늘의 별이 되었다. 10월 1일 입원하여 10월 2일 수술받고 10월 3일에 운명하셨으니 인공관절 수술로 사망하리란 예측은 아무도 하지 않는다. 그날이 공휴일이라 당직 의사는 안심하고 외출했는데 환자가 위급하다는 연락을 받고 황급히 병원으로 돌아오기까진 도로가 막혀 환자의 황금시간을 놓친 것이다. 의사의 처방이 없어 간호사들은 환자가 체했다고 등을 두드리는 것이 고작이었단다. 누나 곁을 지키던 매형도 속수무책, 나 죽는다고 눈을 뒤집고 비명을 지르며 죽어가던 아내의 모습이 눈만 감으면 떠오른다며 치를 떨었다. 수술할 때 흘러든 피가 혈전이 되어 전신의 혈관을 타고 돌다가 심장에 천착해 심장마비를 일으켰으니, 의사의 응급처방이나 심폐소생술이 필요했다.

의료사고를 인정한 병원 측과 합의 할 때까지 어미의 장례를 미뤄두고 집으로 철수한 조카는 종합병원이 아닌 의사가 여럿 있는 유명하다는 친구병원이라 입원시켰는데 그게 잘못이라며 자기가 어머니를 돌아가시게 했다고 어깨를 들썩이며 울었.

나는 조카의 손을 잡고 최선을 다했으니 죄책감 느끼지 말라고, 그렇게 가실 운명이었다고 다독이며 위로했지만, 방금 외출했다 돌아올 양으로 집을 비운 시누님의 그 어처구니없는 죽음은 집안이 온통 공허함뿐이었다. 결국은 병원 측에서 82세 고령의 잔여 수명을 계산한 합의금으로 후일 장례를 치렀다는 얘길 들었지만 그러기엔 너무 아까운 미모에 건강한 부잣집 사모님의 억울한 의료사고였다.

세월이 약이라지만 상실은 고통이다. 평소에 잘해준 기억보다 잘못했던 후회와 아쉬움만 남는 상배喪配. 스트레스 지수가 가장 높다는 아픔을 안고 있을 우리 시누님 양반이나 아내의 화사한 '웃음꽃 빛'만을 떠올릴 차 선생님을 생각하면 너무나 가슴 아프다. 하나 이 또한 운명이라면 이승과의 연을 다한 사모님은 그래도 행복하시다. 아내를 기려 그리움을 작시해 슬픈 곡조로 노래해 줄 배우자를 하늘에서 내려다보고 기뻐하실 것 같다.

  세월이 밀어 올려준 우리들의 고학년! 우린 신앙인이니 하느님이 수여하시는 각기 다른 날의 졸업증서 받을 날을, 슬픈 중에도 기쁘게 외로운 중에도 왁자하게, 나와 이웃을 위한 마음으로 좋은 글 쓰면서 건강한 정신으로 기다리십시다. 선생님!

〈차원재 선생님 수필집,『그리운 무지개』수록작품 2021.5.〉

아치즈 국립공원을 거쳐 솔트레이크 시티로
-하이웨이에 해지고 달뜨니(12)

오늘 일정은 옐로스톤 부근까지의 강행군이다.

동트기도 전에 부랴부랴 일어나 서둘러 모텔을 나왔다. 천연 돌들의 아치로 유명한 아치즈 국립공원으로 향했다. 여기저기 소규모의 캐년은 차 안에서도 즐길 수 있는 빼어난 볼거리다. 우린 저것 좀 보라고 손가락질하면서 1시간을 달려와 아치즈 공원 입구에 있는 모아브 마을의 카페테리아에서 커피를 마시며 잠시 숨을 돌렸다. 유타주의 동남부로 흘러드는 콜로라도강에 접한 건조한 지역의 아치즈 공원은 미국을 대표하는 국립공원 가운데 하나다.

'아치'라는 말처럼 아치 모양의 바위들이 레인보우, 탱글우드 등등의 갖가지 이름으로 여기저기에 서 있다. 무지개처럼 생긴 것부터 갖가지 형상의 바위들이 온통 운집해 있는 대자연의 조화가 너무나 오묘하고 신비롭기만 하다. 크고 작은 바위가 누천

년의 풍상에 깎여 뾰족한 바늘 모양이며 탑 모양 돔 모양 등 기기묘묘한 조형으로 당돌하리만큼 허공에 우뚝 돌출해 서 있다.

노아의 방주 그 시절이었을까. 물이 바위에 잠겼다가 빠져나간 흔적이 지층에 선명하게 시루떡 같은 눈금으로 층을 이루어 남아있다. 이 돌들은 석영에 소량의 철분이 섞여 불그레한 연어살 색을 띠고 있었는데 약 1억 5천만 년 전부터 형성되기 시작했다고 한다. 오랜 풍화작용으로 바위에 균열이 가고 그 틈새가 점점 더 넓어져 비바람에 깎이면서 조형적인 아치로 남았다니 자연의 이 재주를 뉘 감히 넘보리.

온갖 형상의 기기묘묘한 돌만 있는 돌들의 천국이다. 크고 작은 돌들이 풍화로 다듬어져 나이를 먹고 서 있다. 장중하게 버티고 선 저놈은, 쉽게 무너지고 넘어지는 인간들에게 중심 잡아야 함을 가르치는 것 같고, 풍상에 씻기고 시달리면서 다듬어진 바위는 인간도 인내하면 그렇게 다듬어짐을 보여주는 현장 같다. 돌의 무거움은 사람이 진중해야 함을, 야하지 않은 화려함은 채색하지 않아도 자기만의 개성으로 얼마든지 돋보일 수 있음을 보여준다. 그것들은 누천년을 그렇게 서로 어울려 살아온 '민초'들 같다. 공동체가 서로에게 얼마나 득이 되는 조화임을 일깨워 주는 현장이요 산 교육장이기도 하다. 그들에 은거해 더불어 살고 있던 도마뱀 한 마리가 잽싸게 도망가다 말고 돌아서 나와 눈이 마주친다.

어떤 바위는 마치 하늘에 오르려는 물의 용오름처럼 허공을 향해 솟구쳐 올랐다. 그 몸체엔 큰 구멍이 뚫렸는데 뻥 뚫린 그 구멍 속으로 시시각각 모양을 달리한 하늘이 수없이 넘나들고 있었다.

저마다 자태를 뽐내고 서 있는 바위들. 그 양태의 절묘함을 찬탄하며 지구상에서 최장이라는 89m의 랜드스케이프 아치를 찾아가는 길에 '신들의 지옥'을 지났다. 이름에 걸맞게 돌의 모양새와 지형이 험하고 분위기도 으스스하다. 이곳서부터 4km를 걸어가야 한다는 갈림길, 비포장도로 안내 표지판 앞에 차를 세웠다. 왕복 8km를 걸어갔다 올 시간을 재보니 일정의 차질이 너무 커 그냥 돌아서기로 했다. 그러나 후일 참고 책자를 뒤지다가 신들의 지옥 그 뒤편에 세계 최장 랜드스케이프가 있었음을 알았으니, 오호통재라! 가슴을 쳤다.

아치즈 공원을 나와 왕복 8차선의 15번 선 하이웨이를 달린다. 북상 길목에 있는 솔트레이크시티를 그냥 지나치기 아쉬워 잠시 들렀다. 방문한 적 없는 도시지만, 몰몬교의 총본산이며 우리나라에도 내한 공연한 적 있는 유명한 몰몬 교회 합창단의 본거지요 또한 세계에서 제일 크다는 파이프오르간이 있는 곳이기도 해서 템플스퀘어를 찾았다. 교회 건물 꼭대기에 황금 천사상이 나팔을 불고 서 있다. 50근이 넘는 순금 천사상을 근래에 공중에서 통째로 도난당하고 지금은 도금 천사로 대체해 세웠다고 한다.

교회 입구에 들어서니 예상했던 대로 한국인 아가씨가 우릴 반겼다. 속초에서 왔다는 20대의 아가씨가 일러준 대로 대 예배당 안으로 들어갔다. 과연 듣던 대로였다. 내부 정면에 전면을 가득 채운 1만 개가 넘는 크고 작은 파이프로 이뤄진 웅장한 오르간이 교회 건물 천장에까지 꽉 닿아 들어차 있다. 나는 그 위용에 압도되어 까치발을 하고 숨소리마저 죽이며 조용히 중간 자리쯤의 긴 의자에 가서 앉아 사방을 둘러보았다. 여기저기 많은 사람이 앉아 기도 중이다. 나도 잠시 눈을 감는다.

"하느님! 당신이 지으신 아름다운 세계를 돌아볼 수 있는 행운을 주셔서 참으로 감사합니다. 지금까지 탈 없이 지켜주셨음 같이 남은 일정도 함께 해주소서. 아멘."

손 예찬

 몇 해 전 일이다. 왼손 중지를 심하게 다쳐 수술받았다.
 20여 년 전에 조상의 산소에 심은 어린 주목 20여 그루가 묘지에 그늘을 드리우니 잔디가 살아남지 못하고 이끼가 돋았다. 해서 그 나무들을 집안 언덕으로 옮겨 심는 작업을 왼 종일 했다. 나무 심는 굴착기가 쉽게 대문을 들락거릴 수 있도록 한길까지 밀려 나온 철문을 집안으로 밀어 넣었는데 때마침 불어온 강한 바람에 철문이 다시 길 쪽으로 밀려나면서 내 왼손 중지가 철문의 경첩에 끼어버린 것이다.
 순간 가운뎃손가락 끝마디가 으스러져 살점이 하얗게 드러났고 손톱이 반이나 들리면서 서서히 피가 배어 나오기 시작했다. 정말 눈 깜짝할 사이에 귀신이 장난친 것처럼 일어난 사고였다. 나는 비명을 꿀꺽 삼키고 황급히 방안으로 뛰어 들어가 혼자 응급처치 했다. 그러나 으스러진 손가락에서는 계속 많은 피가 자꾸만 새어 나오고 있었다. 뒤따라 들어온 남편이 그걸 보고 놀라 소리를 지르며 빨리 병원에 가자고 채근했다. 나는 일이 끝나가는 인부들을 돌려보내고 갈 요량으로 참고 있다가 병원이 곧 문 닫을 시간이라는데 생각이 미치자 황급히 병원으로 차를 몰았다. 엑스레이 결과를 본 젊은 의사는 손가락뼈가 깨져 빨리 수술받아야 한다고 전주에 있는 큰 병원 응급실로 가라고 했다. 결국 다시 차를 운전해 전주로 가서 손가락을 수술받고 완치까지는 몇 개월이 걸렸다.

그러잖아도 평소에 마음속으로 고마워하던 손이다. 온갖 힘든 일 궂은일 마다하지 않고 해낼 때마다 손에 늘 미안했다. 꾀부리지 않고 부지런히 제 역할을 다해준 대견한 손! 특별히 자랑할 만한 솜씨를 갖추진 못했어도 그나마 사람들을 살리는 일에 일조한 노동의 손이기도 하다.

비록 볼품없는 조막손이지만 내 손에 별 불만이 없었다. 그런 손을 다치고 보니 비로소 손에 대해 깊이 통찰해 보려고 우리말 큰 사전을 뒤졌다. 3천여 페이지 중에 '손'에 대한 어휘 풀이가 무려 4페이지에 달했다.

손 : <팔목 끝에 달린 부분. 손등 손바닥 손목으로 나뉘어 그 끝에 다섯 개의 손가락이 있어 무엇을 만지거나 잡거나 함>
손에 관련된 모든 낱말을 풀이해 놓았다. 손잡다 손대다 손닿다 손쓰다 손쉽다 손을 빌리다 손 맵다 손 놓다 등등 실제 행위와 은유의 뜻 양면이 엄청 많은 지체였다.

마에스타 지휘자 정명훈의 손이나, 자기를 공부시켜 준 친구의 <기도 하는 손>을 그린 독일의 알브레히티 뒤러 Albrecht Durer의 손이나, 환자를 수술하는 집도의의 손이나 온갖 예술을 하는 모든 위대한 손들처럼 훌륭한 솜씨의 손도 아니고, 아리따운 여인의 섬섬옥수도 아니지만 그래도 알뜰하게 살림 해 온 노동의 내공만큼은 인정해 주고 싶다. 언제고 내 머릿속의 생각을 행동으로 옮겨주는 부지런한 충복의 손이 아니던가.
　뒤늦게 농촌 살림을 시작하면서 서툰 솜씨의 과한 낫질과 호미질로 자고 나면 손가락이 부어올라 잘 오므려지지도 않았고 더러는 손마디가 더 굵어져 반지 끼는 호사도 못 누릴 만큼 조심 없이 쓰다가 반듯한 손가락 외모에 장애까지 입혔으니 두고두고 미안하고 속상하다. 이제 더 이상은 아토의 내 손을 함부로 부리지 않으리.

　<못가 본 길이 더 아름답다>는 故 박완서 씨의 산문 중에, 손에 대한 묘사가 내 행동과 그대로 일치하는 대목이 있어 여기 옮겨 적어보기로 한다.

　　-아침 일과처럼 습관적으로 마당에 나갈 때는 모자도 쓰고 면장갑도 끼고 나름대로 준비를 하지만 책 읽고 글 쓰다가 머리도 쉴 겸 몸도 풀 겸 마당에 나갈 때는 맨손이다. 맨손으로 나갔다고 할 일이 눈에 안 들어오는 건 아니다. 맨손으로 흙을 주무르다가 들어오면 손톱 밑이 까맣다. 외출할 일이 있으면 정

성들여 손을 씻지만 대강 씻고 무심히 외출할 적도 없지 않아 있다. 그리고 사람을 만날 때면 열심히 내 손을 테이블 밑으로 감추지만, 속으로는 엉뚱한 상상력으로 비죽비죽 웃음이 나온다. 며칠만 나의 때 묻은 손톱을 간직하면 열 손가락 손톱 밑에서 푸릇푸릇 싹이 돋지 않을까. 내 손톱 밑에 낀 것은 단연 때가 아니고, 흙이므로.

  매니큐어 대신 손끝에 푸른 싹이 난 열 손가락을 하늘 향해 높이 쳐들고 도심의 번화가를 활보하는 유쾌하고 엽기적인 늙은이를 상상해 본다.-

  역시 대가다운 상상력이다. 나는 흙 묻은 손톱 안 보이려고 짧게 깎거나 짙은 색 매니큐어만 열심히 발라댔는데…. 그런 손도 호강하는 때가 있으니, 주일에 성당에 가서 그리스도의 몸이신 밀떡을 두 손으로 받아 모신 다음 합장하고 기도하는 순간만큼은 더없이 거룩하고 평화롭고 행복한 손이 되는 것이다.

  또한 2011년 5월에는 1980년 5.18 광주 민주화 운동의 사태 일지를 쓴 내 일기장이 세계 기록유산으로 등재되는 영광을 안았으니 이 작은 손이 해낸 큰 공로임은 틀림없다.

  무릇 하느님의 천지창조 이후 인간이 재창조 해낸 모든 예술 작품은 사람의 손으로 이뤄졌으니, 인류를 발전시키는 선봉장의 역할을 하는 모든 위대한 손들일진저! 이 땅의 모든 선행의 손과 어머니 아버지의 손이여! 그 대단한 손들은 영원히 찬미 받을지어다.

| 발문 |

마지막 선물

최 건
(시인)

백화산 자락 끝 언덕배기
추석맞이 앞두고 벌초하러 올랐더니
무한 울타리
끝도 가도 없는 구만리 장천
푸른 하늘이 내게 말을 거네

네 평생 소유는 무엇이지?

식솔 보살피느라 모아 둔 재물도 없고
우울하고 지쳤을 때 위로가 되어주던
만인 공유의 음악도,
심지어 자식들도 결코 내 소유 되어주질
않는다고 투덜거렸네

그럼, 하나뿐인 아내한테 주고 갈 마지막 선물은?

따가운 햇살이 콕콕 이마를 찌르네
잠시 잊고 있던 것 일으켜 세우네
어제도 오늘도 백화 만발 앞마당에
온종일 벌 나비 들랑날랑 새떼들 조잘대고
밤에는 슬퍼 말라 기뻐하라 소곤소곤
속삭이는 별 무리의 소유

내가 나한테 중얼거렸네
이렇다 내세울 것 하나 없지만
삼라만상 이것저것 모두 다 거느리는
백만 평 천만 평 광대무변
무량한 저 하늘을 아내한테
마지막 선물로 주겠네
우리 처음 만나 건네주었던 사랑 편지 다시 동봉해
사오십 평짜리 아파트 대신
유일무이 내 소유의

작가의 맺음말

 우리집 울안에선 온갖 꽃의 5월 잔치로 향기가 풍성하다.
 그동안 발표했던 작품 중에서 연보 대로 골라 나도 선집으로 묶었다. 실체가 없어도 보이고 소리가 없어도 들리는 심연의 깊이에서 길어 올린 글이어야 웅숭깊고 울림도 클 텐데 사물의 표피만 보고 쓴 글 같아 우선 양에 차지 않는다. 비록 인생을 운영한 결산이 흡족하지 않아도 능력껏 살아냈고 열심히 살았다.
 어렸을 때, 아버지는 늘 '그깟 돈 있다가도 없고 없다가도 있는 것'이라 일러주시며 선비정신으로 인간과 삶의 도리를 가르치는 도덕군자셨다. 매사를 스스로 투리透理해 풀라시니 문제 해결의 회를 거듭할수록 궁리하다 보면 방법이 떠올랐다. 그게 투리였다.

 이제 늙고 보니 주어진 책임에서 벗어나 마음이 편안하다. 당겨서 걱정할 일도 없다. 이런 느긋함을 젊었을 때 투리 했더라면 양수겸장兩手兼將의 현명한 지혜로 살았을 텐데…. 그때는 장벽을 뚫는 데에만 열중해 어린 자식들을 살갑게 못 챙겼다.

모자란 모유처럼 따뜻한 모정이 늘 허했을 우리 아이들. 성장기에 정 고프면 생기는 정신의 허증을 그땐 몰랐다. 엄마가 활동해야 경제의 부족분을 채우는 일이니 그런 어미를 아이들이 이해해 주리라 믿었고 또 강요도 했다. 그것은 내 입장이었을 뿐. 이제 모두 가정을 이루고 잘 살지만, 자식들의 그때를 되돌릴 방법이 없으니 한없이 미안하다. 그래서 '철들자, 망령'이란 말이 있었나 보다.

지금은 영감이 알츠하이머병으로 기억력 판단력 0으로 아침과 저녁을 혼동하고 같은 질문을 몇 번씩 되묻는다. 뭐든 가지런히 늘어놓고 둔 곳을 모르며 모든 행위는 안 했다고 한다. 1분 1초도 기억 못 하는 치매 환자로선 당연하다. 한 번 고장 난 회로는 절대로 바로 잡아 지지 않는다는 걸 알았다. 사라지는 지식이 한없이 아깝고, 딴사람이 되어 딴 세상 사는 그가 안타깝고 불쌍하고 속 터지고 답답하다. 이제 8학년 재학 중인 우리 부부 졸업장 받을 그날까지 망령되이 보내지 않고 남은 기억으로라도 평온하고 건강하기를 희망한다. 그간 대과 없이 일상을 지켜주신 우리 하느님께서 마지막 소원도 들어주시리라 믿는다.

나와 연이 닿은 모든 좋은 인연들과, 내 발길 닿았던 백두산 천지에서부터 페루의 마추픽추까지 모든 자연을, 늘 첫사랑처럼 설레는 마음으로 지금도 사랑한다고 고백한다. 하느님이 지으신 세계를 찬탄하며 돌아볼 수 있도록 보폭을 넓혀주신 하느님의 특별한 은총에 감사드린다.

또한 이 책이 나오도록 도움 주신 문경출판사 손중순 실장과 강신용 사장님, 흔쾌히 서평을 써주신 평론가 이운경 선생님께도 감사드린다.

이 원고 교정을 도운 수필가 정영숙 선생과 전하연 선생, 특히 교정 도중에 갑자기 고인이 되신 故 정영숙(아가다) 선생을 애도하며 그분의 교정 제목으로 책제冊題를 정했다. 사순시기였으니 바로 천국에 드셨을 것이다.

"표지와 꼭지 그림으로 할머니 기 살려준 우리 외손녀 클레어! 고맙다. '카네기 멜런'에서 공부 더 열심히 하여 큰 도량으로 성장하면 하느님이 너를 크게 쓰실 것이라 이 할미는 믿는다."

해당화 향기 가득한 5월 취월재 우거에서

조한금 수필선집

그대, 노래되어 오신 날

초판 인쇄 2025년 6월 10일
초판 발행 2025년 6월 15일

지은이   조한금
펴낸이   강신용
펴낸곳   문경출판사
주 소   34623 대전광역시 동구 태전로 70-9 (삼성동)
전 화   (042) 221-9668~9, 254-9668
팩 스   (042) 256-6096
E-mail   mun9668@hanmail.net
등록번호   제 사 113

ⓒ 조한금, 2025

ISBN 978-89-7846-873-2 03810

값 20,000원

* 무단 복제 복사를 금함
* 잘못된 책은 교환해드립니다.

* 이 책은 ʌʌ/ 한국예술인복지재단 에서 지원하는
  '예술활동준비금지원사업'에 선정되어 발간하였습니다.